Franziska Rogger

Kinder, Krieg und Karriere

Selbstbildnisse aus der Mitte des 20. Jahrhunderts

Dank

Dankbar bin ich allen interviewten Frauen, die freimütig aus ihrem Leben erzählten. Ich danke auch allen, die ein Bild, eine Legende oder eine Anmerkung beigesteuert haben, ebenso den Sponsoren, dem Verlag sowie den benutzten Archiven und Bibliotheken.

Folgende Sponsoren haben uns finanziell unterstützt:

Burgergemeinde Bern
Donation Maria Bindschedler
Gemeinde Wohlen
Gesellschaft zu Ober-Gerwern
Stiftung für Erforschung der Frauenarbeit

Herzlichen Dank!

Impressum

Bibliografische Information der Deutschen Nationalbibliothek: www.dnb.de.

© Stämpfli Verlag AG, Bern, www.staempfliverlag.com • 2016

Lektorat	Benita Schnidrig, Stämpfli Verlag AG, Bern
Gestaltung Inhalt	Stephan Cuber, diaphan gestaltung, Liebefeld
Gestaltung Umschlag	Nils Hertig, clicdesign ag, Bern
Korrektorat	Stämpfli AG, Bern
Umschlagbild	Die spätere erste psychiatrische Oberärztin der Schweiz, Margarete Doepfner, um 1902/03 mit ihrer Mutter im Park am Lake Michigan, Chicago. PA Andreas Doepfner, Männedorf.

ISBN 978-3-7272-1430-1

Printed in Germany

Inhalt

Einleitung 7
Abkürzungen 18

Ungleichheiten in Ausbildung, Beruf und Besoldung 19
Dora Zulliger-Nydegger 20
Irma Tschudi-Steiner 25
Lily Brugger-Blanc 29
Margarete Wettstein-Doepfner 37
Hanni Lindt-Loosli 43
Elli Kayas-Balsiger 47
Maria Wäber-Merz 54
Elsbeth Merz 62

Die Krux mit der Karriere:
Diskriminierungen und Prägungen 67
Maria Bindschedler 68
Emilie Jäger 75
Britta Marian Charleston 80
Ilse Antener 84

Doppelbelastungen aller Art 93
Julia Rupp-Haller 94
Regina Käser-Häusler 101
Rosmarie Felber 106
Ellen Judith Beer 114
Marie Boehlen 122

Leiden in den Kriegsjahren 133
Elisabeth Schmid-Frey 134

Nelly Ryffel-Dürrenmatt 143
Berta Berger 148
Elsa Mühlethaler 155
Anna Schönholzer 164
Cecilia Buob-Buchmann 172
N. F. 178
Ruth Jaccard-Jaussi 181
Margrit Roost-Pauli 185
Elisabeth Ettlinger-Lachmann 190

ANMERKUNGEN, LITERATUR UND QUELLEN........................... 195
Anmerkungen allgemein 195
Anmerkungen und Literatur zu den einzelnen Interviews 196
Namenliste.. 203

Einleitung

Nicht die Diskriminierung der Frauen war schlimm, verletzend waren soziale Ungerechtigkeiten, und entsetzlich war der Krieg. Das ist das Fazit aus 27 Interviews mit akademischen Bernerinnen, die in den 1930er und 1940er Jahren studierten und den Zweiten Weltkrieg erlebt haben. Nicht, dass die Frauen sich der vielen weiblichen Zurücksetzungen nicht bewusst gewesen wären, doch im Verhältnis zu den sozialen Verletzungen und den elementaren Kriegsängsten waren die geschlechtsspezifischen Diskriminierungen nicht der Rede wert.

Vorbildung mit Vorurteilen gepflastert

Die Schweizer Universitäten hatten den Frauen schon in den 1860er Jahren das Studium erlaubt und damit weltweit eine Pionierinnenrolle gespielt. Zu den ersten weiblichen Universitätsabsolventinnen gehörten viele Russinnen und wenige Schweizerinnen. Selbst eine erste regulär gewählte Professorin stellte die Schweiz mit der russisch-bernischen Philosophin Anna Tumarkin. Die zweite und dritte Generation studierwilliger Frauen stiess allerdings immer noch und immer wieder auf verschiedene Schwierigkeiten.

Die Vorbildungsmöglichkeiten für die studierwilligen Schweizerinnen hatten sich zwar um 1900 gebessert. Öffentliche Gymnasien nahmen nun auch Mädchen auf, sodass sie ihre Universitätsberechtigung nicht erst mühsam über Privatunterricht, Lehrerinnenseminare und Eintrittsprüfungen zusammenklauben mussten. Trotzdem gab es selbst für die befragte Generation Hindernisse in Form von festgezurrten Prägungen und langlebigen Vorurteilen, etwa dass sich das Studieren nicht lohne, da Frauen eh heirateten und im Haushalt verschwänden. Während den Knaben im Gegensatz zu den Mädchen rollenkonform und zielgerichtet eine möglichst gute Bildung abverlangt wurde, mussten die jungen Frauen zuerst eine «typisch» weibliche Ausbildung oder Schule absolvieren, bevor sie sich tastend ihren akademischen Weg bahnen konnten. So erzählte etwa Margarete Wettstein-Doepfner von grotesk mäandrierenden Wegen der Vor- und Ausbildung.

Bei der Schulwahl spielte die Haltung des Vaters eine entscheidende Rolle. Er war schliesslich gemäss Schweizerischem Zivilgesetzbuch ZGB von 1907/12 das Haupt der Familie. Als Vertreter der Familiengemeinschaft hatte er rechtlich das Sagen und die Hand auf dem Geldbeutel – was vornehmlich bei gespannten finanziellen Verhältnissen zusätzlich zum Problem wurde. Nur wenige Interviewte fühlten sich in starker weiblicher Nachfolge und verwiesen auf ihre Mutter – oder gar wie Ellen Beer und Ilse Antener auf ihre Grossmutter.

Diskriminierung und Belästigung an der Universität als Ausnahme

An der Universität selbst, so zeigten sich die Interviewten unisono überzeugt, waren die Studentinnen nicht diskriminiert, wurden teilweise gar bevorzugt. Nur auf insistierendes Bohren und drängendes Nachfragen kramten die Frauen das eine oder andere, eher harmlose Müsterchen an Frauenverachtung hervor. Einige nannten Beispiele, die sich vor ihrer Zeit oder im Gymnasium zugetragen hatten. Einzig die Juristin Elisabeth Schmid-Frey musste von einer sexuellen Belästigung erzählen, erinnerte sich aber auch der beschützenden Hilfsbereitschaft männlicher Kommilitonen.

Die universitären Reglementierungen waren für Männer und Frauen gleich. Schwierigkeiten allerdings gab es, wenn Berufs- oder Standesgesellschaften an den Abschlüssen herumfingerten. Das spürten namentlich die Theologinnen. Die Prüfungsgewaltigen «mussten überall noch so ein Schwänzchen machen – für die Frauen noch etwas Kleines verbieten», erinnerte sich Dora Zulliger-Nydegger.

Nicht immer freie Berufswahl

Einige der interviewten Frauen wussten von Kindsbeinen an, was sie werden wollten. Andere stolperten eher zufällig in ihren akademischen Beruf hinein. Für Irma Tschudi-Steiner war ein Hochschulstudium sogar bloss zweite Wahl. Wie wichtig weibliche Vorbilder in Bezug auf die Berufswahl sein konnten, erzählte Julia Rupp-Haller, die in ihrer Ärztin ihr Leitbild fand.

Abgesehen von überkommenen Prägungen spielten nicht selten die finanziellen Verhältnisse der Eltern eine entscheidende Rolle bei der Berufswahl ihrer Tochter. Ruth Jaccard-Jaussi etwa wurde deshalb nicht Kinder-, sondern Zahnärztin.

Ein ehernes Gesetz war auch, dass Töchter im Bedarfsfall für den Familienhaushalt, für Pflege und Betreuung der Kranken verantwortlich waren, wenn die Mutter ausfiel. Das konnte ein Studium verhindern, die Karriere zunichtemachen oder ein Leben erschweren. In diesem Zusammenhang gingen die Schilderungen von Ellen Beer unter die Haut, die von sich sagte: «Mit 55 konnte ich endlich mich selbst sein.»

Verheiratete Frauen hatten sich nicht selten dem Beruf ihres Ehemannes unterzuordnen. Die Juristin Rosmarie Felber wurde medizinische Hilfskraft, die Psychiaterin Margarete Wettstein-Doepfner einfache Farmersfrau.

Diskriminierungen im Berufsleben und auf Lohnausweisen

Geschlechtsbedingte Probleme gab es nicht selten nach dem Erwerb eines Doktortitels oder eines Patents. Auch in dieser Akademikerinnengeneration blieb zu oft «Der Doktorhut im Besenschrank» liegen. In einer Zeit der Arbeitslosigkeit, in der selbst Männer Mühe hatten, eine Stelle zu finden, wurde der Konkurrenzkampf gegenüber den Frauen geschürt.

So wanderten auch Frauen auf der strapaziösen Suche nach Arbeit um die halbe Welt. Eindrücklich war die Schilderung der Bieler ETH-Agronomin Lily Brugger-Blanc, die in Holland, Frankreich und in den USA Arbeit fand – nicht immer auf ihrem Gebiet – und sich damit tröstete, dass man überall etwas lernen könne.

Nicht nur Arbeitslosigkeit und familiäre Verpflichtungen allerdings machten es den Frauen bei der Arbeitssuche schwerer als den Männern, sondern auch diskriminierende Regeln, die von Standes- und Berufsorganisationen verlangt wurden.

Die besonders «hinterhäbigen» Theologen etwa liessen die Frauen nicht auf die Kanzel. Für Lehrerinnen war es «normal», niedere, teilzeitliche oder vertretende Jobs und keine Beamtenstellen in Vollzeit zu besetzen. Die Vorstellung war, dass sie ja doch nur eine kurze Zeit arbeiten würden, bis sie den «richtigen» Mann beziehungsweise die «grosse Liebe» gefunden hätten. Das hiess, dass Akademikerinnen in ihrem Berufsleben nicht die gleichen sozialen Sicherheiten hatten, wie ein mit allen Rechten und Pflichten eingestellter Beamter. Auch bekamen sie nie den gleichen Lohn. Zudem war bei Lehrerehepaaren den Frauen (nicht den Männern!) das Doppelverdienertum, die «Doppelmulche», verboten. Der Anwaltsberuf stand zwar dank den Kämpfen der «Wachsflügelfrau» Emilie Kempin-Spyri nach 1923 auch weiblichen Juristen offen. Doch bei der Umsetzung mancher Rechte haperte es bedenklich. Paradebeispiel war Marie Boehlen, der man mitteilte, dass das politische Departement Frauen nur als Stenotypistinnen anstelle.

Problemlos wurden Akademikerinnen nur in der Not engagiert, ansonsten galt der Satz «Solange wir noch einen Mann bekommen, auch wenn er nicht gut ist, nehmen wir einen Mann», den Elsbeth Merz zu hören bekam. Im Krieg, als alle Männer an der Grenze standen, waren die Frauen auf dem Arbeitsmarkt gefragt. «Es war einfach niemand sonst da, der die Arbeit machen konnte», stellte Elsa Mühlethaler fest, und Ärztinnen wie Anna Schönholzer und Margrit Roost-Pauli machten dieselben Erfahrungen. Noch immer aber wurden Frauen nur behelfsmässig verpflichtet.

Nach dem Krieg wollten die Schweizer Milizsoldaten, endlich vom Aktivdienst an der Grenze befreit, zurück in ihre alten beruflichen und hierarchischen Stellungen. Zwar hatten sich die Frauen, wie General und Bundesrat schrieben, mit dem Dienst an der Heimatfront den Dank des Vaterlandes verdient, doch in politische Rechte liess er sich nicht ummünzen. Die schweizerische Frauenmehrheit liess sich aufatmend und dankbar in die Vorkriegszeit zurückfallen. Es gab noch kein Frauenstimm- und -wahlrecht, keinen Aufschwung für Frauenjobs. Erst die anziehende Konjunktur sollte zu einem Arbeitskräftemangel führen, und erst dann sah man sich nach weiblichen Arbeitskräften um, welche die Lücken füllen konnten.

Reaktionen auf berufliche und finanzielle Diskriminierungen

Wie sollten berufliche Diskriminierungen verkraftet werden? Die Frauen waren pragmatisch und richteten sich getreu des Tucholsky-Wortes darauf ein: «Deine Ehre kann nicht befleckt werden durch das, was die anderen sagen und tun, sondern nur durch das, was du sagst und tust.» «Ich habe

Ungerechtigkeiten erst einmal einfach nicht zur Kenntnis genommen», erklärte Dora Zulliger-Nydegger. Andere suchten mit Gleichgesinnten und in Frauenvereinigungen nach mehr Gerechtigkeit. Hanni Lindt-Loosli arbeitete als Synodalrätin darauf hin, dass Pfarrerinnen die gleichen Möglichkeiten hatten wie die männlichen Theologen. Marie Boehlen und Elisabeth Schmid-Frey waren zwei von Hunderten von Bernerinnen, die jahrzehntelang in Frauenvereinigungen für die Einführung des Stimm- und Wahlrechtes wie auch gegen vielerlei andere Ungerechtigkeiten kämpften und oft konkrete Hilfestellungen boten. Oftmals mussten Übelstände familiärer, rechtlicher oder beruflicher Art erst schmerzlich am eigenen Leib erfahren werden, um die Augen geöffnet zu bekommen.

Diskriminierende Lohnungleichheiten wurden kaum je beanstandet. Dass kein Leistungslohn bezahlt wurde, sondern ein geschlechtsspezifischer Soziallohn, der «natürlich» dem familienverantwortlichen Haushaltsvorstand – also dem Mann – zukam, machte zwar stutzig, doch Irma Tschudi-Steiner arbeitete unverdrossen und gratis weiter, obwohl sie vom Moment ihrer Heirat an kein Gehalt mehr bekam.

Wie die interviewten Akademikerinnen erzählten, wurden sie fast immer von ihren Vorgesetzten oder männlichen Kollegen auf finanzielle Ungerechtigkeiten aufmerksam gemacht. Es war Rosmarie Felbers Chef, der sie darauf stiess, dass Juristinnen nicht als Juristen, sondern als Sekretärinnen bezahlt wurden. Eine Ausnahme war die verwitwete Maria Wäber-Merz, die beherzt pokerte und schliesslich einen höheren Lohn erkämpfte – nicht für sich, sondern für ihre Angestellten.

Die Krux mit der Karriere: Diskriminierungen und Prägungen

Die Frauen gierten nicht nach Karrieren und Spitzenpositionen. «Mir war nicht so furchtbar wichtig, Ordinaria zu werden», gab Britta Charleston zu Protokoll. Von sich aus strebten Berner Akademikerinnen nicht nach Höherem. Beförderungen geschahen ihnen einfach: «Ich hatte selbst mit keiner Ader an eine Habilitierung gedacht», meinte Irma Tschudi-Steiner. Den Studentinnen lag das «Ellbögelen» nicht, stellte Maria Bindschedler fest. Es gehörte nicht zu ihrem Eigenbild. Die jahrhundertealten Prägungen der Frauen lassen grüssen.

Die Chemikerin Ilse Antener machte ihre eigenen Erfahrungen mit der Karriere. Während sie in der Industrie interessante, praxisnahe und hoch dotiere Forschungsmöglichkeiten und eine kleine Karriere erhielt, hätte sie sich an der Universität mit einer kärglichen Privatdozentur kurz vor der Pensionierung begnügen müssen. Auch Friedensaktivistin Gertrud Woker hatte keine Chance, an der Universität Karriere zu machen, dabei wäre sie doch eine zweite Curie geworden, meinte Ilse Antener, die mit der Biochemikerin zusammenarbeitete. Allerdings hätte sie dazu ein entschlossenes Umfeld und Netzwerk benötigt.

Doppelbelastungen aller Art

Probleme mit der Berufskarriere gab es vornehmlich, wenn die Frauen Kinder hatten. Abgesehen davon, dass die Verhütung im Zeitalter vor der Pille unsicher war, nahmen es Frauen gerne in Kauf, schwanger zu werden: «Wir waren wohl das erste reine Studentenehepaar an der Universität Bern», berichtete Julia Rupp-Haller selbstbewusst. Für manche aber konnte die Gretchenfrage auftauchen: «Heirat oder akademische Karriere?» Maria Bindschedler befand sich in dieser Lage.

Wie man mit der Doppelbelastung jonglierte, davon erzählten viele Frauen. Abgesehen von einer ausgeklügelten Logistik griffen die Mütter auf die Grossmütter, auf dienstbare «Perlen» und viel, viel Nachtarbeit zurück: «Ich schlich morgens um vier Uhr die Treppe hinunter», erinnerte sich Regina Käser-Häusler.

Wer verwitwet, getrennt oder allein erziehend war, hatte ein noch gerütteltes Mass an Arbeit und Logistik zu bewältigen. Besonders tückisch war das Leben für Frauen wie Margrit Roost-Pauli, wenn mit dem plötzlich fehlenden Ehemann auch die Arbeitsstelle verloren war.

Allein auf sich gestellt, waren familiäre Bande wichtig. Trotz der Individualisierung der Frauen vom Mitglied des feudalen Grossfamilienverbunds zur Einzelpersönlichkeit boten Verwandtschaften und ihre Verbindungen einen festen Anker – besonders in Krisensituationen. Rosmarie Felber hangelte sich am Netzwerk familiärer und freundschaftlicher Beziehungen entlang.

Soziale Ungerechtigkeiten, Dürftigkeit und Ärmlichkeit der 1930er Jahre

Die hier betrachteten Jahre waren aus heutiger Sicht unendlich arm und dürftig. Es gab weder AHV noch obligatorische Krankenkassen, noch grössere staatliche Hilfestellungen. Die Interviewten schilderten immer wieder den grossen Mangel, die unglaublichen Anstrengungen und die daraus resultierenden Chancenbeschneidungen.

Einige interviewte Frauen erklärten dezidiert, dass sie die gesellschaftlichen und sozialen Ungerechtigkeiten weit mehr gestört hätten als die geschlechtsspezifischen. «Das Vorführen ‹minderer Ware› fand ich unmenschlich und fürchterlich», erinnerte sich Margrit Roost-Pauli. Marie Boehlen hatte es nicht nur als Frau, sondern auch als «mindere» Bauerntochter schwer. «Eine Stelle erhielt ich nicht einmal als Tellerwäscherin.» Die schiere Not in einer ohnehin kargen materiellen Zeit machte schwer zu schaffen. Beredt schilderte Maria Wäber-Merz die spezielle Armseligkeit und Bedürftigkeit der Anstaltskinder und Zöglinge. Selbst an der Hochschule waren die Räumlichkeiten, Einrichtungen und auch die Ausbildungen vergleichsweise primitiv. Ilse Antener entfloh deshalb der Universität Bern. Immer wieder riefen die interviewten Frauen aus: «Man kann es sich gar nicht mehr vorstellen, wie diese Jahre waren. Man hatte nichts.»

Leiden in den Kriegsjahren

Als schwere, dunkle Wolke lagen die Kriegserlebnisse über den Erinnerungen aller Interviewten. Jede betonte den unbedingten Willen zum Widerstand und zum bedingungslosen Einsatz, um die Schweiz irgendwie über die schwierigen Jahre zu retten. Die Akademikerinnen erinnerten sich an bedrohliche Erlebnisse bei Deutschlandbesuchen, an eine ruinöse Inflation und die Unterwanderungsversuche deutscher Nazistudierender in Bern. Unvergessen waren Fahnenhissen, Lieder und Bemerkungen nationalsozialistischer Nachbarn und Lehrer. Einzelne Erlebnisse brannten sich unauslöschlich ein: der 1. September 1939 mit dem urplötzlichen Aufgebot zum Militärsanitätsdienst oder Goebbels Rede im Radio «Wollt Ihr den totalen Krieg?». Die Interviewten erzählten von ihren konkreten Einsätzen bei der Anbauschlacht, als Militärsanitätsfahrerin oder in der Schutztruppe der Bernischen Kraftwerke.

An der Universität Bern prallten die Welten vornehmlich im Deutschen Seminar hart aufeinander. Goethe und Schiller galten den Germanistikstudierenden als grösste Kulturgüter, und was in Deutschland passierte, war erst schwer glaubwürdig: «Die deutsche Kultur hat mir wahnsinnig Eindruck gemacht, bin ich doch mit Goethe und Schiller aufgewachsen», bekannte Nelly Ryffel-Dürrenmatt. Im Seminar lehrten nebeneinander der jüdische Germanist Professor Fritz Strich und der Nazimann Helmut de Boor. Keine Germanistin dieser Jahre, die sich nicht daran erinnerte.

Der Horror zitterte in den Stimmen, wenn die Studierenden der Kriegsjahre über die Ohnmacht sprachen, mit der sie die Leiden ausländischer Kommilitoninnen ansehen oder gar die Vernichtung eigener Verwandten erfahren mussten. Elisabeth Ettlinger fasste zusammen: «Nicht die Arbeit war hart, furchtbar war es, das Schicksal unserer Familien zu verfolgen.» Die selbst an Leib und Leben bedrohte, anonym zitierte N.F. tönte das drohende Grausame lapidar an. Sie galt als Deutsche, da ihre Berner Mutter mit einem deutschen Juden verheiratet war. Dieses ungerechte Bürgerrecht, das im Zweiten Weltkrieg zum lebensbedrohlichen Problem werden konnte und wogegen sich der Bund Schweizerischer Frauenvereine BSF markant einsetzte, wurde erst 1983 geändert.

Informationen und Desinformationen, Wissen und Ahnungen

Die Interviewten waren sich bewusst, dass sie mit heutigen Augen auf vergangene Zeiten schauten und rekonstruierten, was sie früher wussten und glaubten. Wer die Zeitschriften anschaut, ist erstaunt, was der Öffentlichkeit präsentiert wurde. Abgesehen von bewussten Desinformationen zur Beruhigung der Bevölkerung, tobte die Kriegspropaganda, und sichere Informationen fehlten oft.

Zudem war Verschwiegenheit Pflicht. Das beherzigten die Frauen beharrlich. Die Interviewten erzählten nur selten, was man sich zuraunte, welche Hintergrundinformationen man besass – oder zu besitzen glaubte. Anna Schönholzer erwähnte ein merkwürdiges Gespräch auf offener Strasse. Das war in Davos, wo nicht nur die Lungenleidenden wohnten, sondern wo 1936 auch Walter Gustloff, der Leiter der nationalsozialistischen Partei der Schweiz, vom jüdisch-bernischen Medizinstudenten David

Frankfurter erschossen wurde. Elsbeth Barbey-Matti, die Tochter des Berner Chirurgieprofessors Hermann Matti, wusste von einer seltsamen Kranken zu berichten. Sonst verschlossen und diskret, erzählte ihr der Vater in den Weihnachtsferien 1939 von einer Begebenheit im Spital, die so ungewohnt war, dass sie ihm die Lippen öffnete: Eine von Hitlers Freundinnen, die aristokratische Engländerin Unity Mitford, war nach einem Selbstmordversuch mit einer Schussverletzung ins Salemspital eingeliefert worden. Matti sollte ihr die Kugel aus der rechten Schläfe herausoperieren. Unity Mitford blieb einige Tage auf Station 10. Der Führer Adolf Hitler schickte ihr zu Weihnachten ein Tannenbäumchen. Schliesslich wurde Unity Mitford diskret mit einem Sonderzug in ihre englische Heimat geschafft.

Frauenrechte, feministische Vereine und der Eintritt in die Parteipolitik

Die interviewten Frauen erzählten auch von Solidarität, wenn auch nicht alle ihren Geschlechtsgenossinnen gewogen waren. Einige waren aktive Frauenrechtlerinnen. Sie gründeten gar Vereine wie Emilie Jäger, die ein Netzwerk aufbauen wollte, oder arbeiteten in bestehenden Vereinigungen mit. Sie kämpften für das Frauenstimm- und -wahlrecht, dessen nationale Einführung die Interviewten erst im Jahre 1971 erlebten. Die Schweizerinnen, von links bis rechts verbündet, hatten sich in jahrzehntelangen Kämpfen eine Taktik zurechtgelegt, die auf der Grundlage veränderter wirtschaftlicher und gesellschaftlicher Verhältnisse endlich erfolgreich war.

Köstlich waren die Beschreibungen, wie sich nun die Parteimänner nach Einführung des Frauenstimm- und -wahlrechtes bemühten, die eine oder andere Frau auf ihre Parteiliste zu bekommen. Allerdings fragte man in einzelnen Fällen erst den Ehemann, ob er nichts dagegen habe, wenn man seine Gattin auf eine Wahlliste nähme. Schliesslich waren doch einige Akademikerinnen erfolgreich und sassen im Stadt- oder Grossen Rat ein.

1984 gab es die erste Bundesrätin. Gegenüber der studierenden Marie Boehlen war die Wahl einer Bundesrätin noch als schwer vorstellbare Utopie empfunden worden: «De werd de öppe no eini Bondesrätin», hatte Steuerrechtsprofessor Ernst Blumenstein gefrotzelt. Dessen Frau Irene übrigens sollte 1964 in seiner Nachfolge allererste Ordinaria der Universität Bern werden.

Erinnerungen an Berühmtheiten

Immer wieder erinnerten sich die Frauen der einen oder andern Berühmtheit, die ihre Wege kreuzte. Köstlich die etwas andere Sicht auf den grossen Friedrich Dürrenmatt durch seine Cousine Nelly Ryffel-Dürrenmatt. Unerwartet, wie Bundespräsident Hans-Peter Tschudi eine Mozartsonate von seiner eigenen Frau, der Professorin Irma Tschudi-Steiner, kredenzt wurde. Weshalb die Dichterin Ricarda Huch nach einem alten Wäschekorb verlangte, wusste Maria Wäber-Merz zu erzählen. Erhellend war auch die Beschreibung von Rosmarie Felber, die lächelnd zusah, wie Iris von Rotens Gatte Peter die Abwaschmaschine fütterte.

So liegt denn über all diesen Interviews zu Trübem und Belastendem doch auch ein Hauch von Freude, Freundschaft und Emanzipation.

***

Die Interviews entstanden Ende der 1990er Jahre. Ich führte sie in der Zeit, in der ich die Biografien der allerersten Studentinnen ab 1870 zusammensuchte, die im «Doktorhut im Besenschrank» 1999/2002 publiziert wurden. Neben Brotarbeit und Familienpflichten, neben dem Schreiben verschiedener Bücher wie «Einsteins Schwester» und «Gebt den Schweizerinnen ihre Geschichte!» mussten diese Erzählungen lange liegen bleiben. Die meisten Interviewpartnerinnen sind heute verstorben. Bei den Interviews liess ich die Frauen frei reden. Der ins Hochdeutsche übersetzte Text wurde nur leicht strukturiert den Interviewten nochmals vorgelegt. Nur einmal schickte der Ehemann eine «bereinigte» Fassung zurück. Die von den Frauen autorisierten Erzählungen liegen diesem Buch gekürzt und sprachlich leicht angepasst zu Grunde. Eingefügt wurden hin und wieder Vornamen und genauere Datierungen sowie in eckigen Klammern einige zum Verständnis notwendige Ergänzungen. Den Erzählungen sind einführende und lexikalische Daten vorangestellt.

Was wurde verschwiegen? Nähere Angaben zu den Kindern sind nicht erfragt und tief religiöse Erfahrungen nicht preisgegeben worden. Im Allgemeinen sprachen die Frauen offen auch über persönlich motivierte Misserfolge im Berufs- und Familienleben, über frauenpolitische Fehleinschätzungen und politische Haltungen, die sie später selbst hinterfragten.

Historische Texte sollten stets auf verschiedenartigen Quellen fussen und mehrere Blickwinkel einnehmen. Dieses Buch setzt voraus, dass allgemeine Kenntnisse zum Zweiten Weltkrieg vorhanden sind. Die Sichtweisen der Männer, der Nichtakademikerinnen und der gesellschaftlich Schwächeren kommen in den Erzählungen häufig, wenn auch indirekt zum Zuge. Das Buch soll eine Lücke schliessen und zeigen, wie Frauen selbst die Zeit erlebten, in der sie studierten und in Familie und Beruf arbeiteten. Die 27 Erzählungen weben immerhin ein Geflecht von verschiedensten Erinnerungen, ein Netz von Wahrheiten und geben nicht nur eine einzige, «gestaltete» Geschichtslektion wieder.

Abkürzungen

AGoF Archiv Gosteli Foundation AgoF, Gosteli-Stiftung, Archiv zur Geschichte der schweizerischen Frauenbewegung, Worblaufen bei Bern (1. Archive von Personen, 2. Archive von Organisationen, 3. Biographische Dossiers, 4. Fotosammlung) http://www.gosteli-foundation.ch/de
aoP ausserordentliche Professorin, Extraordinaria
BAR Bundesarchiv Bern
BBB Burgerbibliothek Bern
BGB Schweizerische Bauern-, Gewerbe- und Bürgerpartei, heute Schweizerische Volkspartei SVP
BSF Bund Schweizerischer Frauenvereine
CVP Christlichdemokratische Volkspartei
FDP Freisinnig-Demokratische Partei
Hg. Herausgegeben
HLS Historisches Lexikon der Schweiz
IMG Institut für Medizingeschichte Bern
oP ordentliche Professorin, Ordinaria
PA Privatarchiv
Pd Privatdozentin
Sd. Sonderdruck oder Separata.
SJZ Schweizer Jllustrierte Zeitung
Soz.Arch. Schweizerisches Sozialarchiv Zürich: http://www.sozialarchiv.ch/
SP Sozialdemokratische Partei
StAB Staatsarchiv des Kantons Bern: www.be.ch/staatsarchiv
StadtAB Stadtarchiv Bern: http://www.bern.ch/stadtarchiv
UAB Universitätsarchiv Bern

Ungleichheiten in Ausbildung, Beruf und Besoldung

Dora Zulliger-Nydegger
Theologin, Mutter, Journalistin

Dora Nydegger, 17.12.1909–27.8.2002, von Wahlern BE, wuchs als jüngstes von acht Kindern mit ihren Eltern und ihrer Grossmutter im Lehrerhaushalt im schwarzenburgischen Rüschegg-Gambach auf. Vater Hans Ferdinand Nydegger unterrichtete an der Oberschule und Mutter Rosa Nydegger-Burri an der Unterstufe, bis sie 1910 vor lauter Überarbeitung krank wurde. Dora Nydegger studierte in Basel, Bern, Wien und im Winter 1932/33 bei Karl Barth in Bonn evangelische Theologie. Sie wählte dieses Studium, obwohl Frauen damals nicht Pfarrerinnen werden durften. In ihrer Akzessarbeit bei Professor Albert Schädelin behandelte Dora Nydegger Gotthelf auf den Spuren Pestalozzis. Sie war mit Seminardirektor Walter Zulliger verheiratet und Mutter von vier Kindern. Dora Zulliger-Nydegger arbeitete als Pfarrhelferin und theologische Journalistin. Sie zeichnete ihre Beiträge in der «Zürichsee-Zeitung» nicht mit ihrem weiblichen Namen, sondern mit Quidam/Irgendeiner.

«Man musste überall noch so ein Schwänzchen machen –
für die Frauen noch etwas Kleines verbieten»

Der Besuch der Sekundarschule bedeutete morgens und abends einen Fussmarsch von je etwa eineinhalb Stunden – mutterseelenallein. Als ich ins Gymnasium nach Biel gehen wollte, gab es keine Schwierigkeiten. Kein Mensch sagte etwas. Man wusste ohnehin, dass ich mich irgendwie durchsetzen würde. In Biel konnte ich überdies bei meiner Schwester und ihrem Mann wohnen, die beide dort Lehrer waren. Da mir der Italienischlehrer nicht gefiel, wechselte ich im letzten Gymnasiumsjahr zum Griechischunterricht. Das kam mir später gelegen, hatte ich doch schon von Kindheit an den Wunsch, Theologin zu werden.

Ob es mir zu Beginn des Studiums schon klar war, dass ich meinen Pfarrberuf nicht ausüben konnte? Da kann ich nur mit einem nackten Ja antworten. Ich wusste, was ich machte. Ich rechnete mit nichts. Ich fühlte mich deshalb nie benachteiligt, weil ich mich mit den Gegebenheiten abgefunden hatte. Es interessierte mich nicht, was mir als Frau verboten war. Es machte mir keinen Eindruck. Ich dachte einfach: «Kommt Zeit, kommt Rat.»

Wenn ich während des Studiums merkte, dass ich vielleicht etwas anders als die Burschen behandelt wurde, nahm ich das erst einmal einfach nicht zur Kenntnis.

Mit anders meine ich, dass man zum Teil sogar bemüht war, mich besonders väterlich und hilfreich zu behandeln. Im Allgemeinen waren die Professoren nämlich sehr nett zu mir, fast zu nett. Das störte mich. Ich hasste es, dass man besonders freundlich zu mir war, bloss weil ich eine Frau – die einzige Studentin – war. Ich wollte gleich behandelt werden. Ich hatte aber auch Zusammenstösse mit Professoren, weil ich manchmal etwas Freches sagte.

Leider waren der Neutestamentler, der deutsche Wilhelm Michaelis, und besonders seine Frau nazifreundlich. Ich gab ihm zu verstehen, dass ich das ungehörig fände, und mein Verhältnis zu ihm war dadurch natürlich getrübt. Der Systematiker Professor Martin Werner war ein Reformer, liberaler als liberal. Ich habe nichts gegen Liberalität, aber in der Theologie schätze ich sie nicht. Er hatte mich natürlich auch nicht gern. Mit Professor Albert Schädelin, wie Karl Barth ein Vertreter der dialektischen Theologie, verstand ich mich am besten. An Beispielen aus dem Wirken der Pfarrherren erläuterte er die Fehler, die in der Berufsausübung zu vermeiden wären. Da reklamierten die Burschen. Aber Pfarrerinnen gab es ja noch nicht, die Fehler hätten machen können.

Gute Erinnerungen habe ich an den Kirchengeschichtler Heinrich Hoffmann, der uns Studierende häufig eingeladen hat. Seine Frau, eine sehr nette Norddeutsche, sagte mir immer: «Machen Sie ja nie ein Schmalspur-Schlussexamen, lieber gar nichts. Machen Sie das richtige Examen!» Das gefiel mir. Frauen konnten aber damals beim Staatsexamen nicht den nämlichen Abschluss wie die Männer machen. Merkwürdiger- oder lächerlicher-

Furna um 1930: Postkarte aus dem Verlag der Gebrüder Roffler.   PA Franziska Rogger

weise musste man einen Hinweis einbauen, dass die Frau dann doch nicht das Gleiche sei wie der Mann. Der Unterschied war, dass ich keine schriftliche Vorbereitung für die Katechese eingeben musste. Von den Männern wurde das verlangt. Man musste überall noch so ein Schwänzchen machen – für die Frauen noch etwas Kleines verbieten.

Ob ich Dora Scheuner [die spätere Berner Honorarprofessorin an der theologischen Fakultät] gekannt habe? Dora Scheuner war eine gute, aber eine komische Frau. Ich hatte den Eindruck, sie hätte es lieber gehabt, wenn ich von einer berühmten Familie abgestammt hätte, die ihr den Weg hätte ebnen können. Dora Scheuner nahm keine Notiz von mir, der einzigen Theologiestudentin. Sie wollte keine andern Frauen in der Fakultät neben sich haben, sie trat nicht für sie ein. Mir hätte Fräulein Scheuner den Mut nehmen können, wenn ich von beeindruckbarer Art gewesen wäre. Aber ich dachte: «Lass die Moleküle rasen!»

Mein obligatorisches Lernvikariat konnte ich [im Winter 1933/34] in Furna GR bei Greti Caprez absolvieren. Diese ausserordentliche Frau hatte als Vorkämpferin für ein vollwertiges weibliches Pfarramt einen Riesenkampf zu bestehen. [Caprez war 1931 gegen den Widerstand der Bündner Synode zur Pfarrerin von Furna gewählt worden.] Ihre Arbeit als Pfarrerin war damals ungesetzlich, sie war äusserst umstritten. Zeitweise schloss man ihr die Kirche ab, damit sie im Gotteshaus nicht pfarrherrliche Aufgaben erfüllen konnte. Ist es nicht verwunderlich, dass man mir in Bern mein Lernvikariat für die theologische Schlussprüfung von 1935 anrechnete, obschon Caprez' Pfarramt nicht anerkannt war?

Nach der Ausbildung meldete ich mich in Biberist als Pfarrhelferin. Ich hatte mich beim Vorstellungsgespräch kaum richtig hingesetzt, als man mir schon ein amtliches Papier von der Kirchendirektion vorlegte, worauf auf-

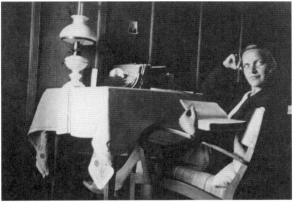

⌃ *Dora Nydegger als Studentin, nach der ersten Prüfung 1932.*   PA Dora Zulliger-Nydegger
⌐ *Dora Nydegger im Lernvikariat bei Greti Caprez in Furna 1934.*   PA Dora Zulliger-Nydegger
⌃ *Ehepaar Gion und Greti Caprez-Roffler mit Dora Nydegger.*   PA Dora Zulliger-Nydegger

gelistet stand, was ich alles nicht machen dürfe: «Sie dürfen keine Predigt halten. Sie dürfen keinen Unterricht geben. Sie dürfen nicht ...» Der Reihe nach war alles verboten. Ich hätte einzig ein paar alte Leute besuchen und Sonntagsschule abhalten können. Dabei war der dortige Pfarrer krank vor Überanstrengung und die Gemeinde sehr weitläufig. Als ich einen befreundeten Pfarrer, der zugleich bernischer Synodalrat war, um Rat fragte, gab er mir die typisch bernische Antwort: «Macht, was Ihr wollt, fragt uns aber nichts, sonst müssen wir es verbieten.» So machte ich alles, mit Ausnahme der öffentlichen Austeilung des Abendmahls. Die Leute dort waren während meiner Pfarrhelferinnenzeit [1936–1939] sehr nett und entgegenkommend. Ich war überrascht. Sie sagten mir sogar, ich predige gut.

Nach der Heirat im Oktober 1939 lebten wir erst in Schiers, später in Küsnacht im Kanton Zürich, wo mein Mann [Walter Zulliger] Seminardirektor war. Dort arbeitete auch Greti Caprez' Ehemann Gion als Pfarrer [1947–1966]. Greti selbst verbot man allerdings weiterhin alles, nicht mal Sonntagsschule durfte sie geben. Mit der Zeit begann sie aber, hin und wieder Predigten und Vorträge zu halten. Und sie zog mich einfach mit, meist abends, wenn die Kinder schliefen. Daneben habe ich fünfzehn Jahre lang in der «Zürichsee-Zeitung» das «Wort zum Sonntag» geschrieben.

△ *Porträt der Kolumnistin und Theologin Dora Zulliger-Nydegger.* Foto in: Schmid Ursula und Alfred Egli, Nachrufe, Küsnachter Jahrheft 2003, S. 102

Bild S. 20: Porträt der jungen Dora Nydegger. PA Dora Zulliger-Nydegger

Irma Tschudi-Steiner
Professorin für pharmazeutische Spezialgebiete, Bundesratsgattin

Irma Steiner, 11.2.1912–27.10.2003, von Hersiwil SO, war die Tochter der Arbeitslehrerin Emilie Steiner-Gubler und des Oberlehrers Emil Steiner. Irma Steiner war in Basel eine brillante Pharmaziestudentin. Sie errang 1938 einen Doktortitel phil. nat. mit summa cum laude und machte 1949 einen Doktor in Medizin. 1950 habilitierte sie sich an der Basler Phil.-nat.-Fakultät als erste Privatdozentin und erhielt den Preis und die Medaille des «Fonds Golaz» zur Förderung der pharmazeutischen Wissenschaften in der Schweiz. Irma Steiner heiratete 1952 den Juristen und SP-Politiker Hans-Peter Tschudi. Nach dessen Wahl zum Bundesrat liess sie sich nach Bern umhabilitieren. Hier lehrte sie ab 1961 als Privatdozentin, von 1969 bis 1982 als Professorin für pharmazeutische Spezialgebiete und legte einen Grundstein für die moderne Ausbildung der Apotheker und Apothekerinnen. Sie war auch Klaviervirtuosin. 2003 stiftete sie den Irma-Tschudi-Preis, der für die beste pharmazeutische, von einer Frau verfasste Dissertation an der Universität Basel verliehen wird.

«Vom Moment meiner Heirat an erhielt ich kein Gehalt mehr»

Ob meine Eltern mit meinem Gymnasiumsbesuch einverstanden waren? Hoffentlich auch! Nein, nein, da gab es keine Schwierigkeiten. Ich ging in ein gemischtes Gymnasium in Solothurn. In meiner Klasse waren sechs Mädchen und vierzehn Knaben. Meine Eltern waren stolz auf ihre begabte Tochter. Ich war immer eine Topschülerin. Daneben spielte ich schon früh Klavier. So machte ich neben dem Studium am Konservatorium das Klavierdiplom und trat hin und wieder auf. Ich hatte manche ernste Diskussion mit meinem Vater, weil ich nur Musik machen wollte. Er aber war der Ansicht, ein begabtes Mädchen sollte sich nicht auf so etwas Unsicheres

Die Pharmazeutin Irma Tschudi-Steiner 1965 während einer Vorlesung in Bern. PA Irma Tschudi-Steiner

einlassen, kämen doch nur ganz wenige hoch hinaus. Der grosse Haufen müsse sich kümmerlich mit Klavierstunden durchs Leben schlagen. Meine Unilaufbahn war also zweite Wahl. Zudem wusste ich überhaupt nicht, was ich studieren sollte. Wäre ich zwanzig Jahre später geboren, hätte ich Biochemie studiert. Pharmazie studierte ich als Verlegenheitslösung. Chemie hätte mich mehr interessiert, aber zu meiner Zeit hatte eine Frau als Chemikerin keine Berufsaussichten.

Man hört immer von diesen enormen Schwierigkeiten der ersten Frauen, die sich habilitieren wollten. Bei mir war das nicht so. Der Direktor des Basler pharmazeutischen Instituts, der spätere Nobelpreisträger Tadeusz Reichstein, förderte mich sehr. Ob alle Leute auf die Knie gefallen sind und deshalb meiner Habilitation zugestimmt haben, weil er mich dafür empfahl, weiss ich nicht. Ich selbst hatte mit keiner Ader an eine Habilitierung gedacht. Ich wusste überhaupt nicht, was ich nach abgeschlossenem Studium machen sollte. Also wurde ich am pharmazeutischen Institut Oberassistentin, vertrat während des Zweiten Weltkriegs die im Militärdienst weilenden Dozenten und verfasste halt so eine Habilitationsschrift. Die ist «bäumig durecho». So war ich 1950 die erste Frau an der naturwissenschaftlichen Fakultät in Basel, die sich habilitierte.

Ich musste mich auch nie zwischen Familie und Beruf entscheiden. Für mich gab es keine Probleme. Es ist mir alles mehr oder weniger in den Schoss gefallen.

⌃ Irma Steiner 1938, als sie ihren naturwissenschaftlichen Doktortitel mit summa cum laude errang.   PA Irma Tschudi-Steiner (auch Schweizer Illustrierte 22.7.1968)

⌐ Die Privatdozentin Dr. med. und Dr. phil. Irma Tschudi-Steiner 1959 im Kreise ihrer Mitarbeitenden im Pharmazeutischen Institut Basel.   PA Irma Tschudi-Steiner

⌃ Professorin Irma Tschudi-Steiner 1965 im Pharmazeutischen Institut Bern.   PA Irma Tschudi-Steiner

⌐ Hinter jedem erfolgreichen Mann steht eine starke Frau. Irma Tschudi-Steiner im Dezember 1964 in feurig rotem Kleid nach der Wahl ihres Mannes Hans-Peter Tschudi zum Bundespräsidenten.   © ORG-BKS-STAR-Ringierbildarchiv (Foto von Siegfried Kuhn, SJZ, 14.12.1964)

Doch dann war da eine grosse Sache: Nach der Heirat [1952] wurde mein Mann sehr bald Basler Regierungsrat [1953]. Da hiess es, der Frau eines Regierungsrates, der zahle man doch nichts. Vom Moment meiner Heirat an erhielt ich kein Gehalt mehr. Das waren Zeiten. Da behandelte man Frauen als quantité négligeable. Also hielt ich halt am pharmazeutischen und pharmakologischen Institut gratis meine Vorlesungen über neuere Arzneimittel und Arzneiverordnungslehre. Heute würde das wohl niemand mehr machen. Alles geht ums Geld, die hohe Wissenschaft interessiert nur ein bisschen.

Am 17. Dezember 1959 wurde mein Mann zum Bundesrat gewählt, und mir wurde 1961 die Umhabilitierung von Basel nach Bern ermöglicht. Das ging problemlos. Wenn die Frau eines Bundesrates nach Bern kam, durfte man ihr doch keine Steine in den Weg legen. Nach meiner Antrittsvorlesung in der Aula arbeitete ich erst auch gratis, dann gab man mir einen bezahlten zweistündigen Lehrauftrag. Da war man in Bern fortschrittlicher. 1969 wurde ich zur nebenamtlichen ausserordentlichen Professorin unter gleichzeitiger Erteilung eines Lehrauftrags ernannt. Drei Jahre später erhielt ich daneben auch einen Lehrauftrag in Basel.

Meine Vorlesungen waren gut besucht, ich hatte grossen Zulauf. Nebst Studierenden kamen auch sehr viele Apotheker. Nach meiner Emeritierung 1982 stellte ich mich den Seniorenuniversitäten in Basel und Bern als Dozentin zur Verfügung. In Basel kamen über tausend Leute in meine Vorlesung, die ganze Aula war voll, man sass gar noch auf dem Boden. Ich habe immer Themata behandelt, die die älteren Menschen interessieren. Deshalb kamen sie in hellen Scharen.

Das Klavierspielen musste ich irgendwann liegenlassen. Man kann einfach nicht alles machen. Nur einmal trat ich im Fernsehen mit einer Mozartsonate auf: Als mein Mann Ende 1964 zum Bundespräsidenten gewählt wurde, kamen sie mit ihren Apparaten von Radio und Fernsehen vorbei.

Bild S.25: Professorin Irma Tschudi-Steiner 1965 am Fluoreszenzmikroskop. PA Irma Tschudi-Steiner

Lily Brugger-Blanc
Ing. agr. ETH, Rotkreuzfahrerin, Mutter, Politikerin BGB

Lily Blanc, geboren am 21.5.1925, von Brenles VD, war die Tochter von Martha Blanc-Wild und von Dr. rer. pol. Charles Blanc, der ab 1934 in Bern als Redaktor der Schweizerischen Gewerbezeitung arbeitete. Da Agronomie an der Universität Bern nicht gelehrt wurde, studierte Lily Blanc an der ETH in Zürich. Im Mai 1949 wurde sie als eine der ersten zehn Frauen mit einer Arbeit über die Saatkartoffel zur Ing. agr. ETH diplomiert. Danach reiste sie auf der Suche nach Arbeit bis nach Amerika. Sie war verheiratet mit Alfred Brugger, Ingenieur-Agronom beim Bund, und Mutter dreier Knaben. Lily Brugger-Blanc war frauenpolitisch aktiv. Sie war unter anderem im Vorstand der Berner Frauenzentrale, präsidierte die Bernischen Akademikerinnen und die BGB-Frauen. Sie machte bei Frau und Demokratie sowie in der Europäischen Frauen-Union mit. Die engagierte Agronomin publizierte, präsidierte den Kirchenrat und amtete als eidgenössische Geschworene. Von 1973 bis 1982 sass sie im Berner Stadtrat und von 1982 bis 1986 im Grossen Rat.

«Ich war nicht begeistert, nach Holland gehen zu müssen, aber man durfte nicht Nein sagen»

In meiner Kinderzeit half eine Frau Marie Geiser meiner Mutter in der Haushaltung und sie nahm mich einmal für ein Wochenende nach Sonceboz mit. Mit Ross und Wägeli wurden wir abgeholt. Im Kuhstall hielt sie mich lange auf den Armen. Ich war offenbar so gern bei den Kühen, dass meine Mama mir später erzählte, bei meiner Rückkehr habe sie mich samt den Kleidern in die Badewanne stecken müssen, so habe ich nach Kuhstall gerochen. Vielleicht ging die Idee, Landwirtschaft zu studieren, auf dieses Erlebnis zurück.

Besuch der Kali-Gruben mit Ingenieur-Agronomen von Bern, 1972.   Gosteli AGoF, Personen, Bestand Nr. 573 Lily Brugger-Blanc

Im Städtischen Gymnasium Kirchenfeld fragten die Lehrer, ob wir Mädchen nicht Angst hätten, in diese Bubenschule zu kommen. Der Französischlehrer meinte, die Mädchen müssten den Burschen ein Vorbild sein, wenn sie schon in den Gymer wollten, und hätten viel zu arbeiten.

Nach der zweiten allgemeinen Mobilmachung vom Mai 1940 absolvierte ich mit einer Schulkameradin den Landdienst im Seeland. Hier lernte ich die Probleme und Sorgen der Landwirte kennen. Ich sah die Bauernsöhne, die keine Stelle fanden, nicht wussten, wie sie ihre Familie durchbringen sollten, und meinten, wenn Hitler in die Schweiz käme, dann hätten sie wenigstens zu leben. Das hat mich dann wahrscheinlich schon auch beeindruckt. Darüber habe ich mir aber erst später Rechenschaft gegeben. Die sozialen Verhältnisse auf dem Land interessierten mich, und ich fand, man müsse Abhilfe schaffen.

Dass ich studieren konnte, war selbstverständlich. Nach bestandener Matura wollte ich aber selbst erst schauen, wie es mir als Stadtmeitschi in der Landwirtschaft gefiele. Ich absolvierte das für das Landwirtschaftsstudium notwendige Praktikumsjahr vom Herbst 1944 bis zum Herbst 1945 bei Hans Brunner in Detligen und behielt mir vor, mich erst nachher definitiv zu entscheiden. Im Winter wollte mich Brunner allerdings nicht im Stall, und ich half in der Hauswirtschaft mit.

Anfang 1945 lernte ich Auto fahren, um Rotkreuzfahrerin zu werden. Der Damenautomobilklub hatte nämlich mit dem Militär Autofahrkurse für Frauen organisiert. Der Fahrkurs kostete einen Fünfliber. Ich erinnere mich noch gut an eine Sitzung dieses Klubs im «Schweizerhof». Die Damen sassen im Hut mit Schleier da und stritten, ob der Berner oder der Schweizer Klub den Fünfliber erhalte. Diese Schleierhutdamen gefielen mir nicht. Präsidentin des Klubs war übrigens die Mutter von Stephanie Glaser.

Im Herbst 1945 ging ich an die ETH in Zürich, um Land- und Forstwirtschaft zu studieren. Ob es hier frauenfeindliche Töne gab? Nun, ich habe die Auseinandersetzung nicht gesucht! Wir sind uns nicht so isoliert vorgekommen, wie man das heute meint. Über negative Bemerkungen habe ich mich nie aufgehalten. «Jenu, wenn halt die Professoren nicht gescheiter sind», dachte ich dann etwa. Zudem wussten wir uns zu wehren und kamen nie aufreizend daher. Man war damals in den Umgangsformen sehr distanziert.

Gerne hätte ich im Frühjahr 1946 beim Sohn von Bundesrat Rudolf Minger ein Praktikum absolviert. Das ging aber nicht, so arbeitete ich bei Verwandten einer Rotkreuzfahrkollegin im gemischten Betrieb im Burghof bei Ossingen. Im Zürcher Weinland lernte ich den Rebbau und das Melken. Man hat mir auch das Pferd anvertraut. Die Bäuerin war eine sehr interessante Frau. Ich musste ihr dann aber klarmachen, sie solle nicht meinen, ich sei ihre Schwiegertochter. Im Sommer 1946 arbeitete ich in der Alpwirtschaft bei Meiringen. Auf der Seili-Alp, gegen die Rosenlaui hin gelegen, erlernte ich das Käsen. Das war in der Zeit, in der ich das Vordiplom vorbereitete. Frühmorgens molk ich eine Kuh, dann lernte ich aufs Vordiplomexamen. Im Herbst war Läset im Weinland.

Durch die Vermittlung von Professor Hans Pallmann von der ETH kam ich im Sommer 1947 auf einen grossen holländischen Gutsbetrieb, der einer Aktiengesellschaft gehörte. Ich war nicht begeistert, nach Holland gehen zu müssen, aber man durfte nicht Nein sagen. So ein Angebot durfte man in Zeiten grosser Arbeitslosigkeit nicht ausschlagen. Von Juni bis September 1949 bekam ich eine Assistentenstelle an der französischen «Station Internationale de Géobotanique Méditerranéenne et Alpine» in Montpellier. Ich hatte Glück, dass ich eine Frau war. Der Chef des Betriebes liess nämlich ausrichten, er habe schon zwei promovierende Männer – einen Luxemburger und einen Dänen – und könne nur noch eine Frau brauchen, die auch seiner Ehefrau im Haushalt zur Hand gehe. Davon liess ich mich nicht abschrecken. Wir waren nicht der Meinung, man sollte Arbeitslosengeld beziehen. Man stellte sich auf den Standpunkt, man könne überall etwas lernen. So machte ich in Montpellier auch Tomaten ein, strickte manchmal etwas oder nähte. Dafür sah ich die Rocquefort-Keller [die berühmten unterirdischen Gewölbe, in denen der Käse reift]. Zu essen bekamen wir in der Mensa der dortigen Universität. Den Hauptgang reichte man uns in einem einfachen Teller, den man danach einfach umdrehte. Auf die noch saubere Rückseite schöpfte man das Dessert. Ich lernte in Frankreich interessante Leute kennen, erlebte Unvergessliches in den Dünen und in Carcaçonne beim Aufstieg zum Mont Canigou. Am Ende des Aufenthaltes fuhr ich mit meiner Schwester nach Nizza und Korsika. Zurück in der Schweiz liess ich mich zur Militärsanitätsfahrerin in Bernrain bei Kreuzlingen ausbilden.

Ende 1949 brach ich nach Amerika auf. Nach einem Besuch bei Bekannten in Holland schiffte ich mich in Rotterdam ein. Während der Überfahrt war mir hundeelend. Bekannte meiner Mutter hatten dafür gesorgt, dass ich in den USA als Dienstmädchen arbeiten konnte. So kam ich zur Familie eines Luftwaffenoffiziers und einer ehemaligen Lehrerin, die zwei Kinder hatten. Alles war recht, aber ich hatte nur 24 Stunden pro Woche frei, um die Stadt [New York] zu besuchen. Eine Cousine zweiten Grads vermittelte mir dann eine Stelle bei einem Versicherungsvertreter der Schweiz in New York. Seine Frau war Amerikanerin, sie hatten ein fünf- und ein zweieinhalbjähriges Kind. Die Frau lief stets zwischen Esszimmer und Küche hin und her – in der einen Hand schwenkte sie das Whiskyglas und in der andern die Zigarette. Es war grässlich.

«In gefahrdrohender Zeit hat Lily Blanc mitgeholfen, die Wehranleihe aufzubringen und die Landesverteidigung zu verstärken. Der schweizerische Bundesrat dankt für dieses Opfer im Namen des Vaterlandes. 1936.» Lily Blanc war damals ein elfjähriges Schulmädchen. Gosteli AGoF, Personen, Bestand Nr. 573 Lily Brugger-Blanc

Lily Blanc 1954 im Kongresshaus Luzern zur Feier von 75 Jahren Schweizerischem Gewerbeverband, bewundert von Dr. Robert Jaccard. Foto: Jean Schneider, Gosteli AGoF, Personen, Bestand Nr. 573 Lily Brugger-Blanc

Schliesslich kam ich von Februar bis Juli 1950 nach Ohio. Auf der «alpine view farm», dieser Alpensichtfarm, machte man Brick Cheese, kleinere viereckige Käselaibe. Da diese Käse weniger schwer waren als die bei uns, waren sie für Käserinnen leichter herzustellen. Als ich einmal an einer Versammlung in der Schweiz bemerkte, der amerikanische Bauer sei vor fünfzig Jahren gescheiter gewesen als die hiesigen Käser, war man über diese Bemerkung nicht erbaut. Im Februar 1950 erkrankte ich an rheumatischem Fieber, einer Einwandererkrankheit, und kehrte nach Hause zurück.

In der Schweiz suchte ich eine Stelle, ein schwieriges Unterfangen damals. Ich fand nur bei Jowa in Gottlieb Duttweilers Migros eine Arbeit, in der Aufsicht der Lebensmittelfabrikation. Mein Vater, als Redaktor der Gewerbezeitung beim Gewerbeverband angestellt, wetterte gegen Gottlieb Duttweiler. Die Lädeli konnten nämlich wegen der Migros nicht mehr leben, sie gingen langsam ein. Ich erinnere mich, wie mein Vater sagte: «Am Schluss können wir dann nur noch die Spaghetti kaufen, die die Migros

◥ *Einreiseerlaubnis des US Commissioner of Immigration and Naturalization vom 14. Dezember 1949 für die 24-jährige Lily Blanc.*   Gosteli AGoF, Personen, Bestand Nr. 573 Lily Brugger-Blanc

◤ *Porträt von Ing. agr. Lily Brugger-Blanc 1971, als sie für den Stadtrat kandidierte.*
Gosteli AGoF, Personen, Bestand Nr. 573 Lily Brugger-Blanc

⌐ *Lily und Alfred Brugger-Blanc am Poly-Ball, Oktober 1955.*   Gosteli AGoF, Personen, Bestand Nr. 573 Lily Brugger-Blanc

verkauft, man kann noch dort in die Ferien, wo man mit dem Hotelplan hingehen kann, und man kann dann noch die Konzerte hören, die die Migros subventioniert.» Die Stelle bei Jowa kam für mich also nicht in Frage.

Schliesslich erledigte ich während der Weinlese im September und Oktober 1950 im neuenburgischen Cortaillod die Buchhaltung in einer grossen Kelterei, sah, wie ein grosser Betrieb lief und wie der Öchslegrad gemessen wurde. Zurück in Bern, meldete ich mich bei Regierungsrat Dewet Buri [Forst- und Landwirtschaftsdirektor, auch BGB-Nationalrat] und fragte nach einer freien Stelle. Er versuchte, mich in die Steuerverwaltung zu vermitteln. Die waren nicht begeistert und meinten, die Bauern seien sowieso nicht zufrieden, wenn eine Kontrolle daherkomme, und wenn

35

dann noch eine Frau auftauche, so komme das gar nicht gut. Erst fünfzig Jahre später kam eine jüngere Kollegin auf diesen Posten. Also meldete ich mich erneut auf ein Inserat. Vergeblich, denn wieder war es eine Migros-Jowa-Fabrik, die antwortete. Später einmal suchten sie auf der amerikanischen Botschaft eine Agronomin, also ausdrücklich eine Frau. Sie wollten mit ihr zusätzlich eine Sekretärin einsparen. Schliesslich fand ich mit viel Glück Arbeit im Statistischen Amt bei Professor Walter Pauli. Hier blieb ich vom Dezember 1950 bis 1956. Nach der Geburt der Kinder hörte ich auf, vor allem mein behinderter Sohn brauchte mich ganz. Dank familiärer Partnerschaft im 3-Generationen-Haushalt und dank treuen Haushalthilfen konnte ich mich ehrenamtlichen Tätigkeiten [Vereinigung zur Förderung geistig Behinderter, frauenpolitische Gruppierungen] widmen.

Mein Mann ist 1954 der Bauern-, Gewerbe- und Bürgerpartei BGB beigetreten, weil er mit [dem späteren Regierungsrat] Ernst Blaser befreundet war und mit ihm jeweils im Bürgerhaus zu Mittag ass. 1964 wurden Frauen und Töchter eingeladen, eine Frauengruppe zu gründen. Margrit Feldmann-Beck, die Witwe des Bundesrates, war die erste, ich die zweite Präsidentin der BGB-Frauen. Bei den Stadtratswahlen vom 12. Dezember 1971 kandidierte der sehr beliebte Fürspech Georg Wyss nur, um für die Partei Stimmen zu holen. Schon nach einem Jahr machte er «Madame» Platz. Erst rückte Regina Käser-Häusler nach und dann ich. 1982 wurde ich Grossrätin.

Bild S. 29: Reise der sechzigjährigen Lily Brugger-Blanc nach Südafrika 1985. Gosteli AGoF, Personen, Bestand Nr. 573 Lily Brugger-Blanc

Margarete Wettstein-Doepfner
Erste psychiatrische Oberärztin der Schweiz,
Ärztin in den USA, in Südafrika und in Bern

Margarete Doepfner, 7.5.1898–22.12.1999, von Zürich, war die Tochter von Therese Doepfner-Christener und von Dr. med. Karl Doepfner. Sie verbrachte ihre ersten neun Lebensjahre in Chicago, wo ihr Vater als Arzt arbeitete und das Bürgerrecht erwarb. Nach der Rückkehr der Familie in die Schweiz besuchte sie Schulen in Luzern (1907–1914), Eastbourne (England) (1914) und Genf (1915). 1919 wurde sie in Luzern als Primarlehrerin patentiert. 1923 promovierte sie in Zürich an der philosophisch-historischen Fakultät in Psychologie. 1927 bestand Doepfner die nachgeholte eidgenössische Matura, studierte zusätzlich Medizin und spezialisierte sich in Psychiatrie. Sie bildete sich in Zürich (1919/22, 1927/29), in Genf (1929/30), in Bern (1930/31), in Wien (1931, 1935/36) und in Paris (1936) an den philosophischen und medizinischen Fakultäten beziehungsweise Kliniken aus und weiter. 1933 bestand sie das eidgenössische medizinische Staatsexamen. Am 1. Mai 1936 wurde sie in Münsingen BE als erste psychiatrische Oberärztin der Schweiz an eine kantonale Klinik gewählt und 1940 als Spezialärztin für Psychiatrie FMH diplomiert. 1948–1956 war sie mit ihrem entfernten Verwandten Albert Wettstein verheiratet, der in Südafrika lebte. Während der Scheidungszeit arbeitete sie in Amerika – nicht nur als Psychiaterin. 1960 heiratete sie Albert Wettstein erneut und kehrte mit ihm nach Südafrika zurück. Dort betrieb das Ehepaar im dürregeplagten Transvaal eine Rinderfarm. 1971 zogen die beiden nach Bern. Dr. Wettstein-Doepfner baute hier als über Siebzigjährige eine Praxis auf. Sie praktizierte noch rund dreissig Jahre lang bis zu ihrem Tod als Spezialärztin für Psychiatrie und Psychotherapie.

Margarete Wettstein-Doepfners Schul- und Lebensweg ist ein Paradebeispiel für eine Frau, die nicht wie die Männer schnurstracks das Gymnasium durchlaufen, eine geregelte Studien- und Assistenzzeit absolvieren und einen akademischen Beruf ergreifen konnte. Sie ist auch ein Beispiel, wie eine verheiratete Frau dem Ehemanne nachfolgend Arbeitsort und -stellung nicht frei wählen konnte.

«Als mein Mann in Südafrika eine 150 Quadratkilometer grosse Rinderfarm übernahm, leitete ich während zehn Jahren als Farmersfrau den Betrieb»

Ein junges Mädchen hatte früher wenig oder keine Möglichkeiten, sich eine höhere Schulbildung anzueignen. Es konnte in ein Pensionat gehen, diesen oder jenen Kurs besuchen, und damit war eigentlich der Bildungsgang einer jungen Frau aus gutbürgerlichen Kreisen erschöpft. Da sie nicht verdienen musste, war sie einfach daheim und half ein wenig im Haushalt. Dann heiratete sie, bekam Kinder, und damit war das Leben fertig. Ich war eine Ausnahme. Ich wurde 1898 in Chicago geboren, wo mein Vater Arzt war. Durch meine Geburt war ich auch Amerikanerin, ich sprach, las und schrieb englisch. Da die öffentlichen Schulen in den amerikanischen Grossstädten schlecht waren, wurde ich in eine gute Privatschule gegeben. Als ich neun Jahre alt war, kehrte die Familie 1907 via Neapel nach Luzern zurück, dort praktizierte mein Vater und wurde später Stadtarzt.

Aus grossstädtischen Verhältnissen und einer sehr geliebten Privatschule kam ich also ins kleine Luzern. In der sehr altmodischen und katholischen öffentlichen Schule, in der «Tatzen» noch üblich waren, war ich von vornherein die Ausländerin, die Englischsprechende. Es war mühsam. Ich habe aufbegehrt, meine Meinung geradeheraus gesagt. Nach einem halben Jahr liessen mich meine demokratisch gesinnten Eltern in einer sehr guten Privatschule unterrichten. Nach deren Auflösung besuchte ich die öffentliche Sekundarschule in Luzern. Die Ferien verbrachte ich jeweils in England, damit ich mein Englisch nicht verlernte.

Bei Ausbruch des Ersten Weltkrieges, im Sommer 1914, war ich in England, bis sich ein gewandter Reisebegleiter fand, der mich in London treffen, mich in Obhut nehmen und nach Luzern bringen konnte. Anschliessend lebte ich mit einer Familie in Genf, um Französisch zu lernen. In einer

△ *Margarete Doepfner um 1902/03 mit ihrer Mutter im Park am Lake Michigan, Chicago. Ihre Stoffpuppe Marianne ist schwarzer, die kleinere daneben weisser Hautfarbe.*
PA Andreas Doepfner, Männedorf

◰ *Die frisch patentierte Primarlehrerin Margarete Doepfner 1919 mit ihrem Vater in Luzern.* PA Andreas Doepfner, Männedorf

«école pour les jeunes filles de la langue étrangère» bestand ich das Abschlussexamen. Nach Hause zurückgekehrt, erklärte ich meinem Vater, dass ich weiter lernen und an der Universität studieren möchte. Um sich an der Hochschule immatrikulieren zu können, musste man mindestens das Primarlehrerinnenpatent besitzen. Ich bereitete mich in Privatstunden in Luzern auf das Examen vor. Einer meiner Lehrer war der grosse Karl Meyer, nachmaliger Geschichtsprofessor an der Universität Zürich. Sein Unterricht war für meine ganze spätere Entwicklung prägend. Ich lernte wirklich viel bei ihm, ich lernte, geschichtlich zu denken.

Mit dem kantonalen luzernischen Primarlehrerinnenpatent immatrikulierte ich mich an der philosophisch-historischen Fakultät der Universität Zürich. Ich studierte vorwiegend Pädagogik, Psychologie und Philosophie. Im Dezember 1923 doktorierte ich über die Wundt'sche Komplikationsuhr [die eine genauere Erfassung von Zeiteinheiten erlaubte als eine normale Uhr]. An dieser Fakultät gab es einige Studentinnen, auch Hörerinnen waren nicht selten. Wir wurden nicht mehr als «Blaustrümpfe» [als unweibliche, billig gekleidete Schreckgespenster] betrachtet. Wir kleideten uns angemessen, und später erzählte mir die Gattin eines meiner Professoren, dass ihr Mann ihr jeweils geschildert habe, welchen Rock ich in seinen Vorlesungen getragen hätte. Diskriminiert wurde ich nicht.

Ich arbeitete [1922/23] als unbezahlte Volontärassistentin in der Zürcher Stefansburg, einem besonderen Gebäude im Burghölzli-Komplex, wo sich Jugendliche mit Erziehungs- oder Milieuschwierigkeiten für einige Monate aufhielten. Da ich Akademikerin war, wurde mir 1923 gestattet, mit den medizinischen Assistenten von Bleuler zu essen und wie sie ein Zimmer im Burghölzli zu bewohnen. [Eugen Bleuler war Professor für Psychiatrie, Chefarzt im Burghölzli und Gatte der Frauenrechtlerin Dr. Hedwig Bleuler-Waser.] Auch hier hatten wir als vereinzelte Frauen keine Schwierigkeiten.

Die Psychiatrie hatte mich stets interessiert. Um aber dieses Fachgebiet der Medizin richtig studieren und abschliessen zu können, musste man vorgängig die eidgenössische Matura bestanden haben. So blieb mir nichts anderes übrig, als mich intensiv darauf vorzubereiten. Ich bestand die Prüfung, die 1927 in Aarau stattfand. Nun erst konnte ich Medizin studieren. Ich hatte also einen sehr unregelmässigen Bildungsgang. Als Frau konnte ich ja nicht einfach wie mein Bruder [Josef Doepfner-Koelner, Lungenspezialist in Davos-Platz] regulär ein Gymnasium besuchen, die ordentliche Matura bestehen und Medizin studieren.

Nach dem medizinischen Staatsexamen bot mir Professor Max Müller eine Assistentenstelle an der Kantonalen Heil- und Pflegeanstalt in Münsingen an. Hier übernahm ich wiederholt Vertretungen. Zu der Zeit – in den 1930er Jahren – waren die Insulintherapien von Max Müller am Aufkommen. Geisteskranke wurden in schwere Schockzustände versetzt, die man dann künstlich wieder aufhob. Heute ist man von dieser Behandlungsmethode längst wieder abgekommen.

Als 1936 eine Oberarztstelle in Münsingen neu zu besetzen war, setzte sich Jenny Grimm dafür ein, dass diese durch eine Frau besetzt würde. Die Sozialistin Jenny Grimm [Ehefrau des SP-National- und Regierungsrates Robert Grimm] sass als einzige Frau in der neunköpfigen Aufsichtskommission der Kantonalen Heil- und Pflegeanstalt. So wurde ich als erste psychiatrische Oberärztin der Schweiz an eine kantonale Klinik gewählt und trat 38-jährig meine Stelle an. In Münsingen bewohnte ich eine grosse,

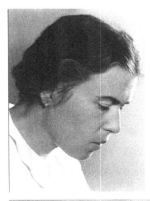  

◠ Margarete Doepfner als junge Frau und Studentin.   Institut für Medizingeschichte IMG, Universität Bern, Nachlass Margarete Wettstein-Doepfner

◗ Margarete Doepfner in den 1940er Jahren im Gespräch mit einem auf dem Feld arbeitenden Patienten in Münsingen. Sie machte in der Freizeit, also ohne Ärztekittel, lange Spaziergänge.   PA Andreas Doepfner, Männedorf

❯ Margarete Wettstein-Doepfner um 1956/60 an einem Staff-Meeting in Norman (Oklahoma), USA, relaxing mit Drink und Sonnenbrille.   Institut für Medizingeschichte IMG, Universität Bern, Nachlass Margarete Wettstein-Doepfner

◠ Margarete Wettstein-Doepfner zwischen 1956 und 1960 als Director for Education and Research im Central State Griffin Memorial Hospital in Norman (Oklahoma), USA.   Institut für Medizingeschichte IMG, Universität Bern, Nachlass Margarete Wettstein-Doepfner

◗ Margarete Wettstein-Doepfner am 15. März 1962 wieder in Südafrika.   Institut für Medizingeschichte IMG, Universität Bern, Nachlass Margarete Wettstein-Doepfner

❯ Porträt von Margarete Wettstein-Doepfner zu ihrem 100. Geburtstag in Bern.   © Hansueli Trachsel

schöne Amtswohnung. Mein Vater und meine altgediente Haushälterin wohnten bei mir.

1948 heiratete ich Albert Wettstein, der als Ingenieur in Südafrika lebte. Erst konnte ich dort nicht auf meinem Beruf arbeiten, dann fand ich eine interessante Stelle in der Poliklinik von Johannesburg, wo ich einen Tag in der Woche als Psychiaterin tätig war.

Nach fünf Jahren liessen wir uns wieder scheiden. Da ich in den USA geboren und so Amerikanerin war, durfte ich dort arbeiten. Ich war [1956–1960] in der zentralen staatlichen Psychiatrie Oklahomas Leiterin der klinischen Ausbildung und Forschung [Director for Education and Research im Central State Griffin Memorial Hospital in Norman (Oklahoma), USA]. Hier bildete ich Ärzte zu Psychiatern aus.

1960 heiratete ich meinen Exmann ein zweites Mal. Als er eine 150 Quadratkilometer grosse Rinderfarm in Südafrika übernahm, leitete ich während zehn Jahren als Farmersfrau den häuslichen Teil des grossen Betriebes.

Nach der Pensionierung meines Mannes kehrten wir 1971 in die Schweiz zurück. Er fand, ich sollte mich in Bern als Psychiaterin niederlassen, ich hatte ja alle Zeugnisse und Genehmigungen. Das tat ich [als über Siebzigjährige] an der Berner Alpenstrasse. Manchmal kamen Leute, die wollten ein Gutachten und dachten, einer alten Frau könne man alles angeben. Da gerieten sie aber an die Falsche.

Bild S. 37: Margarete Doepfner, erste psychiatrische Oberärztin der Schweiz, in den späten 1930er Jahren vor der Kantonalen Heil- und Pflegeanstalt in Münsingen. PA Andreas Doepfner, Männedorf

Hanni Lindt-Loosli
Theologin, Synodalrätin, Mutter, Motionärin für die Anerkennung der Frauen im Pfarrdienst

Hanni Loosli, geboren am 29.6.1926, von Sumiswald BE, durch Heirat Bernburgerin aus der Gesellschaft zu Mittellöwen, war die Tochter von Klara Loosli-Stücker und dem Bahnbeamten Ernst Loosli. Sie studierte ab 1945 Theologie in Basel (auch bei Karl Barth), Zürich und Bern. 1950/51 bestand sie das Staatsexamen. 1952 heiratete sie den Arzt Martin Lindt. Sie hatte sieben Kinder. Hanni Lindt-Loosli war 1958–1965 Mitglied der Synode, des reformierten Kirchenparlaments. Sie reichte die entscheidende Motion ein, die verlangte, dass auch Frauen gleichberechtigt in den Kirchendienst aufzunehmen seien. Die allerersten Berner Theologieabsolventinnen hatten nur untergeordnete Aufgaben übernehmen dürfen (vgl. Dora Zulliger-Nydegger). 1977 sass Hanni Lindt-Loosli als erste Frau im Synodalrat (Legislative). 1982–1988 war sie vollamtliche Synodalrätin (Exekutive). Sie veröffentlichte 2000 das Buch «Von der Hülfsarbeiterin zur Pfarrerin», das die Schwierigkeiten der Frauen in der evangelischen Kirche und im theologischen Studium beschreibt.

«Auf eine Gotthelf-Kanzel kommt keine Frau»

«Wenn di guet haltisch, darfsch i das gälbi Hus», sagte mein Vater, als ich vier war, und zeigte aufs Gymnasium. Als ich fünf war, war ich überzeugt, «me müess s Gymnasium mache, um e gueti Muetter z wärde».

Für mein theologisches Lernvikariat wollte ich nach Lützelflüe. Aber da sagte der Synodalrat: «Auf eine Gotthelf-Kanzel kommt keine Frau.» Sie brachten mich zu Pfarrer Hans von Rütte nach Frutigen. Zwar sagten mir damals alle: «Geh nicht nach Frutigen, die akzeptieren doch keine Frau als Lernvikarin.» Es war aber grossartig, ein halbes Jahr, das mir für das ganze Leben viel gab. Ich wurde mit der Auflage ins Vikariat geschickt, nur unter der Kanzel und nur abends zu predigen. Mein Vikariatspfarrer meinte aber, ich solle ruhig am Sonntagmorgen auf der Kanzel predigen. Man könne nötigenfalls anführen, dass man mich unter der Kanzel nicht verstehe und

Vier Generationen 2010: Hanni Lindt-Loosli mit Tochter, Enkelin und Urenkelin.
PA Hanni Lindt-Loosli

dass die Leute aus der weit verzweigten Gemeinde nicht samstagabends zur Kirche gehen könnten. Als ich von Frutigen fortging, wählte die Kirchgemeinde als erste im Kanton Bern eine Frau auf eine frei werdende Stelle. Also habe ich es den Frauen dort nicht verdorben, sondern ihnen eher den Weg ein wenig gebahnt.

Danach hätte ich im französischen Colmar eine Stelle erhalten – in der Schweiz bekam man damals keine –, heiratete aber und half meinem Mann anschliessend beim Aufbau seiner Arztpraxis in der Nähe Solothurns. Danach lebten wir zwanzig Jahre lang in Herzogenbuchsee. 1958 wurde ich als Vertreterin des oberen Kantonsteils, der solothurnischen Gemeinden, in die Synode Bern und gleich zur Synodensekretärin gewählt. Nun war hier mein Platz, und ich reichte 1959 die Motion ein, die auch für Frauen die Konsekration verlangte, also das Recht, ein Pfarramt auszuüben. Im Vorfeld dazu hatte ich mit Anna Bachmann [Berns erster studierten Theologin], mit Dora Scheuner [der Berner Honorarprofessorin an der theologischen Fakultät] und mit dem Gotthelf-Kenner Pfarrer

△ *Das Hochzeitsfoto 1952 von Hanni und Martin Lindt-Loosli im Regenmantel.*
PA Hanni Lindt-Loosli
⏋ *Hanni Lindt-Loosli als erste Frau im Synodalrat.* *Foto in: Sämann, Juli 1977.*
> *Hanni Lindt-Loosli im Burgerspittel im Berner Viererfeld, Oktober 2015, fotografiert von Franziska Rogger.* © *Franziska Rogger*

Dr. Walter Hutzli zusammengearbeitet. Die Motion wurde dem Synodalrat überwiesen und bereits im Dezember 1961 behandelt. Dass ich als Motionärin kurz darauf mein fünftes Kind bekam, wirkte auf die Männer positiv. Der Synodalrat wollte die Motion akzeptieren, Pfarrerinnen aber nur in Gemeinden zulassen, wo daneben schon ein männlicher, «richtiger» Pfarrer amtete.

Mit einem taktischen Schachzug gelang es der Gegenseite, den Synodalrat zu überzeugen, dass zuerst die Kirchenordnung und die Kirchenverfassung abgeändert werden müssten, um das Frauenpfarramt zu erlauben. Die Kirchendirektion liess beim Rechtsprofessor Hans Huber ein Gutachten erstellen, um sicher zu sein, dass Artikel 28, der von «den Geistlichen» sprach, abgeändert werden müsse und nicht einfach uminterpretiert werden dürfe. [Die Interpretationsfrage beschäftigte vor 1971 auch die Frauenstimmrechtlerinnen.] Von diesem Gutachten wussten wir nichts. Die Berner Theologinnen, ein loser Verband der ersten studierten Theologinnen, gaben zusammen mit Dori Scheuner privat bei Professor Fritz Gygi ein Gutachten in Auftrag. Darin stand, dass die Abänderung der Gesetze tatsächlich nötig sei. Scheuner war so wütend, dass sie sagte, das könne man sogleich in den Papierkorb werfen, und wir gaben es nicht weiter.

[Nach hitzigen Diskussionen wurde die Verfassung der Evangelisch-reformierten Landeskirche in der Wintersynode 1962 und in der kirchlichen Volksabstimmung vom 17. März 1963 abgeändert.] Zu guter Letzt wurde die Zulassung von Frauen zum Pfarramt am 28. Februar 1965 auch vom männlichen Berner Stimmvolk mit 94 066 Jastimmen zu 39 624 Neinstimmen deutlich akzeptiert.

Als Dank erhielt ich von Berner Theologinnen eine Silberbrosche geschenkt. Eine meiner Töchter, die Ärztin ist, meinte einmal anerkennend, sie hätten es nicht nötig, Feministinnen zu sein: «Das hesch du för üs scho gmacht.»

Bild S. 43: Hanni Lindt-Loosli, fotografiert in der Zentralbibliothek Bern von Esther van der Bie, 1995 an der Ausstellung über die ersten Frauen der Universität Bern «Damen, Kosakenpferdchen und Wybervolch». © *von Esther van der Bie, puncto*

Elli Kayas-Balsiger
Germanistin, Vorstandsmitglied der Berner Studentenschaft, Mutter, Journalistin, Gymnasiallehrerin

Elli Balsiger, 7.5.1917–19.2.2009, von Köniz BE, war die Tochter von Berta Balsiger-Zwahlen und dem «Surchabis-Balsiger», Adolf Balsiger. Sie studierte in Bern, Rom und Zürich eine breite Palette von geisteswissenschaftlichen Fächern. Im Herbst 1944 wurde sie in Bern für ihre Erasmus- und Pestalozzi-Arbeiten mit je einem Seminarpreis geehrt. Sie schloss mit dem Patent für Gymnasiallehrerinnen ab, obwohl Frauen damals nicht vollwertig an öffentlichen Gymnasien lehren durften, sondern nur als Teilzeit- oder Hilfslehrerinnen angestellt oder an untere oder reine Frauenschulen verwiesen wurden. Schon während des Studiums betätigte sich Elli Balsiger journalistisch und schrieb unter Pseudonymen. Sie war studentenpolitisch aktiv und sass 1940/41 wohl als erste Frau im Vorstand der Berner Studentenschaft. Elli Balsiger engagierte sich für das Berner Studentenheim und war Mitglied in der studentischen Bibliotheks- und Lesesaalkommission. Verheiratet mit dem griechischen Ingenieur Georges Kayas, lebte sie danach in Antony bei Paris und erzog ihre beiden Töchter.

«Der Rektor erklärte mir klipp und klar, dass Frauen keine Chance auf eine Lehrerinnenstelle am Gymnasium hätten»

Ich bin, was die Pädagogik betrifft, erblich belastet. Mein Onkel, Felix Balsiger, war Gymnasiallehrer, meine Tante, Margrit Balsiger, wirkte in Wabern als begnadete Lehrerin. Auch in der weiteren Verwandtschaft gab es viele Lehrer, meine ältere Tochter ist Lehrerin geworden. Als meine Schwester Elisabeth den 70. Geburtstag feierte, stellte sie fest, dass sicher ein Drittel der Gäste Lehrer waren. Mein Vater allerdings war Weinhändler und Sauerkrautfabrikant im Sulgenbach, einem Gebiet der Stadt Bern, in dem wir damals noch richtig «stromeren» konnten.

Mein Vater hatte meine sechs Jahre ältere Schwester Elisabeth als Mitarbeiterin für das Geschäft ausersehen, bis mein kleiner Bruder alt genug für diese Aufgabe wäre. Elisabeth durfte aber als Kompromiss zu ihren eigentlichen Bildungswünschen wenigstens das Handelsgymnasium absolvieren. Als sie achtzehn Jahre alt war und ich zwölf, starb mein Vater. Meine Mutter führte das Geschäft weiter, bis mein Bruder alt genug war, es zu übernehmen. Nun gelang es meiner Schwester, sich durchzusetzen. Sie studierte Medizin, wegen einer Tuberkulose allerdings mit Unterbrüchen. 1958 eröffnete sie am Falkenplatz eine Praxis speziell für Lungenkrankheiten. Nach mehrjähriger Tätigkeit bildete sie sich am Jung-Institut Zürich weiter und spezialisierte sich auf psychosomatische Medizin.

Ich selbst durfte machen, was ich wollte, und hatte keine Schwierigkeiten zu studieren. Ich belegte Deutsch, Geschichte, Italienisch, Pädagogik und Philosophie mit dem Abschlussziel Gymnasiallehrerin, da mir schien, dieser breite Studiengang werde eine solide Grundlage für diesen Beruf beziehungsweise den Journalismus schaffen. Wir waren viele Frauen an der philosophischen Fakultät und empfanden uns nicht als Pionierinnen. Dazu kamen noch die gut gekleideten Damen aus Berns besseren Kreisen. Sie besuchten beim Germanistikprofessor Fritz Strich literarische Abendvorlesungen. Diese Veranstaltungen wurden als Pelzmantelkolleg bekannt.

Die Germanisten Fritz Strich und Helmut de Boor verkörperten zwei Welten. De Boor war eine Autorität, sowohl was die ästhetische wie auch was die philologische Seite seines Faches betraf. Es schien mir unfein, dass man ihn nach dem Krieg fortschickte. Zuerst kuschte man vor den Deutschen, und nach ihrer Niederlage zeigte man sich plötzlich mutig. Es gab Protestschreiben, und ich glaube, auch eines unterzeichnet zu haben. [De Boor musste erst 1945 gehen, nachdem man seine Kartei mit kompromittierenden Informationen über die politische Einstellung von Universitätskollegen im Heizungsraum der deutschen Gesandtschaft gefunden hatte]. Im Seminar spürte man nie eine Affinität de Boors zu den Nazis. Ich erinnere mich nur an ein einziges Mal, wo Nichtfachliches zur Sprache kam. De Boor fragte einen beurlaubten Studenten nach dem Stationierungsort seiner militärischen Einheit, und der erwiderte, das dürfe er ihm nicht sagen.

◹ Der «Surchabis-Balsiger» am Scheuerrain war ein Begriff. Hier wuchs Elli Balsiger auf.
Zeichnung in: Brechbühl Fritz, Mattenhof-Sulgenbach Chronik, Bern 1956

◹ Elli und Georges Kayas-Balsiger am Hochzeitstag, 27. Juli 1952   Gosteli AgoF 149, Mädchensekundarschule Monbijou, Goldenes Buch / 10-Jahres-Jubiläums-Buch der Lateinklasse I f

◹ «Wertestes Fräulein Balsiger! Haben Sie herzlichsten Dank für die freundliche Sendung des Faust von Valéry (...) Schreiben Sie doch wieder einmal, wie es Ihnen geht und was im geistigen Leben Frankreichs vor sich geht. (...) Seien Sie bestens gegrüsst und nochmals Dank, Ihr Fritz Strich.» Brief von Professor Fritz Strich an seine ehemalige Schülerin Elli Balsiger, Bern Silvahof, 16. November 1946.   PA Elli Kayas-Balsiger, heute in der Burgerbibliothek Bern, N Fritz Strich, EK-Nr. 1997/34

◹ Elli Kayas-Balsiger beim Interview am 13. Januar 1997 an der Berner Baltzerstrasse, fotografiert von Franziska Rogger.   © Franziska Rogger

Für mich war die deutsche Literatur ein geradezu lebenswichtiges Fach. Aber Strichs Vorlesungen halfen mir rein praktisch im Berufsleben nicht weiter. Trotzdem ging ich gern in sein Kolleg. Er war eine Kapazität in der vergleichenden Literatur, und in den Vorlesungen zur Weltliteratur ging mir manches Licht auf. Strich hat keine Zeitgenossen behandelt, ich glaube, er behandelte noch gerade Rilke und Stefan George.

Er merkte vermutlich nicht, dass ich keine Seminararbeit gemacht hatte und trotzdem ins Examen stieg. In meiner Dissertation sollte ich in der Lyrik Brentanos, dessen Familie aus Italien stammte, italienische Elemente entdecken. Ich war diesem Thema nicht gewachsen. Als ich ihm schrieb, ich hätte es aufgegeben, antwortete er sehr nett, ebenso als ich ihm von Paris aus Paul Valérys Faust sandte. Da bedankte er sich mit einem interessanten Brief über dieses Werk. Er versuchte wirklich, auf die Studenten einzugehen, trotzdem kam man nicht recht an ihn heran.

Ich war mit Fritz Dürrenmatt im Strich-Seminar. Der junge Dürrenmatt war bereits wohlbeleibt. Er sagte wenig und hielt sich an seinen Kumpanen Theodor Schweingruber, den Sohn des Rektors vom Freien Gymnasium. Er machte bei Strich eine Seminararbeit, die der Form wegen auffiel. Dürrenmatt schrieb – ich erinnere mich nicht mehr genau – entweder alles gross oder ohne jegliche Interpunktion, jedenfalls eine sehr eigensinnige Arbeit. Zur Besprechung kam er einfach nicht. Wir hielten ihn für einen Spinner. Kurz danach kam sein erstes Buch [«Es steht geschrieben» von 1947] auf den Markt, und man ahnte, dass er ein Genie war.

Während des Studiums schrieb ich im Berner «Bund», bei dem ich ein Volontariat absolvierte, und im «Berner Studenten» Berichte, besuchte häufig Konzerte und Theater, leitete die Studentenbibliothek und diente der Studentenschaft als Sekretärin. Den Einsitz an der Studentenschaftsspitze empfand ich nicht als bedeutsam, der Vorstand hingegen war stolz, mit einer Frau aufwarten zu können. Maurice Jaccard war damals Präsident [vgl. Ruth Jaccard-Jaussi]. Er hatte mich zusammen mit Ulrich Joss, dem Redaktor des «Berner Studenten», angeheuert.

Die Studentenbibliothek war oben im dritten Stock des Hauptgebäudes eingerichtet. Wir hatten einen Saal und einen Kredit. Ich sehe mich noch Auswahlsendungen der Verlage Francke und Lang auf der Suche nach neuen

Die Lateinklasse der Sekundarschule Monbijou: Elli Balsiger sitzt als Dritte von rechts in der vorderen Reihe. «Virli» Mühlethaler, die spätere Tierärztin, ist als Zweite von links sitzend zu erkennen. Die Klassenlehrerin Margret Stucki, Schwester der frauenbewegten Pädagogin Helene und des grossen Diplomaten Walter Stucki, steht ganz links hinten. Foto der alten Klasse I f vom Frühling 1933. Gosteli AGoF 149, Mädchensekundarschule Monbijou, Goldenes Buch / 10-Jahres-Jubiläums-Buch der Lateinklasse I f

Autoren aus der Weltliteratur prüfen. Hans Carossa wurde viel gelesen. Unser Lieblingsdichter war aber Hermann Hesse. Dessen Lyrik, die Othmar Schoeck vertonte, kannten wir auswendig. Was die journalistische Arbeit betrifft, so sehe ich mich an der Schreibmaschine sitzen, Briefe und Sitzungsberichte tippen – und Schlagzeilen für die Anbauschlacht formulieren.

Im «Berner Studenten» schrieb ich Bücherrezensionen, unter anderem einen Verriss über einen Bestseller John Knittels, in dem ich nachwies, warum das Buch ein «Chäs» sei. Wenig später begegnete ich Professor Richard Feller, vor dem ich mich doch ein wenig fürchtete, im Gang der Universität. «Ihr seid doch Fräulein Balsiger?», fragte er. Oje, jetzt gibt's was, dachte ich, als ich bejahte. Aber er lobte: «Das ist sehr gut gewesen im ‹Berner Studenten›, das hat mich gefreut.» Weniger Freude bereitete ich den Kommilitonen mit meinen Artikeln, die ich «Ein wenig Poesie» nannte und mit E. B. Müller zeichnete [Juni 1938 bis Mai 1943]. An einer Generalversammlung wurden sie kurzerhand als Quatsch abgetan, und man monierte, dass es gemäss Studentenverzeichnis gar keinen E. B. Müller gäbe. Ich sass im Saal, und heute reut es mich, dass ich mich damals nicht zu erkennen gegeben habe.

Welche Auswirkungen der Krieg auf uns hatte? Als die grossen Einberufungen der Soldaten an die Grenze kamen, fehlte es natürlich an Lehrern. Nun erinnerte man sich plötzlich an die Frauen, an die Studentinnen an der Universität. Nun sollten wir an den Gymnasien, die noch keine weiblichen Lehrkräfte hatten, unterrichten dürfen. Von einem Tag auf den andern wurde ich an den Freigymer gerufen, um den Geschichtslehrer zu vertreten. Zuerst war das allerdings eine Katastrophe, das heisst, ich machte eine zweiwöchige Niesspulverkur. Mein Bruder riet mir, einfach natürlich zu sein. Als ich das beherzigte, hatte ich tatsächlich nie mehr Schwierigkeiten. So entdeckte ich meinen Beruf. Ich fand es bald viel schöner und spannender, jungen Leuten Meisterwerke zu erklären, als mittelmässige Literatur zu besprechen oder gar Verrisse zu schreiben.

Im Rahmen eines Austauschprogramms kam ich dank Professor Strich im Dezember 1945 nach Paris. Das war ein Geschenk. Ich war Assistentin an einem Lycée und musste Konversation auf Deutsch machen. Hier besuchte mich «Virli» Mühlethaler [vgl. Elsa Mühlethaler], meine Klassenkameradin aus dem Gymnasium, und schleppte mich zum Tanzen. Dabei lernte ich meinen zukünftigen Mann kennen! Eigentlich wäre ich nun gerne länger in Paris geblieben. Von Bern aber kam die Nachricht, Ida Somazzi [Lehrerin am stadtbernischen Lehrerinnenseminar und Frauenrechtlerin] sei daran, sich von der Schule zurückzuziehen. Ich täte gut daran, zurückzukommen, da ich Stunden übernehmen könne. So wurde mir eine Stelle auf dem Plateau serviert. Blutenden Herzens kehrte ich 1947 zurück.

Dr. Somazzi wurde von den Schülerinnen, die sie gelegentlich auch zu Hause unterrichtete, teilweise fast bis zur Peinlichkeit verehrt. Ihr war damals die Schule verleidet, die sie wohl auch als zu eng empfunden hatte. Sie trat frühzeitig zurück und ging zur Unesco. Als Frauenrechtlerin war sie erst mit Dr. h. c. Helene Stucki befreundet, dann verfeindet. Helene Stucki, Schwester von Minister Stucki, war eine Autorität. Wir waren am Lehrerinnenseminar Kolleginnen. Als ich anfing, erklärte sie mir selbstsicher:

«Jetzt haben Sie die wichtigste Stelle in der Schweiz. Sind Sie zufrieden?» Ich meinte, eigentlich würde ich lieber am Gymnasium unterrichten. «Was, erwiderte sie, am Gymer, wo man mit dem Revolver ins Zimmer muss?» Als Kollegin war Helene Stucki sehr angenehm und zu fruchtbarer Zusammenarbeit bereit.

1947 wurde ich also als Stellvertreterin von Dr. Somazzi eingesetzt. Zusätzlich wurde ich für zwei Wochenstunden fakultatives Italienisch an den städtischen Gymer gewählt – selbstverständlich nur als Hilfslehrerin. Das war Pionierarbeit! Zuvor hatte es nämlich an den Gymnasien nur eine Turnlehrerin für die Mädchen gegeben, das Lehrkollegium war sonst ausschliesslich Männersache. Ich nahm am Gymer ganz bewusst an den Lehrerkonferenzen teil, ein wenig hinten sitzend. Ich hätte gerne weiter an einem Gymnasium gearbeitet. Als ich Dr. Walter Müri, Rektor des Literargymnasiums Kirchenfeld, fragte, ob ich wohl je hier eine Stelle erhalten könnte, erklärte er mir klipp und klar, dass er dafür keine Chance sähe. So kam ich als Deutschlehrerin ans Lehrerinnenseminar Marzili, wo ich keine Mühe hatte, gewählt zu werden. Ich lehrte hier, bis ich 1952 in Paris heiratete.

Ob wir damals Frauenfragen diskutierten? Dass es solche Probleme gab, ging mir erst nach dem Studium so richtig auf. Zum Beispiel, als ich als Frau keine Möglichkeit sah, am Gymnasium zu unterrichten. Oder als ich nicht stimmen konnte. Ich erinnere mich, dass in einer Lehrerkonferenz einmal über eine Abstimmung diskutiert wurde, welche die Schule betraf. Der Direktor sagte: «Also, ihr Herren, vergesst nicht, am Sonntag zu stimmen. Und ihr Damen vergesst nicht, zu Hause zu schauen, dass recht gestimmt wird.» Nach der Heirat lebte ich in Frankreich, da ging mir noch einiges mehr auf. Hier war es eine Ausnahme, nicht ausser Haus zu arbeiten. Und man fragte mich verwundert: «Vous ne travaillez pas, Madame?» Einmal kam meine Tochter nach Hause und erzählte, dass man sie in der Schule gefragt habe: «Qu'est-ce qu'elle fait, ta mère?» – «Elle ne fait rien», hatte sie geantwortet.

Bild S. 47: Elli Kayas-Balsiger mit einer ihrer Töchter in Antony bei Paris. Gosteli AgoF 149, Mädchensekundarschule Monbijou, Goldenes Buch / 10-Jahres-Jubiläums-Buch der Lateinklasse I f

Maria Wäber-Merz
Pionierin der universitären Zahnmedizin, Mutter, Schulzahnärztin, Stimmrechtlerin

Maria Merz, 4.3.1901–27.12.2000, von Thun BE, durch Heirat Bernburgerin aus der Gesellschaft zu Kaufleuten, war die Tochter von Frida Merz-Lanzrein und dem Fürsprech und Politiker Leo Merz. Sie wurde im Sommer 1923 Berns erste Zahnarztstudentin. Die Zahnheilkunde war bis 1921 ein patentiertes Gewerbe gewesen, das auch von Frauen ausgeübt werden konnte. Auf Antrag von Erziehungsdirektor Leo Merz, Marias Vater, wurde die Ausbildung der Zahnheilkunde 1921 der Universität anvertraut. Maria Merz promovierte in Bern 1926 als erste Frau der Zahnmedizin. Sie praktizierte nur kurz in eigener Praxis, diente aber 44 Jahre der Berner Schulzahnklinik, erst als Assistentin, 1932–1971 als Leiterin. Sie heiratete 1927 den Fürsprech Karl Rolf Wäber, war Mutter eines Adoptivsohnes und wie die ganze Familie Merz eng mit der deutschen Schriftstellerin Ricarda Huch befreundet. Dr. Wäber-Merz war Mitglied des Berner Frauenstimmrechtsvereins.

«Einen Mann konnten sie bestimmt nicht finden, der unter den gegebenen schlechten Verhältnissen hier gearbeitet hätte»

Eine höhere Schulbildung war für uns selbstverständlich, nachdem bereits die Grosseltern väterlicherseits eine für ihre Zeit gute Ausbildung erhalten hatten. Auch die Grosseltern mütterlicherseits ermöglichten meiner Mutter Frida, dem zweitältesten von elf Kindern, eine gute Berufsausbildung, da sie sie im väterlichen Mühlebetrieb als Sekretärin einsetzen wollten. Nachdem sie einige Jahre für den recht grossen Betrieb gesorgt hatte, heiratete sie mit 24 Jahren den Juristen Dr. Leo Merz und zog uns sechs Kinder auf. Meine älteste Schwester Gertrud war künstlerisch veranlagt, tanzte gerne und studierte nur kurz. Schliesslich arbeitete sie beim Roten

Kreuz und verkehrte in Künstlerkreisen. Die zweite, Elsbeth, doktorierte in Germanistik, hatte aber trotzdem Mühe, eine gute Stelle zu finden. Auch Eva, die Jüngste von uns, studierte und arbeitete schliesslich als Lektorin beim Radio. Für die Brüder war es einfach: Karl wurde in Neuenburg ausgebildet und Personalchef in Zürich, Hans studierte Jus und wurde ordentlicher Professor für Privatrecht in Bern. Bei mir fand man, es reiche jetzt, es schaue mit dieser Studiererei für Frauen ja doch nichts heraus. Also ging ich ins Welsche und besuchte die Schule zur Ausbildung von Französischlehrerinnen, die schon meine Grossmutter besucht hatte. Dann aber stand ich auf die Hinterbeine und sagte: «Ich will die Matura machen.»

Man kann die damalige Zeit nicht mit den späteren Jahren vergleichen. Es waren ganz, ganz andere Zeiten. Mein Vater musste sich ernsthaft überlegen, ob er seine gut gehende Fürsprechpraxis aufgeben und [1915] Regierungsrat werden sollte. Als Regierungsrat verdiente er nämlich nur 15 000 Franken im Jahr, und das war für eine Familie mit sechs Kindern zu wenig. Er nahm das Amt nur an, weil er einen Teil seiner Klientel behalten durfte. Die Löhne waren viel kleiner als heute, für den Lebensunterhalt brauchte man aber auch weniger, weil man viel bescheidener, einfacher lebte, weniger besass und mit einem geringeren Standard zufrieden war. Hingegen konnte man sich auch in einfacheren Verhältnissen Dienste leisten. In unserem grossen Haushalt hatten wir jede Woche eine Wäscherin, eine Glätterin, eine Flickerin oder eine Schneiderin am Tisch. Es war einfach selbstverständlich, dass Frau Bärtschi für die jüngeren Kinder da war und dass Anna fast sechzig Jahre bei uns in der Küche stand. Als ich 1927 Dr. jur. Karl Rolf Wäber heiratete, haben sich noch meine Mutter, die sechs Kinder hatte, und meine Schwiegermutter, eine Pfarrfrau mit fünf Kindern, zusammengesetzt und mir einzureden versucht, dass ich es mit meiner privaten Zahnarztpraxis schwerlich mit bloss einer Angestellten schaffen könne. Ich brauche mindestens zwei Hilfen. Ich musste sie geradezu flehentlich bitten, es mich erst einmal mit einer einzigen versuchen zu lassen. Natürlich war der Haushalt damals auch ungleich aufwendiger als heute, man denke zum Beispiel an den Waschtag. Es gab keine Fertiggerichte und Konfektionskleider, keine Waschmaschinen, Staubsauger und Kühlschränke. Ich erinnere mich, dass der Eismann einmal in der Woche meiner Schwiegermutter das Eis brachte. Früher galten andere Begriffe vom Leben! Auch die Stimmung war ganz anders. Wir lernten gerne, es gab keine Zerstreuungen wie Radio und Fernsehen. Wir gehörten einer Generation an, die etwas erreichen wollte und harte Arbeit und Unbequemlichkeiten nicht scheute.

Die Studientage an der Berner Universität waren lang. In den ersten Semestern hörten wir morgens um sieben Uhr im botanischen Garten Zoologie, dann im alten, heute abgebrochenen Institut Physik und zuletzt zuhinterst in der Länggasse Chemie. Am Abend ging man zu Fuss nach Hause an die Monbijoustrasse. Die Universität war sehr klein. Die ganze Verwaltung bestand jahrelang aus einem älteren Herrn und seiner Stieftochter. [Ernst Bieri, 23 Jahre lang Abwart, und Rosa Crivelli, 40 Jahre lang Kanzlistin.] Das war aber überall so. Mein Arzt, Dr. Hermann Sahli, hatte doch auch keine Sekretärin oder Gehilfin, diese Arbeiten besorgten seine Frau oder seine Tochter. Anders ging es nicht.

In den unteren Semestern war ich gewöhnlich die einzige Frau und fiel auf. Wenn ich einmal nicht in die Vorlesung kam, konnte es passieren, dass Physikprofessor Aimé Forster nach Hause telefonierte und fragte, ob ich krank sei. Das war mir sehr unangenehm, denn hin und wieder ging ich mit meinem späteren Mann spazieren statt in die Übung. Bei Forsters im Haus lebte übrigens eine Gehilfin, eine Professorentochter, die den Wetterbericht machen musste. Bis zehn Uhr nachts stieg sie regelmässig auf den Turm und las die Daten ab, wofür sie miserabel bezahlt war. [Anna Knaus, die Tochter von Professor Johann Melchior Knaus, hatte von 1919 bis 1940 als Nachfolgerin von Elise Scheidegger diese anstrengendste aller Assistentenstellen übernommen, die minimal besoldete Stelle am tellurischen Observatorium.]

Da mein Vater noch deutsches Geld hatte, konnten es meine Schwester Elsbeth und ich für Auslandssemester bei befreundeten Familien in München aufbrauchen. Elsbeth lebte 1918/19 bei Ricarda Huch und ich 1921/22 bei Professor Heinrich Wölfflin. Das eindrücklichste Erlebnis hatten wir, als ich nach Hause reisen sollte und kein Geld mehr hatte. 1922 begann die riesige Inflation in Deutschland. Die Banken zahlten zwei, drei Tage nichts aus. Die Billette von München bis zur Grenze kosteten für mich und meine

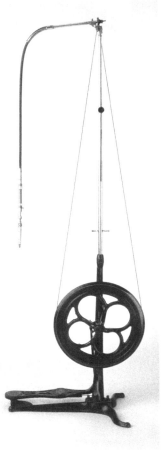

◬ **Die Schulzahnärztin Maria Wäber-Merz bei der Behandlung von Schulkindern.**
Foto in: Berner Jugend – Berner Schule, September 1964, Titelblatt.
◬ **Die deutsche Dichterin Ricarda Huch war mit der Familie Merz eng befreundet.**
© ETH Portr_02717A (Foto von Leif Geiges)
⌐ **« Wir hatten noch Tretmaschinen, um den Bohrer anzutreiben. Wir standen also auf dem einen Bein, mit dem andern mussten wir treten. Der Rücken schmerzt mich nur schon, wenn ich daran denke.»** Foto der Zahnbohrmaschine, © Bernisches Historisches Museum, Inv. 43313

zwei Freundinnen so um die 20 000 Mark. Dr. Huch, die an der gleichen Strasse wohnte, meinte, sie könne mir das Geld leihen, ihr sei vor drei Tagen eine Hypothek von 20 000 Mark, die sie in einem Ferienhaus hatte, zurückbezahlt worden. Ihr Guthaben für ein Haus reichte gerade für drei Billette!

Während meines Auslandssemesters schrieb mir mein Vater nach München, sie würden in Bern nun auch ein zahnärztliches Institut an der Universität einrichten. Er habe sich mit den Zuständigen abgesprochen und mich gleich einschreiben lassen. Fertig! Ich war ziemlich entsetzt. Irgendwie war es aber auch begreiflich, mein Vater hatte schliesslich sechs Kinder, von denen fast alle studierten. Damals gehorchte man den Eltern. Also sagte ich: Janu also!

Im zahnärztlichen Institut war alles bedenklich einfach, ja primitiv. Wir waren in einer Vierzimmerwohnung am Kanonenweg 14 im zweiten Stock eingemietet. Es gab einen Kanonenofen. Warmes Wasser wurde mit einem Rechaud gemacht. Luft, die wir zum Trocknen von Füllungen einblasen mussten, erzeugten wir mit einer kleinen Pumpe, die wir in der Hand kneteten. Wir hatten noch Tretmaschinen, um den Bohrer anzutreiben. Wir standen also auf dem einen Bein, mit dem andern mussten wir treten. Der Rücken schmerzt mich nur schon, wenn ich daran denke. Die Ausbildung war eigentlich unerfreulich. Die Dozenten, private Zahnärzte aus der Stadt Bern mit eigener Praxis, die ihrerseits auch nicht ausgebildet waren, zeigten uns nebenher stundenweise ihre Spezialitäten.

1923 war ich noch die einzige Studentin der Zahnmedizin. Dann kam Cecile Buob aus Zürich dazu [vgl. Cecilia Buob-Buchmann]. Sie musste ihren Behandlungsstuhl selbst mitbringen. Als Dr. Rudolf Wirth die Schulzahnklinik übernahm, liess ich mich gerne für die Halbtagsstelle als Assistentin engagieren. Schliesslich war ich nun verheiratet, und meine Privatpraxis hatte mich nicht gefreut. 1927 zog die Schulzahnklinik, die in der Predigergasse im dritten Stock eines Nebengebäudes ihr kümmerliches Dasein gefristet hatte, in drei Zimmer an der Bundesgasse 27 um. Zum ersten Mal konnte man einige Installationen einbauen. Warmes Wasser hatten wir aber immer noch nicht, so nahm ich von zu Hause meinen Kocher mit. Nachdem Wirths Nachfolgerin, Dr. Margrit Schmid, nach Zürich zurückgekehrt war, begann ich 1932 als neue Leiterin mit dem eigentlichen Aufbau der Schulzahnklinik. Es gab anfänglich weder ein Reglement noch sonst irgendwas. Kein Mensch kümmerte sich um uns. Wir Anfängerinnen, zwei, drei junge Assistentinnen und ich, setzten uns ein und hatten das Gefühl, es müsse einfach etwas getan werden.

Ich verdiente damals 700 Franken, die Wohnung kostete 250 Franken, Telefon und Auto musste ich selbst berappen. Da ich verheiratet war, nahm mich die Stadt Bern nicht als Beamtin auf. Nach dem frühen Tod meines Mannes, als ich noch einen Sohn zu erziehen hatte, rächte sich das. Ich konnte mit grosser Mühe erreichen, dass man mich für die Pension wenigstens in eine Nebenkasse aufnahm.

Einmal wehrte ich mich für eine Kollegin, der man einfach den Lohn gekürzt hatte. Ich ging zum damaligen Finanzdirektor und sagte, das sei nicht in Ordnung. Der liess sich Unterlagen kommen und entgegnete mir: «Die hat einen unverschämt guten Lohn für eine Frau!» Ich erinnere mich auch, dass einmal der Sekretär der Schulverwaltung, der ich unterstellt war, kurz vor zwölf Uhr in die Klinik hinunterkam. Er war gegen die Frauen eingestellt und ertrug es eigentlich nicht, dass ich, eine Frau, die Schulzahnklinik führte – und sie gut führte. Auch einige Zahnärzte wetterten aus Brotneid furchtbar gegen diese «staatliche» Konkurrenz und weil ich eine Frau war. Deshalb bin ich übrigens aus der Bernischen (nicht der Schweizerischen) Zahnärztegesellschaft ausgetreten. Der Sekretär kam also mit einem Vertrag zu mir. Gemäss Paragraf 3 wären die Assistentinnen, auf die ich angewiesen war, lohnmässig zwei Klassen tiefer eingestuft worden als die Assistenten. Ich sagte: «Das unterschreibe ich nicht.» Er sagte: «Sie müssen!» Ich: «Und ich tu's einfach nicht!» Ich drohte, dass wir kündigen würden. Dann wären sie nämlich aufgeschmissen gewesen, und das wussten sie. Einen Mann konnten sie bestimmt nicht finden, der unter den gegebenen schlechten Verhältnissen hier gearbeitet hätte.

Wie damals die zahnhygienischen Verhältnisse waren? Ich kannte noch die Familienzahnbürste! Und wenn man Kinder in die Klinik aufbot, gab es Eltern, die das höchst überflüssig fanden. Jahrzehntelang liess ich Kinder, die von der städtischen Fürsorge oder der Amtsvormundschaft aufs Land versorgt worden waren, auf eigene Initiative kommen, damit sie nicht

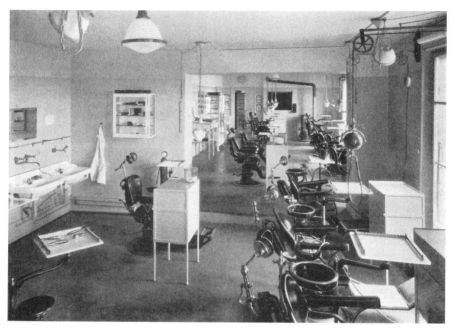

Das Zahnärztliche Institut am Kanonenweg um 1930.   Foto in: Marti Hugo, Universität Bern, Küssnacht 1932, S. 48

benachteiligt wurden. Die Pflegemütter schätzten das sehr, da sie so auf Kosten der Stadt mit dem Patient zweimal im Jahr nach Bern kommen und hier zu Mittag essen duften. Auch die Heimkinder behandelte ich. Diese durften damals nur alle vier Wochen baden, und wenn die Mädchen einmal unpässlich waren, gab's das nächste Bad halt in acht Wochen. Als meine Assistenten sich einmal beklagten, dass die Mädchen sehr schmutzig seien, obwohl ich ihnen immer etwas für die Hygiene mitgab, rief ich den Heimvater an, um ihn zu fragen, wieso sich die Kinder nicht waschen würden. «Ja, ech tue mer doch mini neue Lavabos ned lo dräckig mache», war seine Antwort. Die Mädchen erhielten für ihre Tage bloss drei Binden. Ich musste ihnen zeigen, wie sie aus Watte Binden basteln konnten.

Wie ich noch Gäste neben Beruf, Kind und Haushalt versorgen konnte? Vor allem die Dichterin Ricarda Huch wohnte zeitweise bei uns [vgl. Elsbeth Merz]. Ricarda nahm sich für die damalige Zeit erstaunliche Sachen heraus. Sie konnte ebenso wenig wie ihr Mann, der italienische Zahnarzt

Ermanno Ceconi, mit Geld umgehen. Allerdings muss man gerechterweise schon in Rechnung stellen, dass Ricarda Huch wegen der Inflationen zweimal alles verlor. Das war schon tragisch. Auch in den Kriegsjahren hatte ich die Huchs oft bei mir. Meine Eltern wurden alt, meine Mutter war wegen zweier Beinbrüche zeitweise bettlägerig und mein Mann die ganze Zeit im Militärdienst, da hatte ich Platz, um Ricarda zu mir zu nehmen.

Nach Ende des Krieges blieb Ricarda Huch in Jena wohnen, also im russischen Sektor [sowjetische Besatzung ab 3.7.1945]. Was hätte sie tun sollen? Sie konnte nicht mehr weiterziehen. Im Februar 1947 konnte sie ein letztes Mal für einige Wochen zu uns kommen. Sie war schon 83, sah schlecht, war miserabel «zwäg», aber nichtsdestotrotz noch sehr «läbig». Da wir uns nach dem Krieg endlich wieder ein Auto hatten kaufen können, fuhr sie mein Mann durch den Bremgartenwald über alle Hügel nach Laupen. Das freute sie sehr. Ricarda hatte nämlich die Gabe, sich über Kleinigkeiten freuen zu können. Am Morgen – ich arbeitete ja – war sie immer um halb acht am Frühstückstisch. Dann fing ihr Tag an und wurde eingeteilt. Das hatte sie von der sie erziehenden Grossmutter gelernt. Vormittags arbeitete sie, nach dem Mittagessen legte sie Patiencen, machte Kommissionen, Besuche. Ich erinnere mich, dass ich ihr einen alten Wäschekorb hinstellen musste. Darin sammelte sie die Korrespondenz der Familien der Widerstandskämpfer. Sie schrieb ja ein Buch über die hitlersche Widerstandsgruppe um die Geschwister Scholl [«In einem Gedenkbuch zu sammeln»]. Ich sehe sie noch vor mir, wie sie schrieb – da drüben in unserer Stube am Fenster.

Bild S. 54: Die pensionierte Dr. med. dent. Maria Wäber-Merz, fotografiert vom Berner Arzt Dr. Peter Friedli. © *Dr. Peter Friedli, Universitätsarchiv Bern*

Elsbeth Merz

Germanistin, Seminarlehrerin, Freundin von Ricarda Huch

Elsbeth Merz, 19.3.1898–27.1.2001, von Thun BE, war die Tochter von Frida Merz-Lanzrein und dem Fürsprech und Politiker Leo Merz, damit die ältere Schwester von Maria Wäber-Merz (vgl. Maria Wäber-Merz). Sie doktorierte 1922 mit summa cum laude über Wilhelm Tell im Drama vor und nach Schiller und bestand 1923 die Prüfung für das höhere Lehramt. Es folgten Sprachaufenthalte in Paris und Oxford sowie drei kurze Stellvertretungen. Da Frauen damals nicht vollwertig an öffentlichen Gymnasien lehren durften, sondern an untere oder reine Frauenschulen verwiesen wurden (vgl. Elli Kayas-Balsiger), unterrichtete Dr. Elsbeth Merz ab 1927 Deutsch, Geschichte und Englisch am staatlichen Lehrerinnen- und Arbeitslehrerinnenseminar in Thun. Sie war mit Ricarda und Marietta Huch befreundet, spielte mit Musikprofessor Ernst Kurth vierhändig Klavier und dichtete. Elsbeth Merz war in leitender Stellung verschiedener gemeinnütziger Stiftungen und 1986–1988 Präsidentin der evangelisch-reformierten Kirchensynode Bern-Jura.

«Solange wir noch einen Mann bekommen, auch wenn er nicht gut ist, nehmen wir einen Mann»

Ich musste gar nicht kämpfen, um ins Gymnasium gehen und studieren zu dürfen. Das war selbstverständlich, und so besuchte ich ganz normal das städtische Gymnasium. Allerdings war ich da das einzige Mädchen neben neunzehn Buben.

Während des Studiums waren recht viele Studentinnen im Deutschen Seminar. [Von den Studierenden der geisteswissenschaftlichen Fakultät waren um 1920 ein Drittel Frauen.] Wir wurden nicht im Mindesten besonders behandelt oder speziell beachtet. Natürlich gab es solche, die der Ansicht waren, Mädchen bräuchten nicht zu studieren, aber sie äusserten sich nicht laut dazu. Wir wurden nicht diskriminiert. Es war bei uns nicht so, wie es Ricarda Huch, die Freundin unserer Familie, in ihren Erinnerungen «Frühling in der Schweiz» aus Zürich berichtete.

Als ich aber nach dem Studium am Berner städtischen Gymnasium, das ich als Schülerin besucht hatte, als Lehrerin arbeiten wollte, gab man mir den Bescheid: «Solange wir noch einen Mann bekommen, auch wenn er nicht gut ist, nehmen wir einen Mann.» Darauf meldete ich mich am Lehrerinnenseminar Thun. Als ich hier im Frühling 1927 meine Arbeit begann, war das Schulhaus brandneu, und wir fanden es prächtig. Es stand mutterseelenallein in seinem Riesengarten und beherbergte alles, was eine Schule damals nötig hatte. Fast alle nahmen mich freundlich auf. Ich fürchtete mich allerdings angesichts der Aufgabe, die ich übernahm, namentlich vor dem Geschichtsunterricht, da ich mich meinem Vorgänger, einem Mann von gründlichen Kenntnissen und grosser Erfahrung, unterlegen fühlte. Es tröstete mich sehr, als ich später in Ricarda Huchs Erinnerungsbuch las, dass ihr manchmal die Knie gezittert hätten, wenn sie das Klassenzimmer betrat, und dass sie mit bebender Ungeduld das Klingelzeichen erwartet hätte, das die Stunde beendete. Als Seminardirektor Alfred Troesch meine Unsicherheit bemerkte, sagte er beiläufig zu mir, ein klarer und ausgeschlafener Kopf sei unter Umständen mehr wert als eine in allen Einzelheiten ausgeklügelte Präparation, die man sich auf Kosten der Nachtruhe erarbeitet habe.

Damals stand ich mit Ricarda Huch in regem Briefverkehr. Wir hatten sie dank einer gemeinsamen Bekannten, der deutschen Schriftstellerin Emmy von Egidy, kennengelernt, als sie [im Juli 1916] in die Schweiz kam. Sie war eine ganz natürliche, vollkommen menschliche Frau und eine faszinierende Persönlichkeit, liebenswürdig, fein und tüchtig. Sie hatte nicht immer Glück, hatte komplizierte Liebesverhältnisse. Ricarda hat mich sehr gern gehabt und als Freundin ihrer Tochter Busi [eigentlich Marietta] wie eine eigene Tochter behandelt. Busi, aus der Verbindung mit Ermanno Ceconi, war etwa gleich alt wie ich. Als Mutter und Tochter im Oktober 1918 nach ihrem Schweizer Aufenthalt wieder nach München zurückkehrten, konnte ich während meines Auslandssemesters bei ihnen wohnen: Kaul-

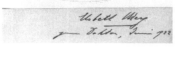

Seminarlehrerin Dr. Elsbeth Merz, hinten in der Mitte stehend und von Kollegen umrahmt, posiert 1931 mit Schülerinnen der 38. Promotion.   Archiv Staatliches Seminar Thun

⌐ *Erziehungsdirektor Dr. jur. Leo Merz schenkte seiner zweitältesten Tochter Elsbeth zu ihrem Doktorat im Juni 1922 die illustrierten «Abenteuer der Sylvesternacht» von E.T.A. Hoffmann.*   Universitätsarchiv Bern, Dossier Elsbeth Merz

⌐ *1924 zu Besuch bei Ricarda Huch in Padua: stehend Elsbeth Merz und Max Wehrli, sitzend Marietta, Lucy, Angelina, Ricarda Huch, Professor Schermer, Ermanno Ceconi, Frau Schermer.*   Foto in: Huch Ricarda, Autobiographische Schriften. Gesammelte Werke. Bd 11, Köln 1966–[1974], Bildteil. © Dr. Andreas Böhm, Frankfurt

⌐ *Die Wirkungsstätte von Dr. Merz: Das 1923 bezogene Staatliche Lehrerinnen- und Arbeitslehrerinnenseminar in Thun.*   Foto in: Schraner Ernst, Hundert Jahre Lehrerinnen- und Arbeitslehrerinnen-Bildung im Kanton Bern 1838–1938, Festschrift, Bern 1938, S. 100/101

< *Elsbeth Merz, vorne als zweite von rechts sitzend, stellt sich mit Kollegen, Kolleginnen und Schülerinnen der 42. Promotion 1935 dem Fotografen.*   Archiv Staatliches Seminar Thun

bachstrasse 35, Mansarde des zweiten Gartengebäudes. Vormittags arbeitete Ricarda an ihren Büchern. Nachmittags empfing sie Besuche, schrieb Briefe oder so. Wir gingen viel auswärts essen. Ich erinnere mich, dass uns einmal Leute begegneten, die für irgendeine Revolution [Münchner Räterepublik 7. April bis 2. Mai 1919] waren. Sie wollten eine Unterschrift von Ricarda Huch, die sie aber nicht gab. Ricarda interessierte sich sehr für die politischen Vorgänge, das sieht man ja auch an ihren Büchern, sie schrieb interessante Arbeiten, zum Beispiel über den Sozialismus [«Alte und neue Götter»].

Mit Ricarda Huch blieben wir ein ganzes Leben lang in Kontakt. Sie kam alle Jahre – wenn es die Ereignisse zuliessen – zu uns und machte Ferien in unserem Haus in der Elfenau. In der Nazizeit hatten sie und ihr Schwiegersohn Franz Böhm Schwierigkeiten. Ricarda war schon 1933 aus Protest gegen die nationalsozialistische Gleichschaltung aus der Akademie der Künste ausgetreten.

Ob ich noch viele Erinnerungsstücke und Briefe von ihr besitze? Ich bin ja uralt, bin umgezogen und habe Papiere weggeworfen. Den Briefwechsel mit Ricarda und Marietta allerdings, den habe ich dem Schiller-Archiv [beziehungsweise dem Literatur-Archiv] zu Marbach am Neckar übergeben.

Bild S. 62: Das 100-jährige Geburtstagskind Elsbeth Merz, fotografiert 1998 von Dr. Peter Friedli. © *Dr. Peter Friedli, Universitätsarchiv Bern*

Die Krux mit der Karriere: Diskriminierungen und Prägungen

Maria Bindschedler
Professorin für germanische Philologie,
Berns erste Dekanin

Maria Béatrice Bindschedler, 23.10.1920–17.8.2006, von Zürich, war die Tochter von Mary Bindschedler-Laufer und dem Juristen und Bankier Dr. jur. Rudolf G. Bindschedler [Kreditanstalt, Elektrowatt]. Sie lernte und lehrte in Zürich, Basel, Genf, Lausanne, Besançon, Freiburg i. Br., Berkeley (USA) und Tampere (Finnland) und war vor ihrem Berner Engagement ab 1957 ausserordentliche Professorin in Basel und ab 1958 Ordinaria in Genf. Als Berner Professorin für germanische Philologie war sie eine der allerersten ordentlichen Professorinnen überhaupt und 1967 Berns erste Dekanin. (Erste Vorsteherin einer Fakultät in der Schweiz war 1949 die Fribourger Pädagogin Laure Dupraz.) Maria Bindschedler sass im Vorstand angesehener philosophischer und germanistischer Gesellschaften. Sie spielte gekonnt Klavier und schrieb Gedichte unter dem Pseudonym Béatrice May. Sie gilt als bedeutende Germanistin mit einem breiten, über das Mittelalter weit hinausgehenden Spektrum. Im Berner Mittelalterzentrum BMZ finden seit 2008 Maria-Bindschedler-Gastvorlesungen statt.

«Entweder Heirat oder akademische Karriere»

Ida Bindschedler, die bekannte Autorin der «Turnachkinder», war die bedeutend ältere Cousine meines Vaters. Ida war Lehrerin und schrieb ihre Bücher erst mit sechzig Jahren. Ihre Schwester Louise war Malerin in Deutschland. Dass meine Tanten Leonie und Olga studieren konnten, verdankten sie meinem Vater, dem Juristen Rudolf G. Bindschedler. Er hätte selbst gerne die Universitätslaufbahn ergriffen. Wegen des frühen Todes meines Grossvaters, der Arzt war, musste mein Vater aber nach dem Examen zunächst Geld verdienen, um für die Mutter und die jüngeren

Geschwister zu sorgen. Indem er selbst grosse Opfer brachte, ermöglichte er grosszügig seinen zwei Schwestern und dem jüngeren Bruder Léon das Studium. Leonie wurde Italienischlehrerin und Olga die erste Basler Anwältin. Mein Bruder Rudolf L. war Völkerrechtsprofessor wie auch Jurist in Den Haag und beim KSZE. Denise, meine Schwägerin, war Professorin am Institut des Hautes Etudes in Genf.

Ich las schon als Kind sehr, sehr viel, wegen des welschen Kindermädchens als Erstes französische Lesestücke. Aus Interesse verschlang ich in meiner Jugend schon fast die gesamte neuere deutsche Literatur. Auch eine begeisterte Karl-May-Leserin war ich, man lernte da so viel über die fremden Völker. Zum Entsetzen meines Gymnasiallehrers, des späteren Professors Carl Helbling, schrieb ich einen Aufsatz über Karl May. Ich erhielt die Bestnote, obwohl er meinte, zum Inhalt könne er nichts sagen, er habe ihn nie gelesen.

Während meine Mutter eher dagegen war, dass ich studierte, förderte mein Vater mein Studium mit Verständnis und Freude. Er brachte auch in Erfahrung, wann genau ich mein Doktorat [1945 in Basel] machen werde, und sass überraschend im Vorzimmer, als ich nach der vierstündigen Prüfung herauskam. Mein Vater war stolz auf mich, leider erlebte er meine Habilitation und Professur nicht mehr.

Mit dem Studium der Germanistik fing ich in Zürich zu Kriegsbeginn 1939 an. Das kam allen, die in der Schweiz studieren durften, sehr zugute, man arbeitete unglaublich viel und intensiv. Man war dankbar, dass man in einem Zimmer sitzen und Bücher lesen durfte. Gerade in Basel, wo ich später hinging, sah man natürlich, wenn Süddeutschland bombardiert wurde. Die Städte in der Schweiz waren verdunkelt, die Lebensmittel rationiert. Mit der Heizung wurde natürlich auch gespart. In der Regel war nur ein einziges Zimmer der Wohnung zum Lernen beheizt. Die Eltern sassen in einer Ecke, die Studenten, die damals noch zu Hause wohnten, in einer andern.

In Zürich gab es vierstündige Vorlesungen über die Geschichte der Konjunktion oder des Adjektivs, vom Urgermanischen bis in die Gegenwart. Davon wusste ich gar nichts, und ich gab mir Mühe, vielleicht noch mehr als in der neueren Literatur, wo ich schon fast alles wusste. Ins Seminar des bedeutenden Schweizer Sprachwissenschaftlers Rudolf Hotzenköcherle konnte man erst nach vielen Vorstufen und Examen gelangen. Für die Seminararbeit wählte ich die Rolle Luthers in der deutschen Sprachgeschichte. Nach dem Vortrag kam der Professor zu mir und sagte, wenn nicht Krieg wäre, würde er mich nach Leipzig zu Professor Theodor Frings schicken. Ich solle aber doch nach Bern oder Basel gehen und eine Seminararbeit machen, die er anrechnen wolle. Rührend fand ich sein Geständnis, er wisse, dass sein Gebiet, hauptsächlich Grammatik und Dialektologie, sehr beschränkt sei. Mich lockte Basel. Professor Friedrich Ranke hatte ein Seminar über Mystik angekündigt, das mich interessierte. Am ersten Seminartag wurden Referate verteilt, eines blieb übrig: der lateinische Kommentar zum «Granum Sinapis» [Senfkorn], zu einer Handschrift aus der Basler Universitätsbibliothek. Es war das einzige deutsche Gedicht aus der mittelalterlichen Zeit, das einen lateinischen, umfangreichen, gelehrten Kommentar hatte. Dafür musste ich Paläografie lernen und die Lexika für Abbreviaturen [Abkürzungen] wälzen. Schliesslich konnte ich die Handschrift lesen und die Seminararbeit schreiben. Ich wollte sie als Dissertation herausgeben und kommentieren. Friedrich Ranke aber sah es nicht gern, dass das Thema von Basel wegkommen sollte. Am folgenden Seminarabend spielte ich Brahms-Rhapsodien auf dem Klavier. Er war begeistert und meinte, er würde sich freuen, wenn ich bei ihm die Dissertation schriebe.

Nachdem ich für die Dissertation über ein mittelalterliches Thema geschrieben hatte, wählte ich für meine Habilitation ein Thema aus der neueren Literatur und behandelte Nietzsche. Damals empfand man nämlich die Germanistik noch als Einheit. Aber da starb plötzlich Friedrich Ranke [1950], und alles hing in der Luft. Ich schrieb zwar das Nietzsche-Buch, baute aber einen Vortrag über Gottfried von Strassburg zur offiziellen Basler Habilitationsschrift aus. Schon davor hatte ich in Basel einen Lehrauftrag für altgermanische Dichtung und Religion erhalten, weil nach Rankes Tod niemand sonst da war. Walter Muschg soll in der Fakultät ganz dagegen gewesen sein, aber Ende Semester erzählte er, er sei schon immer für die Habilitierung Maria Bindschedlers gewesen. Ich bekam weitere Lehraufträge und wurde 1957 in Basel vollamtliche, ausserordentliche Professorin für ältere deutsche Literaturgeschichte. 1958 kam ich als Ordinaria nach

Maria Bindschedler als Genfer Professorin im Talar.   PA Maria Bindschedler

Genf. Mir waren sechs männliche Konkurrenten gegenübergestanden, unter ihnen Beda Allemann [späterer Professor in Bonn], dem ich den Vorzug gegeben hätte, aber ich selbst wurde gewählt. Das Fach Deutsch war damals in Genf ein einziges, nicht unterteiltes Wissenschaftsgebiet. Die Verhältnisse dort waren nicht einfach. Dazu kam, dass man mich nicht beurlauben lassen wollte, als ich, zurück von der Gastprofessur in Berkeley (USA), krank wurde. Ich kündigte. Eigentlich wollte ich nun Bücher schreiben. Schon als Studentin hatte ich viel in Zeitungen veröffentlicht. Zeitlebens publizierte ich in Fachzeitschriften und in der Tagespresse Aufsätze zu philosophischen und germanistischen Themen, aber ich schrieb auch Theaterbesprechungen [und Gedichte].

1965 kam völlig überraschend der Ruf nach Bern. Der damalige Dekan der philosophischen Fakultät, der Anglist Robert Fricker, besuchte mich in meinem kleinen Haus in Versoix am Genfersee. Zuerst hatte ich Bedenken, ich würde das gesundheitlich nicht prästieren, doch er meinte, die Altgermanistik in Bern sei eine idyllische Professur. Das war sie dann auch wirklich – jedenfalls am Anfang. Aber zwei Jahre später, mit der grossen Studentenexplosion, waren plötzlich siebzig Studierende im Seminar. Damit hatte ich viel mehr Seminararbeiten zu lesen, Sprechstunden und Examen abzuhalten. Neu war zudem, dass sich jeder in seinen Spezialgebieten prüfen lassen konnte und man sich als Examensvorbereitung einarbeiten und Texte vorbereiten musste. Plötzlich wurden auch die Institutskonferenzen Mode. Was früher der Professor mit seinem Assistenten besprach, zum Beispiel Buchanschaffungen, gedieh nun zur vierstündigen Sitzung. Der Aufwand wurde sehr viel grösser, und ich war froh, 1976 etwas vorzeitig zurücktreten zu können. Nicht wegen der Studenten oder der Arbeit, das hätte ich gerne weitergemacht, aber der Papierkrieg und das Sitzungstheater haben mir zugesetzt. In der Fakultät wurde ich als Frau eigentlich akzeptiert. Aber erschwerend war, dass ich in Bern altersmässig zwischen Stuhl und Bank geraten war. Zwei meiner Kollegen waren sehr viel älter, schon lange zusammen und Duz-Freunde. Ich kam als Neuling und dritte Person – in der dritten Person wurde ich auch angeredet – dazwischen. Das schuf eine Kluft, die vielleicht nicht böse gemeint war. Wir hatten ja damals auch keine eigenen Büros, sondern nur je einen Drittel eines Schreibtisches in einem Raum an der Hallerstrasse und mussten schauen, dass wir aneinander vorbeikamen. Und die Neuen dann waren wieder um eine Generation jünger.

Dekanin wurde ich 1967, getreu der Regel der Anciennität. Jeder, der das Amt schon einmal gehabt hatte, war froh, wenn jemand anders es übernahm. Weil die andern alle schon einmal dran gewesen waren, wurde ich schon nach zwei Jahren Dekanin, in Bern die erste überhaupt. [In der Schweiz war 1949/50 die Pädagogikprofessorin Laure Dupraz an der Universität Fribourg die erste.] Das Amt der Dekanin brachte es mit sich, dass man an allen Doktorexamen teilnehmen musste, das heisst, dass ich praktisch jeden Samstagvormittag an der Uni war. Die netteste Aufgabe war, Professor Hans von Greyerz zum 60. Geburtstag einen Blumenstrauss zu überreichen. Am Dies academicus [dem jährlich gefeierten, universitären Festtag] musste ich beim Essen eine Rede halten.

Ob ich mich nie zwischen Familie und Beruf habe entscheiden müssen? Doch, doch, vor allem bei den Schweizern war es einfach ein Entweder-oder! Vor dem Krieg, ich war siebzehn Jahre alt, kannte ich einen jungen

⌞ *Maria Bindschedler mit einem jungen Löwen in Berlin.*   Foto Lassberg, Berlin-Charlottenburg, PA Maria Bindschedler

⌝ *Zwei Dekaninnen, links die Prähistorikerin und 1975 Basels erste Dekanin, Elisabeth Schmid, rechts Maria Bindschedler, 1967 erste Dekanin in Bern.*   PA Maria Bindschedler

⌞ *Maria Bindschedler als Berner Oridnaria mit ihren Schülern um 1965: Erster von links Roland Ris, später Professor an der ETH Zürich; Zweiter von links Ueli Wyss, später Professor in Erlangen und Frankfurt a. M.; rechts Hans Peter Gsell.*   PA Professor Ueli Wyss, Frankfurt a. M.

⌝ *Maria Bindschedler beim Interview 1995 in ihrer Altersresidenz, fotografiert von Franziska Rogger.*   © Franziska Rogger

Belgier, und wir wollten heiraten. Wegen des Krieges, er war in England im Secret Service, kamen wir auseinander. Auch hatte er sich in dieser Zeit verändert und hielt es nicht mehr in der bürgerlichen Welt Europas aus. Möglicherweise wäre mein Leben anders verlaufen, wenn wir zusammengeblieben wären, obwohl er nicht gegen das Studium und den Beruf war.

Die Schweizer hingegen, die mich allenfalls noch hätten heiraten wollen, stellten alle ein Ultimatum: entweder Ehe oder akademische Karriere.

Als ich in Basel den Lehrauftrag hatte, kam eines Tages ein Herr Doktor zu mir und stellte allen Ernstes das Ansinnen, ich solle zu seinen Gunsten auf meinen Lehrauftrag verzichten, er habe nämlich fünf Kinder zu ernähren. Ich fand das recht eigenartig. Schliesslich wurde er später doch noch Professor.

Ich habe manche begabte Studentin gehabt, die ich gern gefördert hätte. Aber alle sagten, zuerst wollten sie heiraten. Eine erklärte mir: «Um Himmels willen, da gibt es eine grosse Konkurrenz, da muss man ja mit Ellbogen kämpfen.» Später war dann der Zug für sie abgefahren, und sie hatte grosse Schwierigkeiten, überhaupt eine Stelle zu erhalten, da sie überall überqualifiziert war. Ich habe Studentinnen gehabt, die ihren Seminarvortrag vierzehn Tage vorher wegen Familienproblemen im Stich liessen. Das fand ich nicht anständig. Die hatten kein rechtes Verhältnis zum Beruf. Es ist leider bei vielen Frauen so, dass sie ein wenig verdienen wollen, aber sie wollen keine Verantwortung haben.

Nun, es ist nicht ganz leicht, Familie und Beruf unter einen Hut zu bringen. Verantwortungsvolle Stellen kann jemand nur ganz ausfüllen oder gar nicht. Eine teilzeitbeschäftigte Person kann nicht in eine Kaderfunktion kommen. Und wenn jemand seine Arbeit ganz ausfüllt, ist er abhängig davon, dass ihm die Alltagspflichten abgenommen werden. Meine Tante Leonie zum Beispiel hat bescheiden gelebt, aber wenn sie von ihren Italienischstunden nach Hause kam, war ihre Perle von Mädchen da. Ebenso hatten meine Grossmütter ihre Hilfen. Die Qualität der Arbeit ist davon abhängig, dass sich einer ganz hingeben kann. Wir haben verschiedene Aufgaben, und da finde ich, dass die einen sich auf die Familie konzentrieren und ihren Kindern gute Eltern sein und andere ihren Beruf ernst nehmen sollten. Das gilt auch für die Männer. Man sollte es nicht auf eine geschlechtsspezifische Art beziehen. Es gibt doch Männer, die besser kochen können als Frauen. Und Butler, die besser sind als jede Zofe, nicht wahr?

Bild S. 68: Porträt der jungen Maria Bindschedler. *PA Maria Bindschedler*

Emilie Jäger
Professorin für experimentelle Mineralogie und Petrografie, Gründerin eines Frauennetzwerks

Emilie Jäger, 4.1.1926–27.7.2011, von Michelshausen in Österreich und ab 1980 von Meikirch BE, war die Tochter der Maria Jäger-Frey und des Kaufmanns Michael Jäger. Sie studierte in Wien, erwarb dort 1949 das Diplom als Gymnasiallehrerin und promovierte 1952 über Mischgesteine. 1952 kam sie als Assistentin nach Bern. Ein Studienaufenthalt führte sie 1958/59 ins Carnegie-Institut in Washington D.C. 1962 habilitierte sie sich in Bern und übernahm die Leitung des Labors für radiometrische Altersbestimmung am mineralogisch-petrografischen Institut. Dank exakten Altersbestimmungen von Gesteinen können etwa Zinn oder Erdöl aufgespürt werden. 1965 wurde Emilie Jäger ausserordentliche Professorin, 1966 Trägerin des Theodor-Kocher-Preises und 1987 Berns zweite Dekanin. Sie war an der Entwicklung internationaler Standards beteiligt. Zwischen 1970 und 1985 bestritt sie Auslandaufenthalte in Indien, Israel, Malaysia und China. Emilie Jäger wurde vielfach international ausgezeichnet. Sie gründete und präsidierte ab 1993 die Vereinigung «European Women in Science and Humanities» EWISH.

«Eine Frau, die in irgendeinem Aspekt höher steht, das hat der Schweizer Mann noch nicht akzeptiert»

Eigentlich wollte ich in Chemie doktorieren. Nach dem Studium merkte ich, dass ich dafür kein Geld hatte; um ein Doktorat zu machen, musste man [in Wien] für Chemikalien bezahlen, das war mir unmöglich. Ich suchte, bis ich eine freie Assistenz in der Mineralogie fand, arbeitete das Fach nachts nach und doktorierte – nach einer unheimlichen Anstrengung – fast gleichzeitig wie die andern. Als man in Bern ein Labor aufbauen wollte, das sehr viel technisches Know-how brauchte, war ich mit meinen beiden Zeugnissen die gegebene Kandidatin. Ich kann Frauen nur raten, mehr und nicht weniger Ausbildung anzustreben. In Bern hatte ich die Auflage, zwar frei forschen, aber nicht an eine Unikarriere denken zu dürfen. Das sagte man mir so. Ich habe das akzeptiert, die Forschung war wunderschön. Dass ich da forschen konnte – ich kam nach dem Krieg aus dem armen Österreich –, das war die Seligkeit.

Und plötzlich ist man, wenn man Glück hat, in der wissenschaftlichen Welt bekannt. In Amerika war man [1958/59] erstaunt, dass es für mich in Bern [noch] keine Habilitation, keine Professur geben sollte. Ich habe den Amerikanern viel zu verdanken, aber auch einigen Kollegen hier, von denen ich es nie erwartet hätte.

Als ich ganz oben war, was die wissenschaftliche Anerkennung betraf, merkte ich, dass ich die Befeindung, die Beneidung unter den männlichen wie weiblichen Forschern nicht mehr aushalten konnte. Ich ging in die Entwicklungshilfe. Wir bauten im Zinngebiet in Ipoh (Malaysia) unter recht schwierigen Bedingungen ein Geochronologielabor auf. Da passierte etwas ganz Lustiges. Von dem Moment an, als ich in die Entwicklungshilfe ging, hatte ich plötzlich enorm viele Studenten, zehn Doktoranden und ein grosses Budget. Wenn ich persönlich auch nicht mehr forschte, so taten dies nun die Jungen. Die Zäsur in der Forschung war also gar nicht so gross. Ich arbeitete gleichzeitig in Asien und der Schweiz. Am Semesterende, über Weihnachten und Ostern war ich in Asien. Der Höhepunkt war Peking. China bat um Hilfe und wollte den Kontakt mit dem Know-how des Westens. Die Methode, die ich in der Geologie vertrat, trug nämlich sehr viel zur Lagerstättenerkenntnis bei. Mit dem letzten Geld aus dem Entwicklungsprojekt organisierte ich in Peking eine Tagung mit der Akademie der Wissenschaften und ein Buch [«Dating young sediments», Bangkok 1986]. Die Arbeit in Asien war zwar anstrengend, aber wunderschön.

Ob ich mich nie zwischen Forschung und Familie habe entscheiden müssen? Doch. Die Entscheidung fiel mir nicht leicht, ich habe sie getroffen, und ich habe sie nie bereut. Wenn ich jetzt noch einmal jung wäre, würde ich es allerdings anders machen, heute kann man Familie und Karriere verbinden, aber damals ging das nicht.

Emilie Jäger am Polarisationsmikroskop im Berner Labor für Isotopengeologie, um 1985.
Universitätsarchiv Bern, Dossier Emilie Jäger

Ich habe versucht, Frauen zu helfen. Gelegentlich musste ich sagen: «Meine Herren, wenn es mit dieser oder jener Beförderung einer Frau nicht klappt, gibt es eine Publikation.» Frauen kämpfen, aber sie tun es wie gegen Windmühlen. Wenn man nicht in der Fakultät gewesen ist und das System nicht von hinter der Bühne kennt, findet man den richtigen Gegner nie. Da kann man kämpfen und sich unmöglich machen, es bringt nichts. Bevor ich 1987 meine Dekanatsrede halten musste, zeigte mir ein ganz lieber Kollege einen Brief aus Zürich. Ich durfte ihn nicht kopieren, durfte ihn nicht namentlich oder lokalisierbar zitieren. Da stand: «Herr Kollege, würden Sie bitte die Habilitationsarbeit dieser Frau beurteilen. Aber bedenken Sie bitte, Herr Kollege, in unserer Fakultät wollen wir keine Frauen. Gezeichnet: Der Dekan.» Ich liess dies anonym in meine Rede einfliessen, und es wurde bekannt. Die Frau ist inzwischen habilitiert.

Ein Kollege, der unter den oberen Zehntausend verkehrte und im Nationalfonds-Forschungsrat Einfluss hatte, sagte mir vor Jahren: «Heute

⌃ **Porträt der Isotopengeologin Professorin Emilie Jäger.** Gosteli AgoF Fotosammlung nk Jäger.
⌐ **EWISH, first edition, january 1995.** StAB BB 05.10. Nr. 1672, Emilie Jäger, EWISH
⌃ **Emilie Jäger auf der Terrasse ihres Hauses in Meikirch.** Gosteli AgoF Fotosammlung nk Jäger
⌐ **Ausländische Wissenschaftler aus China, Indonesien, Malaysia und Korea bei Professor Jäger (2. v.l.) in der Berner Abteilung für Isotopengeologie.** UNI PRESS Nr. 40, 1983

haben wir die Habilitation einer Frau abgelehnt.» Auf die Frage nach dem Warum entgegnete er aus tiefster Überzeugung: «Die wird nie aussehen wie ein Professor.»

Es gibt eine EU-Studie, die belegt, dass die Diskriminierung der Frau proportional zum Faktor Bruttosozialprodukt ist. Je höher das Einkommen eines Landes ist, desto mehr sind die Frauen diskriminiert. Meine Kolleginnen aus dem Osten sagten damals: «Ihr habt Probleme mit der Diskriminierung, wir haben ganz andere Probleme.»

1982–1992 war ich Präsidentin der Stipendienkommission des Schweizerischen Verbandes der Akademikerinnen. Da sah ich etwa 200 Ansuchen von Frauen für Stipendien und fragte mich selbst: Wieso haben es die Frauen so schwer? Das bewog mich, die Organisation European Women in Science and Humanities EWISH zu gründen. Es gibt einen Filz an der Universität, dem fast keine Frauen und nicht alle Männer angehören, der aber eigentlich alles bestimmt. Er macht sehr viel kaputt, ist schwer identifizierbar und kaum durchschaubar. Grundsätzlich sind Frauen wie Männer vom Filz diskriminiert. Nur kommt bei den Frauen noch etwas dazu. Wenn ich in der Stipendienkommission ganz «wüste» Facts zu beurteilen hatte, dann lernte ich, der Betroffenen folgende Frage zu stellen: «Ist dein Chef mit einer Frau verheiratet, die eine höhere Position einnimmt, aus einer bekannteren Familie stammt, reicher ist oder sozial angesehener ist als er?» Diese Frage wurde meist positiv beantwortet, und damit hatte man den Schlüssel für eine echte Diskriminierung. Eine Frau, die in irgendeinem Aspekt höher steht, das hat der Schweizer Mann noch nicht akzeptiert. Die gleichwertige Frau ist im sozialen Bild nicht vorhanden. Ein solcher Mann wälzt seine Emotionen, unterschwellig und unbewusst, auf Frauen in abhängiger Stellung ab, die sich nicht wehren können, die ärmsten Teufel. Denen musste ich leider raten: «Du musst gehen, ein solches Verhältnis ist nicht korrigierbar.»

Bild S.75: 1966 erhielt Emilie Jäger, Extraordinaria am Mineralogisch-petrografischen Institut Bern, den Theodor-Kocher-Preis zugesprochen. Foto in: Universität Bern, Bericht über das Studienjahr 1965/66

Britta Marian Charleston
Professorin für Englische Sprache und
Literatur, Lehrerin der Englischlehrerinnen

Britta Marian Charleston, 1.12.1911–11.3.1998, aus London, war die Tochter von Katharine Sarah Charleston-Jesse und Sidney James Charleston. Ihr Vater war Englischdozent in Uppsala und Stockholm. Sie besuchte Schulen in Stockholm (1917–1919) und London (1919–1930). Ab 1932 studierte sie Anglistik in Bern und bestand ihre Fachdiplome in Englisch und Französisch. Sie bildete sich in Grenoble und London weiter und promovierte 1939 in Bern über das englische Verb. Da nach dem Zweiten Weltkrieg Englisch auch in der Schweiz vermehrt an Bedeutung gewann und Lehrpersonen gefragt waren, wurde Britta Charleston schon 1938 Lektorin in Bern. Ihr Lehrauftrag wurde stetig erweitert, und 1955 war sie Privatdozentin, 1964 ausserordentliche Professorin für englische Sprache und Literatur. Als Lehramtsdozentin prägte sie Generationen von Berner Englischlehrern. Sie setzte im Unterricht Sprachlabor und audiovisuelle Methoden ein. Britta Charleston arbeitete auch als Übersetzerin, Prüfungsexpertin und Volkshochschullehrerin. Sie war Mitglied des Berner Frauenstimmrechtsvereins und der Akademikerinnen.

«Mir war nicht so furchtbar wichtig, Ordinaria zu werden»

Ich ging erst anderthalb Jahre in Stockholm zur Schule, dann besuchte ich High Schools in London. Nach der Matura 1928 hatte ich eine sehr schwere Grippe mit einem Katarrh, der nicht heilen wollte. Da sagte mein Vater: «Es gibt nur eins. Schweizer Luft! Berge!» Er kannte das Land, weil er seine erste Stelle in Graubünden gehabt hatte. Ich wollte nicht weg, doch er bestand darauf und wählte für mich das Institut Elfenau in Bern aus, eine «Finishing School», die zur Hälfte in Bern und zur Hälfte in Grindelwald beheimatet war. So feierte ich in Bern meinen 20. Geburtstag. Ich legte mein Examen für die Oxford University, die Lady Margaret Hall, ab und erhielt einen Platz in diesem Frauencollege. Da ich aber nun meine Freundinnen in Bern hatte, erlaubte mir mein Vater, ab April 1932 die ersten Unisemester hier zu studieren.

Mein Anglistikprofessor, Otto Funke, forderte mich auf, bei ihm zu doktorieren, was ich eigentlich überhaupt nicht im Sinn hatte. Doch warum auch nicht, dachte ich schliesslich und promovierte 1939. Der Krieg änderte ja dann alles. Auf der Embassy sagte man mir, ich solle lieber hier bleiben. Hier könne ich mehr Gutes tun als in England. Meine Eltern waren damals in Stockholm, mein Bruder in Indien. Ich hatte noch nicht ganz fertig studiert gehabt, als mich Professor Funke fragte, ob ich ihm nicht zwei Übersetzungsstunden im Lehramt abnehmen könnte, er habe zu viele Stunden. Der damalige Lektor, zugleich anglikanischer Pfarrer in Bern, war nämlich nach den Sommerferien einfach nicht mehr aus England zurückgekehrt. So wurde ich bereits 1938 Lektorin mit der Zeit übernahm ich

Britta Charleston, fotografiert in der Zentralbibliothek Bern von Esther van der Bie, 1995 an der Ausstellung über die ersten Frauen der Universität Bern «Damen, Kosakenpferdchen und Wybervolch». © Esther van der Bie, puncto

weitere Stunden, bis ich acht Lektionen am Lehramt und an der Universität hatte. Professor Funke meinte auch, ich solle mich habilitieren. So wurde ich 1955 Privatdozentin und 1964 schliesslich nebenamtliche ausserordentliche Professorin und erste Assistentin für englische Sprache und Literatur. Das war's.

Ob ich mich nie für ein Ordinariat bewerben wollte? Nein, nein, das ist mir gar nicht in den Sinn gekommen. Ich bin nicht so wissenschaftlich, habe sehr, sehr wenig geschrieben. Lieber arbeite ich praktisch als Lehrerin. Auch habe ich meine Mutter nach Vaters Tod zu mir genommen, die – wie ich jetzt – fast am Erblinden war, und ich war froh, dass ich noch ein wenig mehr Freizeit hatte als meine Nachfolger. [Funkes Nachfolger wurden 1956 Rudolf Stamm und 1960 Robert Fricker.]

Gegen Ende meiner Laufbahn, etwa drei Jahre vor meiner Emeritierung, offerierte man mir allerdings einen Lehrstuhl. Aber so kurz vor dem Weggang wollte ich ihn nicht annehmen, ich hätte nicht mit meinen Studenten bis zu ihren Doktorexamen mitgehen können und nicht die Zeit gehabt, ihre Doktorarbeiten zu studieren. Auch hätte ich mich in diesem Moment in eine neue Theorie der Grammatik vertiefen müssen, und das wollte ich wirklich nicht. Mir war nicht so furchtbar wichtig, Ordinaria zu werden.

An der Universität empfand ich mich gar nicht als Frau. Ich wurde immer gleichberechtigt mitgenommen. Alle waren sehr nett, wobei ich vor allem mit den Theologen im Senatszimmer zusammentraf, weil diese zur gleichen Zeit wie ich ihre Vorlesungen hatten. Mich interessierten zudem die Religionen, und ich las viele Bücher über alle Glaubensbekenntnisse. Die katholische Kirche sagte mir am meisten zu.

Im Ruhestand interessiere ich mich sehr für Fossilien und Mineralien. Mit einer Gruppe Gleichgesinnter aus Deutschland, Österreich, Holland und der Schweiz gehe ich öfters auf Richter-Reisen für Naturfreunde, und ich habe viele Freunde gewonnen. Neben Fossilien- und Mineralienausstellungen besuche ich auch Kulturdenkmäler oder treibe Botanik. Jeden Sommer besuche ich meine Familie, die immer noch weit verstreut ist und in der übrigens fast alle sehr sprachbegabt sind. [Britta Charleston lernte im Alter auch noch Russisch.] In England lebt eine Nichte, ein Neffe mit seiner Familie in Brüssel. Ich aber habe nun meine Wurzeln hier.

◈ Britta Charleston verbrachte ihre Kindheit und Jugend in England und Schweden.
   PA Britta Charleston
◥ Britta Charleston beim Interview, fotografiert 1995 an der Berner Baltzerstrasse von
   Franziska Rogger.   © Franziska Rogger
◥ Britta Charleston privat als glücklich Beschenkte.   PA Britta Charleston
◬ Britta Charleston interessierte sich im Ruhestand sehr für Fossilien und Mineralien.
   PA Britta Charleston

Bild S. 80: Britta Charleston prägte als Dozentin Generationen von Berner Englischlehrern.   PA Britta Charleston

Ilse Antener
Chemikerin, Forscherin, Nestlé-Sektionschefin, Freundin von Gertrud Woker

Ilse Antener, 24.7.1917–7.7.2011, von Eggiwil BE, war die Tochter von Margrit Antener-Zoss und dem Kaufmann Paul Antener. Sie wurde im August 1936 am kantonalen Technikum Burgdorf mit Auszeichnung zur Chemikerin diplomiert. Zwei Jahre arbeitete sie im eidgenössischen Gesundheitsamt, bevor sie studierte, assistierte und 1946 an der Universität Bern über Weizenkeime promovierte. Ab 1949 arbeitete sie im Nahrungsmittelkonzern Nestlé in Vevey, da sie an der Universität keine ansprechende Anstellung und auch keine zeitgemässen Forschungseinrichtungen gefunden hatte. Bei Nestlé konnte sie Karriere machen, sie wurde Kadermitglied und Sektionschefin. 1971–1973 half sie im Busch-Spital von Yasa-Bonga in Zaire mit ihrer angewandten Forschung den fehlernährten Kindern, die an einem sogenannten Hungerbauch litten. Ilse Antener war zeitlebens mit der Biochemikerin, Friedensfrau, Frauenrechtlerin und Professorin Gertrud Woker verbunden. Von ihr sagte Antener: «Sie wäre eine zweite Curie geworden, hätte sie mehr Mittel gehabt.»

«Das Geld war nicht ausschlaggebend. Attraktiv waren für mich die weit besseren und interessanteren Forschungsmöglichkeiten bei Nestlé»

Ich glaube, am meisten bin ich meiner Grossmutter mütterlicherseits ähnlich. Fanny Müller, eine 1848 geborene Bernburgerin und Tochter eines Obergerichtspräsidenten, war eine sehr eigenständige und eigenwillige Person. Sie konnte zwar noch nicht regulär studieren, besuchte aber an der Berner Universität als Hörerin philosophische und literarische Vorlesungen und heiratete bürgerlich.

Während meiner ganzen Jugend habe ich mich sehr für Chemie interessiert. Mein Vater richtete mir einen «Chüngelistall» als Labor ein. Später durfte ich eine Küche im zweiten Stock neben meinem Zimmer als Laboratorium benutzen. Im Frühling 1934 trat ich nach einer Aufnahmeprüfung ins kantonale Technikum Burgdorf ein. In der Sektion Chemie, an der man ohne Lehre studieren konnte, war ich das einzige Mädchen.

Mit dem Diplom des Technikums von 1936 war ich zwar zur Immatrikulation an der Universität berechtigt, nicht aber für einen Abschluss mit Doktorat. Also absolvierte ich am Humboldtianum die dafür vorgeschriebene Matur. Daneben arbeitete ich zwei Jahre beim Lebensmittelchemiker Professor Johann Ulrich Werder im eidgenössischen Gesundheitsamt als Volontärassistentin. Ich experimentierte mit dem Vitamin C, verfolgte dessen Anteil beim Reifen der Äpfel, beobachtete dessen Verlust beim Schwellen von Milch, beim Sieden der Kartoffel oder beim Liegenlassen von Spinat.

Bei Studienbeginn gelobte ich mit Handschlag, der Wissenschaft dienen zu wollen, und ich erhielt eine schöne Immatrikulationsurkunde. Ob ich in meinem Studium frauenfeindliche Bemerkungen oder Behandlungen erfahren habe? So was habe ich nicht erlebt, abschätzige Bemerkungen habe ich nie gehört.

In meinem Chemiestudium war ich in den Vorlesungen und im Labor immer die einzige Frau. Die Verhältnisse am alten chemischen Institut, in dem die Chemiker und die Pharmazeuten je eine halbe Etage im ersten Stock belegten, waren ärmlich. Im Institut arbeiteten unter uns die Pathologen. Die Geruchsimmissionen waren natürlich stark. Sauberkeitsregeln wurden nur oberflächlich gehandhabt. Ich erinnere mich, dass es mich nicht erstaunte, als der Hygieneprofessor Curt Hallauer krank wurde, denn er legte in unserem Labor immer seine Zigaretten auf den bakteriengetränkten Tisch. Ich badete jeden Abend, wenn ich aus dem schmuddeligen Labor kam.

Der Medizinchemiker Jsaak Abelin war ganz Wissenschaftler. Wenn wir morgens dreissig Ratten töteten, wollte er um zehn Uhr schon Resultate sehen. Und ich musste ihn vertrösten, dass alles noch «im Gläsli» sei. Abelin, ursprünglich ein russischer Jude, war ein sehr strenger, aber gütiger, lieber und schweigsamer Chef. Bei ihm arbeitete ich dann als Assistentin und erhielt eine Ausbildung als klinische Chemikerin.

Gerne hätte ich bei Gertrud Woker doktoriert, ihr Gebiet, die physikalisch-chemische Biologie, galt aber nicht als Prüfungsfach. Als Gertrud Woker mein Interesse für die Forschung bemerkte, konnte ich abends mit ihr zusammen in ihrem kleinen Labor forschen. Hier waren wir allein. Zwischen 1936 und 1939 entstanden acht gemeinsame Publikationen – vor allem zur Ascorbinsäure und zu den Farbreaktionen der Sterine.

Gertrud Woker hatte bloss ein kleines Zimmerchen im ersten Stock des chemischen Instituts, gegen die Pauluskirche hin. In diesem länglichen «Labor» gab es einen Korpus, auf dem der Arbeitsplatz eingerichtet war. Dahinter lag das «Büro», es bestand eigentlich aus einem Tisch, war aber etwas lichter als der Arbeitsraum. Diese Frau hat man nicht unterstützt. Allerdings muss ich sagen, dass auch die Arbeitsbedingungen der anderen Professoren «pauvre» waren. Ob Gertrud Woker eine herausragende Chemikerin war, ob sie den Nescafé oder das bleifreie Benzin erfunden hat? Für mich war sie eine ganz grosse Theoretikerin. Ihr vierbändiges Werk über die Katalyse war eine herausragende, riesengrosse Leistung. Sie vermutete schon früh, dass eine Gruppe der Schardinger Enzyme [Milchenzyme] das Vitamin C darstellte. Das war eine kühne Behauptung. Heute ist sie bestätigt und bewiesen.

In ihrem Gebiet, der Forschung über die Körperflüssigkeiten, war sie gut, und die Art, wie sie es darbrachte, war neu. Dabei musste alles auf ein kleines Labor zugeschnitten werden. Eine Praktikerin war sie nicht, sie konnte es auch gar nicht sein. Denn es war ihr einfach unmöglich, ohne Assistenten und mit dem bescheidenen Labor eine praktische chemische Umsetzung zu bewerkstelligen, schon gar nicht eine industriell verwertbare. Gertrud Woker hätte den Nescafé also gar nicht erfinden können. Dazu brauchte es eine Technologie, einen Träger, eine eigentliche Kaffeeforschung. Theoretisch sah sie aber die Entwicklung voraus, beschäftigte sie sich doch schon früh damit. Sie führte Vakuumtrocknungen durch, das heisst, sie verdampfte Kaffee und konnte ihn wieder auflösen. Auf bleifreies Benzin hat sie sicher immer gedrungen, da sie die Gefahren des normalen erkannte, aber sie konnte es nicht wirklich anbringen. Man hörte ihr nicht zu.

Wieso sie nicht Ordinaria wurde? War es nur Jalousie, dass man sie nicht hochkommen liess? Gertrud Woker war hochintelligent, eine gute

Ilse Antener (rechts) im Laboratorium des alten chemischen Instituts an der Freiestrasse 3 um 1941. Der hochgewachsene Student (2. v.l.) ist der nachmalige Biochemieprofessor Ernst Lüscher. Daneben stehen die Studenten Peter Fritz (1. v.l.) und Paul Studer (2. v.r. neben Ilse Antener). PA Ilse Antener

Forscherin, die viel wusste. Sie war ein Opfer der Zeit, ein Ordinariat hätte sie als Frau nie erhalten. Es war einfach undenkbar. Auch hatte sie mit ihren Professorenkollegen an der Universität nur oberflächlichen Kontakt, sie hatte also in der Fakultät keinen Rückhalt. Der Lebensmittelchemiker Johann Ulrich Werder schätzte sie zwar sehr, aber er war selbst in der Universität nicht gut integriert, er war «nur» Honorarprofessor und hatte bei der Zusammenarbeit mit den Kantonschemikern ein ganz anderes Blickfeld.

Ich glaube, Gertrud Woker litt unter der ärmlichen Ausstattung, die man ihr gab. Sie wäre doch eine zweite Curie geworden, hätte sie mehr Mittel gehabt und eine Hilfe, die ihr die praktischen Arbeiten abgenommen und ihre Karriere an die Hand genommen hätte. Auf der andern Seite: Wenn sie nicht die Tochter eines Professors [Philipp Woker-Müller, christkatholischer Professor für Kirchengeschichte] und Nichte eines Bundesrats [Eduard Müller] gewesen wäre, hätte sie vielleicht nicht mal ein Labor erhalten.

Persönlich war Gertrud Woker sehr umständlich, unpraktisch und äusserst bescheiden. Sie gehorchte allen, auch ihrer Haushälterin, «Fräulein Aerni», und dem «Feldweibel» Maria Frese [die spätere Ärztin Maria Frese war in die Familie Woker aufgenommen worden]. Und sie war sehr, sehr zerstreut. Sie musste immer alles suchen. Wenn sie einen Bleistift brauchte, «nuschte» sie lange im Täschchen, bis sie einen fand. Gertrud war ein gütiger und lieber Mensch, eine Idealistin und Gerechtigkeitsfanatikerin. Sie erzählte von der Internationalen Frauenliga für Frieden und Freiheit IFFF, aber es war nie ihre Art, einem zu sagen: Du musst da mitmachen. Sie machte keine Vorschriften. Gertrud Woker litt ungemein unter dem Krieg, und ihr Engagement gegen die Giftgasangriffe war gross. Ihren Rückhalt hatte sie in der Familie, da waren ihr Neffe Haschi [Hans-Peter] und ihre Nichte Rosmarie. Männer schaute sie seltsamerweise nie an, umgekehrt war das anders. Gertrud Woker war auch eine attraktive Frau. Als ich einmal einen Kollegen bat, ihr doch bitte das Holz zu spalten, rief er nach seiner Rückkehr als Erstes aus: «Ist das eine schöne Frau!»

Gertrud Woker und ich unternahmen oft Ausflüge, häufig besuchte ich sie in ihrem Häuschen in Stampach. Hier wuchsen viele verschiedene Obstsorten und ein spezieller blauer Flox. Ihn hatte sie aus dem Samen gezogen, den sie von der Hudson Bay – sie hatte ja in Amerika in einer Stoffwechselklinik gearbeitet – nach Hause gebracht hatte. Ich besuchte sie auch noch einmal am Neuenburgersee, wo sie am Ende ihres Lebens hospitalisiert war. Da war sie ganz die Alte. Sie war dabei, sich noch einmal durch die ganze Physik zu arbeiten. Ich blieb mit ihr ein Leben lang verbunden. Im Herzen hat es mir gutgetan, dass man nach dieser Frau in Bern ein Weglein benannte [Gertrud-Woker-Strasse].

Da ich also nicht bei Gertrud Woker doktorieren konnte, verfasste ich meine Dissertation im Laboratorium des eidgenössischen Gesundheitsamtes bei Professor Werder. Allerdings wollte ich nicht weiter auf dem Gebiet der Lebensmittelchemie arbeiten, aber Professor Jsaak Abelin, dem ich im Medizinisch-Chemischen Institut assistiert hatte, konnte mir auch keine Stelle offerieren, die mir erlaubt hätte, selbständig zu arbeiten und zu leben. Als Assistentin hatte ich 120 Franken verdient, wovon ich nur existieren konnte, weil ich bei meinen Eltern wohnte.

Nestlé-Kadermitglied Ilse Antener führt Ärzte der Kinderklinik Brüssel auf einem Besuchsrundgang durch die Firma.   PA Ilse Antener

Ich suchte eine Aufgabe, in der ich nützlich sein konnte, ich trachtete nach einem stärkeren sozialen Hintergrund in meiner Arbeit. Ich wollte mit Menschen zusammenkommen. Da ich zu einer sehr schwierigen Zeit Arbeit suchte und lange keine Stelle fand, ging ich zum Pharmaunternehmen Roche nach Basel, da blieb ich aber nur ein Jahr. Hier verdiente man sehr gut, ich erhielt sogar, was ich übertrieben fand, bei meinem Weggang noch eine Gratifikation. Jsaak Abelin und der Biochemiker Hugo Aebi versuchten später noch dreimal, mich zurück an die Universität zu holen. Abelin sah mich einfach nicht in der Industrie, sah wohl auch die Vorteile dieser Branche mit ihren grossen Forschungsmöglichkeiten nicht. Hugo Aebi, mein früherer Assistenzkollege und späterer Professor für Biochemie, bot mir zwar den Chefposten der Untersuchungsabteilung im chemischen Institut an, konnte mir aber nur versprechen, dass ich in etwa sechs Jahren Privatdozentin werden würde. Das war mir doch zu lang, da wäre ich ja schon fast pensioniert gewesen.

Also ging ich zu Nestlé. Das Geld war nicht ausschlaggebend. Attraktiv waren für mich die weit besseren und interessanteren Forschungsmöglichkeiten. Ich hatte immer mein eigenes Labor, Laborantinnen, so viel die Forschungen erforderten, und neueste Apparaturen. Zudem war die Arbeit bei Nestlé praxisbezogener, ich konnte nützlich sein. Ich arbeitete mit Ärzten und Forschern aus der ganzen Welt zusammen. Mit diesem Unternehmen kam ich bis nach Afrika und konnte dort mit meiner Arbeit auch noch konkret helfen. Genau das hatte ich gesucht: den menschlichen weltweiten Kontakt, die interessante Forschung und die nützliche Arbeit.

Ich wurde bei Nestlé im Sommer 1949 als Chemikerin im Vitaminlabor – mit Parkettboden – angestellt, und zwar in der Forschung. Im Schreiben zu meiner Anstellung hiess es: «Wir erwarten von Ihnen, dass Sie die Ihnen anvertrauten Arbeiten gewissenhaft ausführen, die Anordnungen Ihrer Vorgesetzten in jeder Beziehung befolgen und gegenüber jedermann absolutes Schweigen wahren [...] Sie verpflichten sich ferner, alle Ihre Kenntnisse und Ihre ganze Arbeitskraft der Firma zur Verfügung zu stellen, wobei die Erfindertätigkeit zu Ihren dienstlichen Obliegenheiten gehört.» Ich hatte die Aufgabe, Methoden zu erforschen, wie Vitamine zu behandeln sind. Viel arbeitete ich mit den Vitaminen B 12 und B 1, woraus einige Arbeiten entstanden.

Als der Chef des Vitaminkontrolllabors in den 50er Jahren nach England ging, eröffnete man mir, dass ich nun beide Vitaminlabors, Recherche und Kontrolle, leiten müsse. Das ist die Härte der Industrie. Als ich aus der Universität erneut ein Angebot von Professor Aebi erhielt, eröffnete ich Nestlé, ich würde bleiben, wenn ich klinische Chemie machen dürfe. Das akzeptierte die Firma. Ich wurde im Januar 1965 Chef de laboratoire dans le Service Biologie und ins Kader aufgenommen. 1973 wurde ich zum Chef de la Section de chimie clinique befördert, das heisst, ich erhielt die ganze Sektion der klinischen Chemie unterstellt. Weiter konnte ich nicht kommen, die höheren Posten beinhalteten Managementaufgaben.

Ob ich auch etwas erfunden, entdeckt oder entwickelt habe? Ich hatte das Glück, dass ich an einem Sonntag – man arbeitete halt manchmal auch am Sonntag – eine Substanz im Harn eines Patienten mit chronischer erblicher Koproporphyrie [Leiden an blutendem Kot] entdeckte. Ich weiss

Die weiblichen Vorbilder: die eigenwillige, 1848 geborene Grossmutter Fanny Müller, die als Hörerin die Universität besuchte.   PA Ilse Antener

Die weiblichen Vorbilder: «Meine Mutter [Margrit Antener-Zoss] war wohl die erste Frau in einer Sportgesellschaft, in der auch Anatomieprofessor Hans Strasser Mitglied war.» PA Ilse Antener

Mit der Biochemikerin Gertrud Woker, hier am Mikroskop im Berner Labor, war Ilse Antener eng verbunden. Eine Reihe gemeinsamer Publikationen entstand.   PA Ilse Antener

Ilse Antener 1971 vor dem Busch-Spital von Yasa-Bonga in Zaire mit «ihren» fehlernährten Kindern: (vorderste Reihe v.l.n.r.) Audette, Paul, Anne, Munono (hinten), Thérèse, Clémentine.   PA Ilse Antener

Ilse Antener am 8. Juli 1996 vor dem Haus in der Berner Muesmatt, in dem Gertrud Woker gelebt hat. «Sie wäre doch eine zweite Curie geworden, hätte sie mehr Mittel gehabt», sagte Antener über Woker.   © Franziska Rogger

heute noch nicht, wieso ich den Harn mit Erde ausschüttete und wieso ich ihn unter der Quarzlampe anschaute. Es war zwar keine eigentliche Erfindung, aber eine weitere Möglichkeit, im Harn eine Krankheit zu diagnostizieren und ein Krankheitsbild abzurunden.

In den letzten Jahren meiner Berufstätigkeit, von 1971 bis 1973, widmete ich mich im Busch-Spital von Yasa-Bonga in Zaire den Problemen der Kinder, die unter einer Fehlernährung litten, da sie einseitig kohlenhydrathaltige Maniok ohne Eiweisse zu essen bekamen. Als Folge des Proteinmangels war ihre Haut kupferbraun statt schwarz, sie litten unter Ödemen, Hautausschlägen und unter dem sogenannten Hungerbauch. Ich merkte, dass in Folge dieser Fehlernährung, Kwashiokor genannt, die Verdauungsorgane die Speisen schlecht aufnehmen und verwerten konnten. Hier konnte ich den Hebel ansetzen. Laktosefreie Milch waren die Kinder imstande zu verdauen. Die Verdauungsorgane funktionierten wieder. Wenn sie danach mit einheimischer proteinhaltiger Kost, zum Beispiel mit Sojamais statt mit Maniok ernährt wurden, konnte man sie retten. Ich freute mich sehr, als ich 1973 einige «meiner» Kinder gesund vorfand.

Bild S. 84: Ilse Antener im Laboratorium der Firma Nestlé in Vevey. PA Ilse Antener

Doppelbelastungen aller Art

Julia Rupp-Haller
Ärztin, Mutter, Vorstandsmitglied der Vorkliniker

Julia Haller, 17.7.1917–5.11.2013, von Kölliken AG, war die Tochter von Maria Haller-Feller und dem Lithografen Emanuel Haller, der ab 1910 in der Stadt Bern als Hausvater der Herberge zur Heimat wirkte. Julia Haller studierte ab 1937 Medizin in Bern und wurde 1938 wohl als erste Frau in den Vorstand der medizinischen Vorkliniker gewählt, für die sie auch Schnitzelbänke drechselte. 1943 heiratete stud. med. Julia Haller ihren Studienkollegen stud. med. Fritz Rupp. Die beiden promovierten 1945 beziehungsweise 1947 und praktizierten ab 1954 am Berner Hirschengraben. Dr. Julia Rupp-Haller war Mutter dreier Kinder und gab einen Lyrikband heraus.

«Wir waren wohl das erste reine Studentenehepaar an der Universität Bern»

[Mutter und Vater von Julia Haller kamen aus Familien mit zehn Kindern, die alle eine gute Berufsausbildung erhielten.] Meinem Vater, einem Pfarrerssohn, erlaubten die Eltern, sich zum Lithografen ausbilden zu lassen, sollte er weiterhin Griechisch und Latein lernen. Er lebte danach in München und Paris und arbeitete als freier Künstler. Schliesslich kam er nach Bern zurück und heiratete meine Mutter. Trotz ständig wachsender Familie – ich bin das letzte von sieben Kindern – konnte er als Künstler lange Zeit die Familie ernähren. In der Krisenzeit wurde es schwieriger. Als meine Eltern gefragt wurden, ob sie nicht die Herberge und das Hospiz zur Heimat leiten wollten, sagten sie zu [1910–1943]. So kam es, dass ich im alten Patrizierhaus an der Gerechtigkeitsgasse aufwuchs. Da ich als

Kind sehr kränklich war, blieb ich oft zu Hause, lernte von meinen Geschwistern und las viele Bücher.

Meine Eltern behandelten uns Mädchen gleich wie die Buben. Eine meiner Schwestern wurde Kindergärtnerin, die andere Lehrerin, die drei Brüder und ich studierten. Wie sich eine achtköpfige Familie diese höhere Bildung leisten konnte? Meine Mutter hatte geerbt, und wir lebten im Hotelbetrieb. Zudem wohnten wir drei Töchter und ein Bruder während der Ausbildungszeit zu Hause. Ein Bruder, der in Basel bei Karl Barth Theologie studierte, hatte das Glück, gratis unterzukommen. Man bat ihn, bei einem verwitweten Professor zu wohnen, ihm dafür aber Gesellschaft zu leisten und die Heizung zu besorgen. So waren unsere Lebenshaltungskosten während der Ausbildungszeit bescheiden.

In meiner Gymnasialzeit erlebte ich die Diskriminierung der Frauen. Wir waren 1933 sieben oder acht Mädchen in einer Klasse von insgesamt 26 Kindern. Am Schluss der Quarta liess der Rektor [Walter Müri] praktisch alle Mädchen fliegen. Zwar fielen auch viele Knaben durch, aber bei den Mädchen war es eine richtige «Usrumete». Das Schlimmste war, dass die Eltern mit einer Ausnahme ihre Töchter die Klasse nicht wiederholen liessen. Sie fanden offenbar, wenn es ein Mädchen im ersten Anlauf nicht schafft, so lohnt es sich nicht. Darunter litten die Mädchen. Und sie mussten alle einen Beruf wählen, an dem sie keine Freude hatten.

Auch viele Gymnasialkolleginnen haben ihre Chancen nicht genutzt beziehungsweise nicht nutzen können: Eine Schulkameradin zum Beispiel, eine Ausnahmekönnerin mit lauter Sechsern, heiratete mit zwanzig Jahren einen hohen Bundesbeamten. Danach durfte sie gar nichts machen. Sie hatte keine Kinder und brach alle Brücken ab. Sie durfte kaum aus dem Haus und starb früh. Eine Notarstochter absolvierte nach der Matura nur eine Notariatslehrzeit. Ihr Vater hatte die Mentalität meines Grossvaters mütterlicherseits; er fand nämlich, studieren lohne sich für seine Tochter nicht, da sie ja doch heiraten werde.

Nach der Matura wollte ich etwas ganz anderes machen, also besuchte ich ein Lausanner Institut, um Französisch und das Haushalten zu lernen. Nach einem halben Jahr hatte ich genug. Als ich an Weihnachten nach Hause kam, erklärte ich, dass ich mich zum Medizinstudium entschlossen hätte. Ein Medizinstudium für Frauen war für mich dank unserer Hausärztin Ida Hoff immer etwas Selbstverständliches. Benötigten nämlich meine Mutter, meine Schwestern oder ich einen Doktor, dann wurde jeweils Fräulein Dr. Ida Hoff gerufen. Da ich oft krank war, kam sie zeitweise täglich zu Besuch. Einmal meinte sie zu meinen Eltern, sie sollten doch erwägen, mich Medizin studieren zu lassen. Ich war damals etwa sieben Jahre alt und habe keine Ahnung, wie sie darauf kam.

Bevor ich im Herbst 1937 tatsächlich Medizin zu studieren begann, erlaubte ich mir eine zeitliche Arabeske. Ich hatte zu leben, war als Pfadiführerin engagiert und wollte ins Ausland. Mit meinem Bruder, dem Theologiestudenten, war ich für zwei Monate bei einer Arztfamilie in Marburg eingeladen. Sie reiste viel mit uns herum. Ich bekam einiges mit. Die Familie gehörte zur bekennenden Kirche. Im Krieg sind fast alle gefallen: neun Kinder. Schrecklich, die Briefwechsel, die plötzlich aufhörten …

Während meines Studiums waren die Professoren an der Berner Universität durchwegs korrekt, die Kommilitonen kameradschaftlich. Ich kann mich über gar nichts beklagen. Ich kenne wirklich nur ein negatives Beispiel. Es gab den ausserordentlichen Professor Fritz Ludwig, der häufig anzügliche Witze machte, die unter die Gürtellinie gingen. Da er den nicht obligatorischen gynäkologischen Vorbereitungskurs gab, mieden ihn die Frauen einfach. In Klinkerzeitungen wurde er stets auf die Schippe genommen.

Professor Hans Guggisberg, der Chef des Frauenspitals, wurde in den Studentenblättern dafür getadelt, dass er nie ein Wort zu einer Patientin sagte und nie einen Praktikanten anschaute. «Güx habe letzthin einen Praktikanten angeschaut und sich mit einer Patientin unterhalten», spottete der «Kliniker» 1942. Patientinnen waren bei Guggisberg keine Frauen, sondern Fälle. Die Art und Weise, wie er mit ihnen umging, war nicht eigentlich respektlos, aber so ganz ohne ärztlich-menschliche Beziehung, er wirkte wie ein geburtshilflicher Mechaniker.

Am 5. August 1943 heiratete ich meinen Studienkollegen Fritz Rupp. Als wir uns als Ehepaar beim Präsidenten der Staatsprüfungskommission, Richard La Nicca, für das Schlussexamen von 1944 anmeldeten und erklärten, wir seien Mann und Frau, fragte er: «Hat das so pressiert?» Es habe gar

Die Physiologievorlesung I im Winter 1938/39 bei Professor Alexander von Muralt. In der Mitte sitzen die beiden Frauen: (v.r.n.l.) Julia Haller und Alice Habich, daran anschliessend sind Albert Leupin und Fritz Rupp zu erkennen. Eingeschrieben waren auch Hanspeter Roost, Ruth Jaussi, Vreni Willener und Amalia Wiszniacka. Insgesamt folgten der Veranstaltung 9 Frauen und 83 Männer. Im Hintergrund sitzen in weissen Kitteln der Mechaniker Karl Kohlbacher sowie die Assistenten PD Nathan Scheinfinkel und Walther Wilbrandt. Universitätsarchiv Bern, Fotoarchiv

nicht pressiert, konnte mein Mann ihn beruhigen. Damals waren Studentenehen gar nicht üblich, und wir waren vielleicht das erste reine Studentenehepaar an der Universität Bern. Dr. La Nicca verhielt sich sehr aufmerksam. Nachdem ich während der praktischen Examen, die vom Februar bis Juni 1944 dauerten und 25 Prüfungen umfassten, krank geworden war, versuchte ich die mündlichen Prüfungen zu verschieben, um mich ein paar Tage zu erholen. Dr. La Nicca gewährte mir dies nicht nur, sondern kam während des Staatsexamens ein paar Mal zu mir, um zu fragen, wie es mir gehe.

Ob niemand verlangte, dass ich als verheiratete Frau den Beruf aufgeben sollte? Bei mir und meiner Umgebung war das gar kein Thema. Hingegen hatte ich eine Freundin, sie heiratete in Zürich einen ETH-Professor und hörte ein halbes Jahr vor dem Staatsexamen auf, weil sie ein Kind erwartete. Nach dem Staatsexamen wurden mir drei Assistentenstellen angeboten. Zwei Fakten waren wohl ausschlaggebend: Ich hatte gute Noten in diesen Fächern und wegen des Krieges wenig männliche Konkurrenten. Auch mein Mann leistete zu der Zeit aktiven Militärdienst. Ich assistierte bei Professor Carl Wegelin. Seine Assistentin zu sein, war eine grosse Ehre und galt als guter Ausweis. Er war auf seinem Gebiet hoch angesehen, ja weltberühmt, und ich lernte viel. Er war sehr genau, ausserordentlich seriös und wissenschaftlich vorbildlich. Wegelin verlangte eher, dass man 10 000 statt nur 1000 Untersuchungen machte, bevor man ein wissenschaftliches Ergebnis veröffentlichte.

Damals waren die hygienischen Verhältnisse in der Pathologie – wie auch anderswo – ungenügend. In der Pathologie gab es unangenehme Gerüche, man sah auch belastende Sachen. Mir ging es zu der Zeit nicht gut, und ich musste immer hinter der ersten Tür links verschwinden. Ich wurde immer magerer und eingefallener. Selbst Professor Wegelin fiel das auf, und er fragte den Oberarzt, was wohl mit mir los sei. Der erklärte zuerst ernsthaft, ich hätte einen Tumor. Als Wegelin erschrak, lachte er und meinte, aber Frau Rupp ist doch einfach schwanger.

Dann wurde mein Mann aus dem Militärdienst entlassen. Wir kamen mit Professor Wegelin überein, dass er nun meine Assistentenstelle übernehmen würde. Nach einem Jahr arbeitete er in Interlaken auf der Chirurgie. Wir waren glücklich, 200 Franken zu verdienen, hatten wir da doch schon zwei Kinder. Wir wohnten im Spital und assen am Assistententisch. Ich verlegte mich auf die Kindermedizin. Damals gab es nämlich eine grosse Epidemie bei den Neugeborenen. Ich betreute sie ohne Entgelt, weil ich sah, dass sich niemand sonst um sie kümmerte. Als mein Mann danach seine Ausbildung vervollkommnete, übernahm ich immer wieder Praxis-

⌐ *Das Hochzeitsfoto von Julia Haller und Fritz Rupp vom 5. August 1943.*
   PA Julia Rupp-Haller
⟩ *Fritz und Julia Rupp-Haller 1987 an Julias 70. Geburtstag.*   PA Franziska Cottier-Rupp
⟩ *Julia Rupp-Haller 1987 mit ihren zwei Töchtern, der Schwiegertochter und den drei Enkelinnen.*   PA Franziska Cottier-Rupp

vertretungen. Oft konnte ich die Kinder mitnehmen. Manchmal gab ich sie meiner Mutter oder meiner Schwester. Es war recht hart. Als ich zum Beispiel in einer Hauptsaison in Wengen war, konnte ich nur ein einziges Mal, am Geburtstag meines Sohnes, an einem Sonntag nach Hause gehen. Ich hatte nie gefragt, ob ich heimdürfe, ich sah ja die Arbeit. Meine Dissertation schrieb ich wegen der familiären Pflichten und des Zwangs, für den Lebensunterhalt zu sorgen, zwei Jahre später als mein Mann.

1954 eröffneten wir in Bern eine Praxis [Hals-Nasen-Ohren]. Während zwanzig Jahren hatte ich eine ausgezeichnete Haushaltshilfe und gute Hilfskräfte. Als unser drittes Kind als Nachzüglerin zur Welt kam, war ich überglücklich. Dank dem Montessori-Kindergarten und der Mithilfe der älteren Geschwister ging auch das wunderbar.

Natürlich war unser Leben anfänglich hart. Wir lebten finanziell ausserordentlich knapp, waren aber auch stolz, auf eigenen Füssen zu stehen, und bettelten nicht zu Hause. Mein Mann und ich wussten, was wir machten, als wir früh heirateten. Damals war aber sowieso alles sehr viel bescheidener, und die Löhne waren viel tiefer. Wir alle, Männer wie Frauen, die wir Praxisvertretungen übernahmen, verdienten zwischen 1943 und 1952 rund 600 Franken im Monat, dazu hatten wir Kost und Logis. Darin waren der 24-stündige Dienst und die 7-tägige Wochenpräsenz einberechnet. Dabei hatte man die Verantwortung für eine volle Arztpraxis und am ersten Morgen ein Wartezimmer mit zwanzig bis dreissig unbekannten Leuten. Und manch einen Nachteinsatz, kaum Zeit zum Essen, schon gar nicht für Besuche und kulturelle Anlässe. Aber man haderte nicht und meinte nicht, man könne immer alles haben. Ich blicke ohne Bedauern auf die Zeit zurück, in der man seine Bedürfnisse zurücknehmen musste.

Bild S. 94: Julia Rupp-Haller um 1951 mit Sohn und Tochter in Minusio.
PA Franziska Cottier-Rupp

Regina Käser-Häusler
Germanistin, Mutter, Journalistin,
Politikerin BGB, Naturschützerin

Regina Häusler, 18.6.1910–5.12.2002, von Gondiswil BE, war die Tochter des Lehrerehepaars Emma und Friedrich Häusler-Schwarz. Erst nach der Absolvierung des Lehrerinnenseminars Thun und beruflicher Praxis konnte sie sich ab Herbst 1931 auf die Matura vorbereiten und germanistische Studien aufnehmen. Regina Häusler erhielt einen ersten Seminarpreis für eine Goethe-Arbeit und doktorierte 1937 über das Bild Italiens in der deutschen Romantik. Verheiratet mit dem Arzt Dr. med. Reinhold Käser erzog sie drei Kinder und arbeitete als Journalistin. Dr. Regina Käser-Häusler verteidigte die Interessen der Frauen, war Umweltschützerin avant la lettre und sass von 1973 bis 1976 für die Bauern-, Gewerbe- und Bürgerpartei BGB im Grossen Stadtrat.

«Ich schlich morgens um vier Uhr die Treppe hinunter und schrieb einen Bericht, den ich bis acht abliefern musste»

Ich stamme aus einer Lehrersfamilie. Ein Urgrossvater, die Grossväter, meine Eltern und meine Tante waren Lehrer und Lehrerinnen. Getreu der Familientradition besuchte auch ich das Lehrerinnenseminar in Thun. Ich habe einen sieben Jahre jüngeren Bruder, Fritz, der später Berner Staatsarchivar wurde. Als er auf die Welt kam, redete man natürlich vom Kronprinzen. Ich fand das ein wenig gestört, nahm es aber humoristisch. Zwar stand ich als Lehrerin gern vor einer Klasse, aber ich wollte unbedingt studieren. So musste ich mich neben der Schularbeit am Humboldtianum auf die kantonale Maturität vorbereiten, die ich im Herbst 1931 bestand. Ich hatte keine Schwierigkeiten, studieren zu dürfen, ich habe ja auch selbst verdient. Meine Eltern waren übrigens damals schon für das Frauenstimmrecht. Bruder Fritz konnte sich anfangs nicht so recht dafür erwärmen.

Von den Professoren wurden wir nicht diskriminiert. Ich doktorierte 1937 beim Germanisten Fritz Strich. Er zog sich auf sein Grundthema zurück und betrachtete die Literatur von hoher Warte aus. Er destillierte seine beiden Pole: Klassik und Romantik. Seine Literaturbetrachtungen waren stets abgerundet; summarisch betrachtet, stimmte auch immer alles. Als Mensch war er oft gehemmt. Einmal fragte er mich beispielsweise, ob ich zum nächsten Dies academicus gehen werde. Ich dachte nicht daran. Erst im Nachhinein merkte ich, dass er mich eigentlich hatte darauf aufmerksam machen wollen, dass ich diesen Dies besuchen sollte, da ich einen ersten Seminarpreis bekam. Tragisch ist die Figur Helmut de Boors. Er war ein glänzender Lehrer, wirklich hervorragend. Er musste nach dem Krieg gehen, weil er Adressen von Leuten, die mit den Nazis sympathisierten, ausfindig gemacht und gesammelt hatte. Allerdings wagten die Behörden ihn erst 1945 auszuweisen, obwohl sie schon lange vorher Bescheid wussten. Weder von de Boor noch sonst jemandem im Seminar habe ich je ein Wort gegen die Juden gehört. Dies scheint mir wichtig und, verglichen mit der sehr kritischen Stimmung gegen Nazis, bezeichnend.

Ich heiratete den Spezialarzt für Hals-Nasen-Ohren-Krankheiten Reinhold Käser. Er arbeitete in Basel und Solothurn, schliesslich wurde er Chefarzt des IKRK. Ich zog unsere drei Kinder auf, war aber immer berufstätig. Trotz der Teilzeitangestellten hatte ich mit Beruf und Kindern, mit Haushalt und Garten einen «grossen Chrampf». Ich schlich morgens um vier die Treppe hinunter und schrieb einen Bericht, den ich bis acht abliefern musste. Mein Mann hat mich immer machen lassen. Er sagte höchstens: «Pass auf!», wenn ich ein politisch brisantes Thema wie die Atomfrage anpackte.

Als Gymnasiallehrerin konnte man damals nicht arbeiten; es war hoffnungslos, als Frau eine Stelle am Gymnasium zu suchen. Ich arbeitete als Leiterin von Stilübungen am Sekundarlehramt oder als Prüfungsexpertin. Meistens aber lehrte ich am Lehrerseminar Hofwil und Bern. Selbst in der Zeit der Lehrerarbeitslosigkeit konnte ich als verheiratete Frau arbeiten, allerdings nur, weil mein Mann Arzt und nicht Lehrer war. Den Gattinnen von Lehrern war es nämlich untersagt, als Lehrerinnen zu wirken. Die «Doppelmulche», wie es Grossrat Friedrich Siegenthaler aus Trub nannte, das Doppelverdienertum, gab es hier nicht.

Die junge Regina Häusler liebte die Natur.   PA Regina Käser-Häusler und Christina R. Bregnard

Gerne arbeitete ich auch als Journalistin, Publizistin und Herausgeberin. Ich hatte 1938/39 bei den «Basler Nachrichten» ein Volontariat von eineinhalb Jahren absolviert. Das war der Beginn einer vierzigjährigen Tätigkeit als Lyrik- und Musikreferentin bei verschiedenen Basler und Berner Zeitungen unter den Initialen K.H. beziehungsweise r.k.h. Daneben veröffentlichte ich eine Reihe von Aufsätzen und gab eine Anthologie von Schweizer Lyrikerinnen heraus. Ich druckte etwa Cécile Lauber nach und Arbeiten der viel zu wenig bekannten Solothurnerin Olga Brand. Während vier Jahrzehnten hat sich ein Büchergestell voll lyrischer Werke unterschiedlicher Qualität bei mir angesammelt. Alle wurden gelesen und besprochen.

Für das Schweizerische Jugendschriftenwerk SJW erzählte ich 1946 «Das abenteuerliche Leben einer Soldatenmutter», das Leben der Katharina Morel-Kaufmann aus Luzern, die von 1790 bis 1876 lebte. Katharina Morel ist das Beispiel einer Frau, die sich nie unterkriegen liess, trotz widriger Umstände stets neu begann und «unweibliche» Aufgaben übernahm. In Vertretung ihres erkrankten Gatten, der Napoleon verpflichtet war, warb sie mehrere Tausend Soldaten an. Damit gewann sie nicht nur freie Bewegung, sondern auch Anerkennung und einen französischen Orden.

⌐ *Regina Häusler studierte nach der Lehrerinnenausbildung Germanistik.*
PA Regina Käser-Häusler und Christina R. Bregnard
∧ *Umweltschützerin Regina Käser-Häusler auf Wanderung.*   Gosteli AGoF Fotosammlung nk Käser-Häusler.
⌐ *Auch im Alter noch engagiert: Regina Käser-Häusler.*   PA Regina Käser-Häusler und Christina R. Bregnard

Die Liebe zur Natur liess mich meine parteipolitische Heimat in der Bauern-, Gewerbe- und Bürgerpartei BGB finden. Landschaft, Natur und Bauernstand waren für mich eine Einheit. Von Haus aus wäre ich freisinnig gewesen. Ich stellte mich auf Anfrage für Wahlen zur Verfügung. Von 1973 bis 1976 sass ich dann für die BGB im Stadtrat. Hier machte ich mehrere Interpellationen und kleine Anfragen zu Energie, Naturschutz, Kultur und Frauenrechten. In der Politik war man freundlich zu den Frauen, aber man hörte ihnen nicht zu. Als ich einmal im Parteivorstand einen Vortrag zu halten hatte, bei dem ich auch noch gegnerische Unterlagen mit einbezog, wurde nach einer negativen Bemerkung die Sache einfach abgeklemmt. Ich war wütend. Wäre es der Vortrag eines Mannes gewesen, hätte man diskutiert.

Wegen der Geschichte um Berns erste Gemeinderätin Ruth Geiser-Im Obersteg, über die damals die Zeitungen viel schrieben, trat ich nach vier Jahren aus dem Stadtrat aus. Die Sozis reagierten vernünftiger, unsere Bürgerlichen aber raunten [über ein angeblich unziemliches Verhältnis mit einem SP-Kollegen]. Ruth Geiser, auf deren Seite ich stand, trat aus der Partei aus. Zweimal kandidierte sie ja dann noch als Parteilose erfolgreich für den Gemeinderat. Frauen werden heute überall aufgestellt und auch gewählt. Wir sind eigentlich erstaunlich weit gekommen.

Immer engagierte ich mich für eine grüne Politik. Ich bin eine Supergrüne. In Bern muss man sich dafür wehren, dass die Schutzzonen auch wirklich respektiert werden. Die Aaretalhänge blieben nämlich nicht grün, Bäume wurden in der geschützten Zone widerrechtlich gefällt. De Meurons Enkelinnen haben im Vertmont illegal eine Strasse gebaut. Madame de Meuron, die mir einmal sagte: «Der syt mir e gueti Nachbarin gsy», war da ganz anders. Sie hatte die Bäume auch gern.

Bild S. 101: Mit diesem Foto kandidierte Regina Käser-Häusler 1971 für die Stadtratswahlen.
PA Regina Käser-Häusler und Christina R. Bregnard

Rosmarie Felber

Juristin, alleinerziehende Mutter, Leiterin der Behinderten-Eingliederungsstelle, Politikerin CVP

Rosmarie Felber, geboren am 23.12.1916, von Sursee LU, war die Tochter von Sofie Rosa Felber-Meier und dem Badener Stadtförster beziehungsweise eidgenössischen Forstinspektor Roman Otto Felber. Sie studierte Recht und promovierte 1939 in Bern über die Erbteilung. Fürsprecherin Felber war Alleinerzieherin mit zwei Kindern. Sie stand beruflich der Hilfsstelle für Kurentlassene vor und baute dann in Bern die Eingliederungsstelle für Behinderte auf, die sie 25 Jahre lang leitete. Rosmarie Felber war Präsidentin der zweiten Kammer der kantonalen IV-Kommission und sass im Vorstand der Bernischen Liga für Tuberkulose. Als die Frauen 1971 zum ersten Mal für den Berner Grossen Stadtrat kandidieren durften, nahm Rosmarie Felber als eine der ersten zehn Frauen Einsitz. 1978 bis 1986 sass sie im Grossen Rat. Sie präsidierte 1984 die Besondere Untersuchungs-Kommission BUK, welche die sogenannte Finanzaffäre zu untersuchen hatte.

> «*Die Buben fragten: ‹Warum gehst denn du nicht stimmen?› Ich sagte: ‹Ich darf als Frau nicht abstimmen›*»

Ich wuchs mit meinen zwei jüngeren Schwestern in Bern auf. Nach der vierten Klasse musste man zwischen Progymnasium und Sekundarschule wählen. Mein Vater zog die Sekundarschule vor, da dort Handarbeiten unterrichtet wurde. Als ich aber Jura studieren wollte, fand er, das sei gut, es gebe bis jetzt noch keinen Juristen in der Familie.

Ich gab mir Mühe, mein Studium rasch abzuschliessen, weil mein Vater damals schon sehr krank war. Ich doktorierte zu Beginn des achten Semesters 1939 in Bern. Mein Doktorvater, der Privatrechtler Professor Peter Tuor, war ein Freund unserer Familie. Wir wohnten ganz in der Nähe, und

Tuor kam fast täglich bei uns vorbei. Wenn Tuors länger in Laax in den Ferien waren, wohnte ihre jüngste Tochter bei uns, umgekehrt waren meine Schwestern bei ihnen in Laax. Mit Tuor machten wir auch eine Reise nach Rom, das er von seinem Studienaufenthalt am Germanicum natürlich gut kannte. Professor Walter Burckhardt, der Staatsrechtler, hinterliess den stärksten Eindruck bei mir. Er war eine sehr feine, kultivierte Persönlichkeit und nahm auch Kontakt mit den Studenten auf, unter anderem mit seinem «Collegium privatissime et gratis».

Meine liebste und nächste Kollegin war Francesca «Cetti» Motta, die Tochter von Bundesrat Motta. Sie heiratete früh und half ihrem Mann in seiner Anwaltspraxis. Da sie sprachlich sehr begabt war, unterstützte sie ihn auch in dieser Hinsicht, denn sie hatten viele italienische Klienten. Francesca hat ihr Licht ein bisschen unter den Scheffel gestellt. Sie war eine sehr gütige, fast allzu bescheidene Frau.

Iris von Roten-Meyer amüsierte mich. Ich besuchte sie sowohl in Basel wie im Wallis. Sie war immer elegant, gepflegt und sah auch gut aus. Sie war selbstsicher, stilsicher und geschmackssicher. Ich schätzte das an ihr. Bei einem guten und schön servierten Mittagessen bei Iris und ihrem Mann in Basel sah ich die erste Abwaschmaschine meines Lebens. Und ich empfand Iris zum ersten Mal als richtig emanzipiert, weil Peter von Roten nach ihren Anordnungen das Essen hinein- und hinaustragen und die Abwaschmaschine füllen musste; er tat dies ohne Aufhebens und liebevoll. Peter von Roten war einmal Nationalrat. Wohl im Auftrag oder auf Betreiben seiner Frau lancierte er einen Vorstoss, das Frauenstimmrecht einzuführen, der dann bachab ging. Sie waren ein gelungenes Paar, mir waren beide sympathisch.

Nach der Doktorprüfung bot mir der Luzerner Anwalt Kuno Müller, ein Cousin meines Vaters, ein Praktikum in seinem Anwaltsbüro an. Mein Vater und Müllers Frau Hanni redeten mir zu: «Kuno hat x Anfragen von Praktikanten abgelehnt, greif zu, wenn er das sagt.» Also verbrachte ich fünf Vierteljahre in Luzern. Es war wunderbar – subjektiv gesehen. Objektiv war es ja das Jahr, in dem der Krieg begann: 1939. Alle mussten einrücken: Anwälte, Richter, Klienten ... Es lief fast nichts mehr. Kuno Müller, der für seine historischen Essays später Ehrendoktor der Universität Zürich wurde [und Innerschweizer Kulturpreisträger], war ein äusserst belesener Mann mit einer grossartigen Bibliothek. Oft kam er mit einem Stoss von Büchern, mit Trakl und Hesse, Hofmannsthal und so weiter, und sagte: «Lies du das.» Das Luzerner Praktikum war also sehr anregend; wir lasen zu dritt oder mit [dem Luzerner Theologen und Schriftsteller] Josef Vital Kopp zu viert.

Nach dem Staatsexamen Ende 1940 heiratete ich und arbeitete die ersten Monate aushilfsweise in der Soldatenfürsorge. Da mein Mann noch Medizin studierte, waren wir auf meine Arbeit angewiesen. Ich schrieb sicher etwa dreissig Bewerbungen. Zu jener Zeit wurde einfach niemand angestellt.

Eines Tages bekam ich ein Telefon von der Forstinspektion, von einem Kollegen meines da bereits verstorbenen Vaters. Er sagte: «Wir suchen einen Juristen, kommen Sie einmal vorbei.» Bei der Vorstellung fragte er: «Können Sie einen Kubikmeter Holz von einem Ster unterscheiden?» Ich konnte und war damit angestellt. Dank einer persönlichen Konstellation erhielt ich also diese Stelle an der kriegswirtschaftlichen Sektion für Holz – in Personalunion mit der eidgenössischen Forstinspektion. Ich war bis 1947 als Leiterin des Rechtsdienstes dort.

Am Anfang verdiente ich als ausgebildeter, weiblicher Fürsprech 375 Franken. Ich hatte das einfach akzeptiert und gedacht, es werde schon so sein. Eines Tages fragte mich mein Chef, was ich eigentlich verdiene. Er wandte sich an den Personalchef und dieser erklärte, da keine Juristinnen, nur Juristen in der Lohnskala vorgesehen seien, hätten sie mich halt in die oberste Sekretariatsklasse eingeteilt. Mein Chef wehrte sich für mich, und ich bekam von da an einen etwas höheren Lohn. Heute scheint es mir unglaublich, dass sie mich nicht den Juristen, sondern den Sekretärinnen gleichstellten.

Leider steckte sich mein Mann als Assistent mit einer Tuberkulose an und musste ein Jahr in Leysin kuren. Also habe ich mich dort als Arztgehilfin ausbilden lassen. Von einer sehr feinen Baldeggerschwester wurde ich fürs Labor, fürs Röntgen und fürs Spritzen angelernt. Es war schlimm. Am Anfang wurde mir immer schlecht. Nachdem mein Mann 1948 die Praxis seines Vaters in Erlenbach übernommen und ich einige Zeit in der Praxis

Stadt- dann Grossrätin Rosmarie Felber am Rednerpult, fotografiert von Hansueli Trachsel.
© Hansueli Trachsel

geholfen und den Haushalt geleitet hatte, trennten wir uns Ende 1952. Ich ging nach Bern zurück.

In den Anwaltsberuf wollte ich nicht, damals mussten die Frauen mehrheitlich unbefriedigende Fälle übernehmen. Ich fand aber rasch eine Aufgabe als Leiterin einer Eingliederungsstelle für Behinderte, die neu geschaffen wurde. Da ich im Vorstand der Bernischen Liga für Tuberkulose sass, erfuhr ich davon, umgekehrt kannte man mich. Wir hatten erst gar nichts, keinen Bürostuhl, keinen Briefkopf, keinen Namen. Der Aufbau war interessant, machte mir Freude und brachte eine Menge Überzeit. 25 Jahre lang – vom 1. Januar 1953 bis zum 31. Dezember 1977 – leitete ich die Hilfsstelle Bern. Mit meinen Mitarbeiterinnen und Mitarbeitern betreuten wir später bis zu tausend Patienten.

Obwohl ich Alleinerziehende war, habe ich zwei Söhne adoptiert. Für mich waren die Kinder zentral. Sie waren auch eine Kraftquelle für den Beruf. Ich kann mir kaum vorstellen, dass es Frauen gibt, die auf Familie und Kinder verzichten, um in ihrem Beruf vorwärtszukommen. Allerdings wird den Frauen die Doppelbelastung nicht leicht gemacht. Natürlich musste ich meine Zeit sehr einteilen und mich strikt daran halten. Wenn zeitlich weniger drinliegt, so gibt man sich dafür in den verbliebenen Stunden umso konzentrierter mit den Kindern ab.

Meine Mutter wohnte bis 1980 bei mir, so waren die Kinder nie allein. Und dann hatte ich meine Haushälterin Irène, sie war in Wirklichkeit eine Miterzieherin. Auch erklärte ich auf der Hilfsstelle von Anfang an, ich wolle nicht voll arbeiten. Damals arbeitete man ja auch noch am Samstagmorgen. Ich arbeitete schliesslich 9/11, das heisst neun der möglichen elf Halbtage. Das gab mir immerhin einen freien Tag in der Woche, den ich mit den Kindern verbrachte. Manchmal sparte ich diese Freitage für längere Ferien zusammen. 1959 kaufte ich im Wallis ein Häuschen. Das wurde das Ferienhaus für die ganze Verwandtschaft. Während der Schulferien waren die Kinder meist mit ihren Cousins und Cousinen dort oben. Sie waren zu sechst oder acht, eine lustige Bande.

Ich war keine aktiv kämpfende Frauenstimmrechtlerin. Immerhin war ich Mitglied der Staka, des Staatsrechtlichen Verbands katholischer Frauen, der sich für das Frauenstimmrecht einsetzte. Ich liess der Sache vielmehr ihren Lauf, war ich doch überzeugt, das Frauenstimmrecht werde kommen, sobald die Zeit dafür reif sei. Ich weiss noch, ich ging einmal mit den Buben beim Stimmlokal vorbei, als die Männer hineinträpfelten, um zu stimmen. Und da fragten die Buben: «Was machen die denn da?» Ich sagte: «Die gehen stimmen.» Sie fragten: «Warum gehst denn du nicht stimmen?» Ich sagte: «Ich darf als Frau nicht abstimmen.» Spontan rief Bernhard: «Die spinnet jo.» Mich hat es mehr amüsiert als schockiert. Es hat mich auch deshalb amüsiert, weil ich bei der Hilfsstelle männliche Klienten hatte, für die ich eine Beistandschaft oder Lohnverwaltung führte, die ich beriet und unterstützte. Meine Klienten durften abstimmen und wählen, ich hingegen nicht.

Indirekt brachte mich meine Arbeit dann doch in die Politik. Der damalige Berner Schularzt, Dr. Kurt Kipfer, den ich immer sehr schätzte und der mit mir im Vorstand der Bernischen Liga gegen die Tuberkulose war, lud mich zu einem Rendezvous ins Restaurant «Du Théâtre» ein. [Kipfer war SP-Grossrat und späterer Gemeinderat.] Er redete mir zu, mich poli-

↖ *Eine sorgfältige Porträtaufnahme von Fürsprecherin Rosmarie Felber.*   PA Rosmarie Felber
↖ *Rosmarie Felber vor dem Rathaus, fotografiert von Max Füri.*   © Max Füri
↖ *Rosmarie Felber nahm für die CVP als eine der ersten zehn Frauen Einsitz im Stadtrat.*
  Gosteli AGoF Fotosammlung nk Felber
↖ *Die achtzigjährige Rosmarie Felber im Dezember 1996.*   PA Rosmarie Felber

tisch zu engagieren. Ich entgegnete: «Erstens habe ich meinem Sohn versprochen, dass ich nie in eine Partei gehe, und zweitens liegt es punkto Arbeitsbelastung nicht drin, und drittens würde ich, wennschon, wahrscheinlich nicht in Ihre Partei, die sozialdemokratische, eintreten.» Kipfer meinte, er würde mich sehr gut bei ihnen sehen, aber es sei ihm ganz gleich, ich könne auch in eine andere Partei gehen. So hatte er mir einen Floh ins Ohr gesetzt. Ich schenkte dem aber weiter keine Beachtung. Dann kam ein Telefon von Professor ing. agr. Josef von Ah, dem späteren Leiter der eidgenössischen landwirtschaftlichen Versuchsanstalt in Köniz. Auch er lud mich zu einem Treffen ins «Du Théâtre» ein – wir sassen sogar am gleichen Tisch. Er wies darauf hin, dass bald Nationalratswahlen wären und die christlichdemokratische Volkspartei CVP Kandidatinnen suche. Ob ich nicht kandidieren wolle? Ich wiederholte den gleichen Spruch und dachte, damit sei das Thema abgeschlossen.

Als ich meine politischen Erlebnisse zu Hause erzählte, meinte mein jüngerer Sohn plötzlich: «So habe ich das mit der Partei nicht gemeint!» Ich erwiderte: «Ich habe dir versprochen, nie in eine Partei zu gehen. Wenn du natürlich nun findest, ich solle politisieren, dann muss ich es mir schon überlegen.» Von ihm aus, meinte er nun, könne ich das ruhig tun. Die Nationalratswahlen 1971 gingen noch ohne mich über die Bühne. Aber vor den Wahlen in den Grossen Stadtrat kam eine erneute Anfrage der CVP. Es war das erste Mal, dass hier Frauen überhaupt kandidieren konnten. Ich dachte, der Stadtrat würde zeitlich noch zu verkraften sein, da er nur alle vierzehn Tage jeweils um siebzehn Uhr tagte. Also stellte ich mich zur Verfügung. Nach einer Nacht im Schlafwagen musste ich dann für ein Foto im Parteiprospekt überstürzt zum Fotografen rennen. Ohne Coiffeurbesuch und ohne Make-up. Es entstand ein schreckliches Föteli [Seite 106]. Meine Familie war entsetzt. Doch ich wurde gewählt. Danach gestand mir meine blinde Sekretärin, dass sie in der Länggasse Propaganda für mich gemacht und dass das ganze Blindenheim für mich gestimmt hätte. «Kein Wunder», meinte da mein jüngerer Sohn, «die waren ja auch die Einzigen, die dein Foto nicht gesehen haben!» Dass die CVP in Bern nie stark verankert war, machte mir nichts aus. Es gefiel mir, einer Partei anzugehören, die unabhängig, weil nicht in der Regierung vertreten, war. Die CVP sagte mir auch weltanschaulich und punkto Parteiprogramm zu. Wir waren traditionellerweise katholisch-konservativ. Meine Mutter kam aus einem CVP-Haus. Mein Vater allerdings, in Zürich aufgewachsen und ETH-Absolvent, war freisinnig und Helveter.

Im Stadtrat kam ich als erste und einzige Frau in die Geschäftsprüfungskommission GPK. Da musste ich mich mit allem befassen. Der Präsident der GPK behandelte mich erst so ein bisschen schulterklopfend. Wenn ich etwas einwandte, sagte er: «Nein, nein, das ist schon in Ordnung.» Da half mir FDP-Gemeinderat Gerhart Schürch wirklich, indem er ihn zurechtwies: «Also, hören Sie, Herr Präsident, Frau Felber hat absolut recht mit ihrer Beanstandung.» Von da an hatte ich nie mehr Schwierigkeiten. Meine Kollegen nahmen mich ernst, und ich erlebte keine Diskriminierungen mehr. So wurde ich im Grossen Rat 1984 zur Präsidentin der Besonderen Untersuchungskommission BUK gewählt, welche die sogenannte Finanzaffäre aufgrund von Beschuldigungen eines ehemaligen Revisors der Finanzkontrolle [Rudolf Hafner] zu untersuchen hatte. Für mich begann einer der arbeitsreichsten, aber auch interessantesten Abschnitte meines Lebens. Es gelang der siebzehnköpfigen, aus allen Fraktionen zusammengesetzten Kommission, innert Jahresfrist den Bericht abzuliefern. Der Grosse Rat stimmte sämtlichen Anträgen der Kommission zu.

Nun haben wir Frauen das Stimmrecht, die politischen Rechte, die weitgehende Gleichstellung, wobei noch nicht alles in Ordnung ist, etwa mit den Löhnen. Die Gesellschaft ist immer noch geprägt vom Bild des verdienenden Mannes. Doch es gibt schon bedeutend mehr Frauen in leitender Stellung. Und ich glaube, die Selbstsicherheit der Frauen hat zugenommen. Das scheint mir ganz wesentlich.

Bild S. 106: Das ungeschminkte, «schreckliche Föteli», das den Wahlprospekt zierte. Rosmarie Felber wurde 1971 für die CVP in den Stadtrat gewählt. Wahlprospekt der CVP, Stadtarchiv Bern.

Ellen Judith Beer
Professorin für Kunstgeschichte, Tochter, Präsidentin der Seniorenuniversität

Ellen Judith Beer, 12.3.1926–18.3.2004, Bernburgerin aus der Gesellschaft zu Ober-Gerwern, war die Tochter von Claudia Maria Beer-Schilling und dem Zahnarzt Werner Rudolf Beer. Sie studierte Kunstwissenschaft an der Universität Bern und doktorierte 1950 über die Rose der Kathedrale von Lausanne. Mit Hilfe eines Nationalfonds-Stipendiums erarbeitete sie den ersten Schweizer Band zum Gesamtwerk der Glasmalerei des Mittelalters. Sie diente dem international angelegten «Corpus Vitrearum Medii Aevi» auch als Präsidentin. 1957 erhielt Ellen Beer einen Lehrauftrag am Kunsthistorischen Institut der Universität Freiburg i. Br. 1960 wurde sie in Bern Privatdozentin, 1964 ausserordentliche Professorin für Buch- und Glasmalerei des Mittelalters. 1971–1991 war sie ordentliche Professorin für Kunstgeschichte des Mittelalters. Nach ihrer Emeritierung engagierte sie sich in der Berner und Schweizer Seniorenuniversität, die sie auch präsidierte.

«Mit 55 Jahren konnte ich endlich mich selbst sein»

Meine Grossmutter Emma, der ich ähnlich bin und die mein Vorbild ist, war sehr aufgeschlossen, energisch und stark. Sie schloss ihr Lehrerinnenexamen brillant ab und ging als Hauslehrerin zur Grafenfamilie Colleoni nach Oberitalien. Hier war sie fast zwölf Jahre lang und wurde wie das Kind des Hauses behandelt. Sie las und interpretierte mit der Gräfin die deutsche Literatur, dafür war sie ja auch ausgebildet, und sie erlebte mit der gräflichen Familie Verdi-Uraufführungen, war anerkannt und geschätzt.

Dann wurde plötzlich ihre Mutter krank und starb, sie musste zurück ins deutsche Villingen-Schwenningen. Sie heiratete dann – eine reine Liebesheirat – meinen Grossvater, den sie von der Schule her kannte. Grosspapa Schilling aus der Zähringerstadt Villingen-Schwenningen war der gute, solide Fachmann und Praktiker. Er hatte die Brauerschule absolviert, sich auch in Berlin und Wien umgetan. Grosspapa war eher ein weicher, nachgiebiger Mann. Grossmama amtete eigentlich als kaufmännischer Direktor. Sie machte bei Prozessen, wie es sie in Grossbetrieben gibt, jeden gegnerischen Anwalt mundtot. Sie fragte sich immer, wo jemand angreifbar war. In ihr Gebetbuch hatte sie nämlich hinten alle Skandalgeschichten und Notizen zu unsauberen Sachen, die ihr zu Ohren kamen, hineingeschrieben. Im richtigen Zeitpunkt spielte sie darauf an und brachte so die Gegner aus dem Konzept. Sie verhandelte auch mit den Gewerkschaften. Mama erlebte als kleines Kind, wie Grossmama Noten unter den Teller legte, wenn Gewerkschafter eingeladen wurden. Die nahmen das Geld mit, wie diese es vorausgesehen und beabsichtigt hatte. Einmal, gegen Ende des Ersten Weltkrieges, kamen Arbeiter mit geladenen Gewehren in die Brauerei und forderten, Herr Schilling, mein Grossvater, solle die Brauerei schliessen. Grossmama schmiss den Laden furchtlos. Die sozialdemokratische Zeitung «Volkswacht» brachte sie einmal als «Chef im Unterrock». Sie war eine herrliche Frau.

Meine Mama, Maria Claudia Schilling, war eine fantastisch gute Schülerin und sie studierte in Freiburg im Breisgau Germanistik. Kaum aber hatte sie ihre Studien begonnen, starb Grossmama mit 52 Jahren ganz plötzlich an einem Schlaganfall, Grosspapa war untröstlich, fusionierte Knall und Fall sein Grossbraugeschäft mit der «Fürstlich Fürstenbergischen Brauerei» in Donaueschingen und lebte als Rentner. Meine Mama musste nun die repräsentierende Hausfrau spielen. Das war die erste grosse Tragödie in ihrem Leben. Sie heiratete den Berner Zahnarzt Werner Rudolf Beer, meinen Vater. Er war ein ganz lieber Mensch, den ich unendlich verehrt habe. Er war bei den Schweizer Dramatikern und schrieb selbst viele Theaterstücke. [Hörspielbearbeitungen wurden von Radio Bern und Wien ausgestrahlt.] Seinen schriftstellerischen Nachlass gab ich der Schweizerischen Theatersammlung in Bern.

Ich wurde von meinen Eltern sehr gefördert, gerade auch von meiner Mutter. Für mich war das nicht immer einfach, denn ich liess mich von allem Visuellen schnell ablenken. Da sass ich beispielsweise bei den Aufgaben, büffelte mit Hilfe meiner Mama Verben – und schon war ich gedanklich weg. Ich sah einem Vögelchen oder einem Eichhörnchen zu, und sie rief eindringlich: «Hörst du, hörst du denn nicht?» Das trug mir ausnahmsweise sogar einen «Chlapf» ein, wenn die Mutter über meiner Unaufmerksamkeit verzweifelte. Für mich aber war einfach immer alles Visuelle um mich herum viel interessanter. Ich verdanke meiner Mutter unendlich viel.

Meine Mutter, erzogen von meiner starken Grossmutter, war allerdings sehr dominant. Papa und ich waren die Planeten, die um dieses Gestirn kreisten. Ohne meine Mama wäre ich nicht geworden, was ich bin, ich wäre wohl zerflattert, weil ich zu viel gewollt hätte. Es brauchte jemanden, der mich bei der Stange hielt. Als ich Kind war und einer Leitung bedurfte, war Mama fantastisch. Auch sagte sie immer: «Mach etwas aus dir!»

Die einzigen Fächer, in denen ich im Gymnasium brillierte, waren deutsche Literatur und Geschichte. Das interessierte mich, da wusste ich auch viel und war stolz, sogar meine Lehrer korrigieren zu können. Meine Mutter hatte mich so gezielt gefördert, dass ich mit zehn, zwölf Jahren wusste, dass ich Malerin werden oder Kunstgeschichte studieren wollte. Ich arbeitete bis zu meinem Doktorat bei Max von Mülinen im Kornhaus-Atelier, aber ich spürte dann plötzlich, dass ich das Zeugs zur Berufsmalerin doch nicht hatte. Man kann nicht alles. In der Freizeit machte ich aber weiterhin Kunst, sehr viel Collagen, sehr viel Grafik bis zur Litho.

Nach meinem Doktorat und dem Buch über die mittelalterliche Glasmalerei erhielt ich 1957 einen Lehrauftrag am Kunsthistorischen Institut der Universität Freiburg im Breisgau. Als mir aber der Freiburger Professor Kurt Bauch Ende der 50er Jahre erklärte, an seiner Fakultät werde keine Frau habilitiert, machte ich rechtsumkehrt, reiste sofort ab und ging nach Bern zurück. Hier konnte ich mich 1960 bei Professor Hans Robert Hahnloser mit Beiträgen zur oberrheinischen Buchmalerei habilitieren!

Als ich dann in Bern meine Professur hatte, führte das zu wahnsinnigen Spannungen mit meiner Mutter. Mein Vater hatte einen Schlaganfall erlitten und war halbseitig gelähmt. Damit war das gesellschaftliche Leben für sie beendet. Das war die zweite grosse Tragödie in ihrem Leben, und sie litt im Alter unter ihren verpassten Möglichkeiten. Die Frau, die mich so ge-

Exkursion zur Kathedrale von Poitiers, die im 13. Jahrhundert erbaut wurde: (v.l.n.r.) Brigitte Kurmann-Schwarz (Titularprofessorin Uni Zürich), Peter Kurmann (Professor Uni Fribourg i. Ü), Professorin Ellen Beer, Randi Sigg-Gilstad (Architektin und Architekturhistorikerin), Stefan Trümpler (Vitrocentre Romont), Stefan Honegger, Barbara Müller. PA Ellen Beer

fördert hatte, sagte nun: «Die dumme Uni!» Obwohl mir das Extraordinariat die finanziellen Möglichkeiten zum Ausziehen gegeben hätte, blieb ich zu Hause, zuerst, um meinen Vater zu pflegen. Ich konnte keine Fahnenflucht begehen. Als sich die psychische Situation meiner Mutter nach dessen Tod 1971 immer mehr zu einer sehr schweren Alterspsychose verschlimmerte, blieb ich ihretwegen. Die Spannungen waren fast unerträglich, vor allem, wenn ich hin und wieder weggehen musste. Studienreisen führten mich nach Nordostfrankreich, Flandern und England, um die Buchmalerei des 13. Jahrhunderts zu erforschen. Für einen Lehrauftrag musste ich 1975 nach Basel. Gegen aussen war ich die Autorität, die auch im Ausland anerkannte Fachfrau, hatte liebe Freunde, lebte frei, für meine Mutter aber, die nicht loslassen konnte, die mich bevormundete, war ich noch immer das Kind. Der tägliche Zwang zum Telefonieren war gewissermassen die Nabelschnur. In der letzten Phase ihrer Krankheit erlebte ich wahre Horrortrips, meine Mutter halluzinierte, kannte mich zeitweise nicht mehr. Sie war eine tragische Figur. Diese schreckliche Tragödie dauerte neun Jahre, bis sie 1980 sterben konnte.

Ich habe nie so viel gearbeitet wie in dieser schlimmen Zeit, habe mich philosophisch weitergebildet. Nie habe ich so gute Artikel und Faksimile-Kommentare geschrieben wie damals. Daneben erledigte ich den ganzen Haushalt, putzte, kochte, machte alles allein, weil meine Mama niemanden mehr ertrug. Nachts musste ich drei-, viermal aufstehen, um erst meinen gelähmten Vater, dann meine kranke Mutter zu pflegen. Das Schlimmste war, dass ich nicht mehr wegkonnte. Exkursionen bereitete ich vor, mitfahren durfte ich nicht mehr und musste meine ausländischen Freunde bitten, sich meiner Studenten anzunehmen. In dieser harten, schlimmen, tragischen Zeit hatte ich nur einen Gedanken: «Das eine – das kranke Leben der Eltern – geht vorbei. Dein Beruf, dein Leben aber bleibt.» Das half mir, mich über Wasser zu halten. Ich benötigte eine grosse, innere Selbstdisziplin. Eine gewisse Härte, etwas Männliches, das ich von meiner Grossmama erbte, war auch in mir, sonst hätte ich diese Zeit nicht durchgestanden, hätte meinen Weg nicht gemacht. Ich bin dankbar, und ich bedaure nicht einen Tag, es war eine harte, gute Schule, schliesslich weiss man nicht, was das Leben für einen noch bereithält.

Die grosse Spannung in meinem Leben war nie das Leben nach aussen, das Einstehen in der Universität, sondern jenes im Privaten. In der Familie musste ich wahnsinnig «härestah». Gegen aussen hatte ich lange nicht so zu kämpfen. Das Männliche war für mich von Kind an selbstverständlich. Ich hatte keine Geschwister und wurde mit Buben gross, spielte Fussball. Ich bin nicht wie ein Mädchen aufgewachsen. Und dann stand ich in einem Männerberuf. Bei der Arbeit war ich nicht in erster Linie Frau, ich habe immer gesagt: Kunstgeschichte ist Kunstgeschichte. Nie habe ich eigentliche Frauenthemen bearbeitet.

Ein Kollege meinte: «Weisst du, du wirkst auch nicht wie eine Frau. Du hast gearbeitet wie ein Mann, nicht wie eine Frau.» Da mag etwas dran sein. Ich bin aber kein Mannweib, pflege mich gern, schmücke mich. Ich brauche auch nie das Femininum, sondern immer die männliche Form. Ich sage Frau Professor, nicht Professorin. Ich sage, ich bin ein Liebhaber schö-

Professorin Ellen Beer doziert vor den Glasmalereien in der Kirche auf dem Staufberg, wahrscheinlich anlässlich des 16. Internationalen Kolloquiums des Corpus Vitrearum, das 1991 in Bern stattfand. PA Ellen Beer

ner Bücher oder ein Freund guter Musik. Das ist mir erst bewusst geworden, als die weiblichen Formen zum Thema wurden.

Ob ich in der Fakultät ernst genommen wurde? In der Fakultät hatte ich manchmal Zusammenstösse, weil ich nicht auf den Mund sitzen konnte. So wurde ich strafweise auch 1971 ein Jahr später als meine Kollegen Ordinarius. Einmal wollten sie mir in der Fakultät ein Disziplinarverfahren anhängen. Man warf mir vor, in einer Nachfolgekommission meine Kompetenzen überschritten zu haben. Ich liess sie kommen, putzte sie ab, drohte mit einer Rufmordklage und dem Anwalt. Ich drang durch. In der Hans-Heinz-Holz-Affäre [Nichtberufung des Marxisten Holz] Anfang der 70er Jahre erklärte ich in der Fakultät unumwunden: «Meine Herren, ich schäme mich für Sie.» Ich liess mir nie etwas gefallen. Wenn ich das Gefühl hatte, jemand wolle mir am Zeug flicken, wurde ich sehr dezidiert. Mir

◣ Die junge Ellen Beer, Studentin der Kunstgeschichte.   PA Ellen Beer
◥ Ellen Beer und ihre Studierenden: (v.l.n.r. stehend) Walter Bessire, Rolf Hasler (Vitrocentre Romont), Joachim Wasmer (LA Uni Zürich), Professorin Ellen Beer, Beatrice Zahnd (Musée d'Art NE), Delia Ciuha (Fondation Beyeler), Franz Josef Sladeczek (ARTexperts) und Stefan Trümpler (Vitrocentre Romont). Die drei kauernden Frauen im Vordergrund sind Keiko Suzuki, Annemarie Stauffer (Professor FH Köln) und Eva Wiederkehr Sladeczek (Kleemuseum).   PA Ellen Beer
◣ Professorin Ellen Beer auf Exkursion: (v.l.n.r.) unbekannt, Keiko Suzuki, unbekannt, Professorin Ellen Beer, Cyril Bezak, Kathrin Künzi.   PA Ellen Beer
◥ Professorin Ellen Beer um 1990.   PA Ellen Beer

gegenüber würde nie jemand wagen, etwas Frauenfeindliches zu sagen. Da bin ich hart. Aber man muss halt hinstehen. Man darf sich nicht ducken. Hans Jucker [Professor für klassische Archäologie], der mich sehr mochte, meinte einmal: «Sie haben den richtigen zweiten Namen: Judith, die Streitbare.» Mit dieser Haltung bin ich alt geworden und hatte Erfolg.

Ich machte auch keinen Hehl daraus, dass ich keine bürgerliche Wählerin bin. Das ging so weit, dass mich einmal ein Vater einer Schülerin bei einer Begegnung fragte: «Ist es wahr, was man sich in Bern erzählt, dass Sie eine Linke sind?» Ich jagte ihm einen Schrecken ein, als ich ganz strahlend sagte: «Natürlich ist das wahr.» Er schluckte leer und schaute mich entgeistert an. Um keine falschen Vorstellungen aufkommen zu lassen, fuhr ich fort: «Ich bin links von der Mitte, bei der SP, und habe nichts mit Bolschewismus und Kommunismus am Hut.»

Ich habe eine Zeitrechnung vor und eine nach 1980, als ich endlich mich selbst sein konnte. Ich brauchte Jahre, um alles zu verstehen, aber dann kam der grosse Akt der Selbstbefreiung, und ich sagte mir: «Ich bin eine Montgolfiere, ich werfe Ballast ab und steige höher.» Zwar habe ich das Bild meiner Mutter noch immer nicht auf dem Schreibtisch aufgestellt, nur das meiner Grossmutter und meines Vaters, aber nun kann ich friedlich im Zimmer meiner Mama leben, die hier die ganze deutsche Literatur in Erstausgabe versammelt hat. Nach ihrem Tod befriedigte ich meinen grossen Nachholbedarf an Reisen und Tagungen. Ich übernahm einen zusätzlichen Lehrauftrag in Zürich, managte 1991 das 16. Internationale Kolloquium des Corpus Vitrearum in Bern, arbeitete bei weiteren Ausstellungen mit und präsidierte die Seniorenuniversität.

Bild S. 114: Ellen Beer, ordentliche Professorin für Kunstgeschichte des Mittelalters.
PA Ellen Beer

Marie Boehlen
Fürsprecherin, erste Jugendanwältin, Frauenrechtlerin, Politikerin SP

Marie Boehlen, 19.10.1911–30.11.1999, von Riggisberg BE, war die Tochter von Rosa Boehlen-Urfer und dem Kleinbauern und Nagelschmied Rudolf Boehlen. Nach dem Primarlehrerinnenpatent 1931, nach der eidgenössischen Matura am Humboldtianum 1933 und nach Berner Universitätsstudien wurde sie 1939 Fürsprecherin. Erst 1951 konnte sie über die «dauernd Unterstützten» promovieren. Nach vielen untergeordneten, interimistischen Jobs wählte die Stadt Bern 1956 die 45-jährige Dr. Boehlen zum ersten vollamtlichen, weiblichen Jugendanwalt der Schweiz. Boehlen war 1957–1968 Mitglied der schweizerischen Unesco-Kommission, 1949–1966 Chefin der juristischen Kommission des Bundes Schweizerischer Frauenvereine BSF und 1966–1974 Präsidentin der SP-Frauen Schweiz. Sie sass 1971–1976 als eine der ersten zehn Frauen im Grossen Stadtrat und war 1974–1986 im Grossen Rat. Marie Boehlen war als Berufsfrau und Politikerin doppelt belastet. Zugunsten der Frauen-, Kinder- und Gefangenenrechte war sie auch publizistisch tätig. Sie propagierte Motivation und Arbeit statt Gefängnis und Strafe. Dr. jur. Marie Boehlen wurde 1985 mit dem Ida-Somazzi-Preis und 1995 mit dem Trudy-Schlatter-Preis ausgezeichnet. 2004 wurde in Bern eine Strasse nach ihr benannt.

Marie Boehlen erkannte schon in den 1950er Jahren, dass in der Schweiz kein Weg am männlichen Urnengang vorbeiführte, wollte man den Frauen das Stimm- und -wahlrecht geben. Mit der Ansicht, dass eine blosse Uminterpretation der Verfassung nicht möglich sei, prägte sie juristisch die überparteiliche Arbeitsgemeinschaft der schweizerischen Frauenverbände für die politischen Rechte der Frau. Diese AG, 1959 präsidiert von Marie Boehlen, SP, und 1971 von der Gutsbesitzerstochter Marthe Gosteli, BGB, managte sowohl die erste wie auch die zweite und diesmal erfolgreiche nationale Abstimmung in der Frauenstimmrechtsfrage.

*«Eine Stelle erhielt ich nicht einmal als Tellerwäscherin.
Ich hätte verhungern können»*

Meine Mutter hatte einen Trinker zum Mann und drei Kinder, wobei der Knabe schon im Kindesalter starb. Als sie es nicht mehr aushielt, zog sie mit ihren beiden Mädchen zu ihrer Schwester nach Riggisberg, dort nähte sie fürs Zeughaus in Bern. Die fertigen Kleider brachte sie in einem Kinderwagen nach einem Fussmarsch von fünf Stunden in die Stadt, gleich beschwerlich kehrte sie mit den Nähunterlagen wieder nach Riggisberg zurück. Da lernte sie meinen Vater kennen, der in Riggisberg einen Minilandwirtschaftsbetrieb und ein Eisenwarenlädeli hatte. Eigentlich war er gelernter Nagelschmied, aber der Beruf war schon damals nicht mehr gefragt, da die Nägel in der Fabrik gemacht wurden. Ich wurde 1911 in Riggisberg als Nachzüglerin geboren. Nebst den beiden Stiefschwestern hatte ich zwei Brüder und eine Schwester, die alle sehr viel älter waren.

Ich nahm schon als Kind sehr dezidiert Ungleichheiten zwischen Buben und Mädchen wahr. Zum Beispiel sah ich, dass die Buben am Högerli in Riggisberg mit Fassdauben Ski fuhren. Ich fragte meine Mutter, ob ich das auch dürfe. «Nein, meinte sie, du hast keine Hosen!»

Wir lebten natürlich äusserst einfach. Ich trug noch Holzböden, meine Stiefschwester strickte mir Strümpfe. Schläge erhielt ich nie, hart aber waren für mich der Tod meines ältesten Bruders und vor allem der Verlust des Vaters. Ersterer verunfallte als Vierzehnjähriger, als er dem Nachbarn bei der Ernte half. Man hatte ihm alkoholisierten Most zu trinken gegeben. Hierauf fiel er von der Mahlmaschine in das Loch, wohin man das Korn schüttete. Ich war damals etwa vierjährig und schaute vom Wohnzimmerfenster aus zu. Als ich einen Schrei hörte und hinsah, war mein Bruder verschwunden. Für meine Eltern war es Schicksal, nie hätten sie beim Nachbarn reklamiert oder ihn eingeklagt. Wie das halt so war, früher.

Mein Vater, an dem ich sehr hing, hatte Speiseröhrenkrebs. Zwei Jahre lang musste er immer alles erbrechen. Es gab mir immer einen Stich ins Herz, wenn er wieder austreten musste. Sein Tod war schrecklich für mich, einfach schrecklich, und beschäftigte mich, die Elfjährige, ungemein, weil ich sehr mit meinem Vater verbunden war. Er hatte immer

Die zwölfjährige Marie Boehlen 1923 mit ihrer Mutter auf der Laube ihres Elternhauses in Riggisberg.   Gosteli AGoF, Personen, Bestand Nr. 566 Marie Boehlen

Angst, ich würde die Sekundarschule nicht prästieren. Immer tat mir etwas weh. In meiner Umgebung war man deshalb der Ansicht: «Us de Marile wird nie öppis!» Vaters Tod, so schmerzlich er für mich war, tat mir den Weg für die Sekundarschule auf. Um alles in der Welt wollte ich lernen und lesen. Als ich meiner Mutter danach sagte, ich wolle ins Seminar, war die Familie erlöst. Dass es doch noch etwas aus der Marile geben könnte, hat sie erleichtert. Ich besuchte das Lehrerinnenseminar in der Neuen Mädchenschule. Diese Schule sei für Mädchen vom Land, beschied mir die Mutter, nur die Städterinnen gingen ins Monbijou. S Mueti konnte mir diese Ausbildung bezahlen, da ich bei einer Tante in Bern wohnte und das Kostgeld nicht sehr hoch war. Im zweiten Seminarjahr, als die berufsbildenden Fächer dazukamen, merkte ich, dass der Lehrerinnenberuf nichts für mich war. Die ganzen fünf Sommerferienwochen überlegte ich, ob ich dies meinem Mueti sagen könne, ihr gestehen, dass ich unbedingt ins Gymi wollte. Erst machte ich aber das Seminar fertig. Als ich dann von der Matur redete, liess sich meine Mutter schliesslich erweichen. Mein Bruder, nun das Familienoberhaupt, aber war dagegen.

Meine Mutter verteidigte mich, ich heulte, aber es nützte nichts. Da ging ich zu einem Lehrer in Bern und fragte ihn, was ich tun solle. Er meinte: «Haltet erst einmal zwei, drei Jahre Schule. Dann geht's dann vielleicht.» Ich hatte einen schweren Stein auf der Brust, als ich mich an diesem Spätsommerabend von Thurnen nach Riggisberg hinaufschleppte. Ich wollte mit meiner Mutter reden. Sie lag mit einer unauskurierten, langwierigen Erkältung im Bett und meinte, sie sei zu müde, um mir zuzuhören. Ich solle ihr am nächsten Tag berichten. Am anderen Morgen war sie tot. Herzversagen nach einer Lungenspitzenentzündung. Eineinhalb Monate später wurde ich zwanzig Jahre alt.

Mein Bruder Ruedi hatte es schwer mit mir. Er fand, ich wolle bloss nicht werken, lesen sei doch nicht arbeiten. Ich erinnere mich an eine Szene. Er kam von der Feldarbeit in die Stube, wo ich einen Sonnenuntergang bewunderte. Dazu las ich ein Gedicht von Goethe. Ich war nämlich furchtbar sentimental. Während ich also am Fenster schwelgte, kam mein Bruder herein und sagte: «Mach lieber etwas, als solchen Quatsch zu lesen.» Heute begreife ich ihn, er musste zusehen, wie ich das Geld für Unsicheres rausschmiss. Er wollte eine handfeste, sichere Arbeit für mich. Als ich ihm nach dem Tod meiner Mutter erklärte, ich wolle nun in Bern studieren, brummte er und war sehr unzufrieden. Ich hätte doch, argumentierte er, einen guten Beruf. Ich solle mich in Riggisberg melden, eine Stelle für die erste und zweite Klasse sei frei. Mein Bruder konnte schliesslich nichts tun. Ich verlangte meinen kleinen Erbteil und nahm mit meiner Schwester Bert zusammen eine Wohnung in Bern. Sie, eine Schneiderin, arbeitete nun in der Stadt, wurde auch hier nicht reich, aber es reichte gerade.

Nach der Matura im Frühjahr 1933 verliebte und verlobte ich mich. Wie ich allerdings erst später durchschaute, war mein Verlobter keine seriöse Partie. Er gab vor, in Bern ein Reisebüro gründen zu wollen – in der Krise der 30er Jahre! – «trolete» aber nur herum. Das Geld, das ich ihm lieh, sah ich nie wieder. Das war ein echter «Lehrplätz» für mich, ich reifte daran – und hatte bis vierzig meine Schulden abzuzahlen. Um dieser Verliebtheit auszuweichen, ging ich nach London. Ich reiste viel herum. Als ich nach Bern zurückkam, hatte mein Verlobter noch immer kein Reisebüro eröffnet, lebte dafür von meinem Geld.

So kehrte ich nach Riggisberg zurück und suchte in der «Neuen Zürcher Zeitung» nach einer Stelle. Schon bald fand ich ein kleines Inserat: «Femme d'officier français cherche jeune fille pour apprendre allemand à son fils de huit ans.» Die Stelle war in Algier! Ich schrieb, und postwendend kam die Antwort, man sei einverstanden. Mein Bruder war skeptisch und meinte, mir könne man ja angeben, was man wolle. Ob ich eigentlich wisse, dass es Frauenhändler gebe. Den Brief der Madame erhielt ich an einem Montag, bereits am folgenden Samstag reiste ich nach Algier.

Es war eine schöne Zeit bei Suzanne Noguès-Delcassé und ihren Kindern, die im Winter in Algier, im Sommer in Paris und in den Pyrenäen lebten. Ich hatte ein grosses Zimmer, Familienanschluss, durfte auch mit den Gästen essen und redete mit Frau Noguès übers Studium. Sie war sehr gescheit, klüger als ihr Mann. Offizier Charles Noguès war der oberste französische Militärchef in Algier und ein typischer Militärkopf. Eigentlich hatte ich mich für ein Jahr verpflichtet, aber dann erkrankte ich an Malaria und hatte hohes Fieber. So musste ich leider im Juli 1934 zurückfahren. Brieflich blieb ich in Kontakt mit Madame Noguès. Das weitere Schicksal erfuhr ich allerdings aus der Zeitung. [Noguès wurde ins Protektorat Marokko versetzt, wo er sich dem gegen das Vichy-Regime gerichteten Widerstand widersetzte. Nach der Landung der Alliierten musste er mit seiner Familie im letzten Augenblick nach Portugal fliehen. Nach dem Krieg wurde er in Frankreich wegen Kollaboration zum Tode verurteilt, schliesslich aber begnadigt.]

Im Sommer 1934 also war ich wieder in Bern und kurierte mich bei meiner Tante aus. Eine Stelle erhielt ich nicht einmal als Tellerwäscherin. Man sagte mir, man müsse einen Mann nehmen. Ich hätte verhungern können. Schliesslich übernahm ich sechs Wochen lang die Aufgabe, in einem Ferienheim in Sarnen die Kinder zu unterhalten. Dann kam ich bei meinem Bruder unter. Da ich mich nun im Herbst für Stellvertretungen im Schuldienst meldete, brummelte er nicht mehr.

Nun wollte ich ernsthaft als Werkstudentin in Bern das Rechtsstudium aufnehmen. Ich hatte das Glück, dass mir mein Französischlehrer, ein Junggeselle, 5000 Franken als Darlehen gab. Dafür musste ich eine Lebensversicherung zu seinen Gunsten abschliessen, damit er, falls ich vor der

Das Berner Aktionskomitee für das Frauenstimmrecht überreicht am 7. Juli 1953 dem Regierungsratspräsidenten Georges Moeckli sein Initiativbegehren. 35 000 Männerunterschriften liegen auf dem Tisch. Treibende Kraft war Marie Boehlen (rechts mit weissem Hut). Gosteli AGoF Nachlass Agnes Debrit-Vogel, Nr. 530.51-56

Rückzahlung stürbe, das Geld wiederbekommen hätte. Janu, aber es war doch erstaunlich, dass er mir, einer Frau und Kleinbauerntochter, überhaupt Geld gegeben hat. Das eigene Ersparte reichte mir für zwei Jahre, für den theoretischen Teil des Studiums. Bruder Ruedi war flott. Ich durfte während der Semesterferien immer zu ihm und seiner Familie in die Ferien. Jahre nachher sagte er mir einmal, das Ganze habe sich ja doch noch gelohnt.

Ob ich an der Universität Bern diskriminiert wurde? Ich erinnere mich einzig an eine Bemerkung von Professor Ernst Blumenstein. Als meine Mitstudentin, Lydia Pfister, und ich im Gang der Universität über das Frauenstimmrecht diskutierten, meinte er im Vorbeigehen: «Ja, ja, ihr da, met em Frouestemmrächt. De werd de öppe no eini Bondesrätin.» Er betrachtete das offensichtlich als Schreckensvision. Nein, wir wurden an der Universität Bern als Frauen nicht diskriminiert. Aber es gab ein soziales Gefälle! Wer einen berühmten Vater hatte, wurde von den Professoren angesprochen, die andern nicht. Die Professoren waren unnahbare Götter. Und – in jeder Beziehung – völlig unkritisch. Nie wurde etwas hinterfragt.

Nie hätte ich ein Wort über die Diskriminierung der Frau in der Gesetzgebung gehört. Als ich das Eherecht las, dachte ich, in seiner solchen Ehe möchte ich nicht dabei sein.

Beim Völkerrechtler Professor Walter Burckhardt, dem besten Jusprofessor in Bern, hätte ich Assistentin werden können. Assistentinnen aber verdienten damals ein Trinkgeld, und ich hatte ja noch Schulden abzuzahlen. Auch eine Praxis konnte ich aus Geldmangel nicht eröffnen und wegen des Krieges konnte ich nicht ins Ausland.

Nach der Patentierung zur Fürsprecherin und einigen kürzeren, schlecht entlöhnten Stellvertretungen wurde ich 1943 als zweiter Sekretär des Regierungs-Statthalteramtes Bern angestellt. Ich hatte Glück, es gab keinen männlichen Gegenkandidaten. Diese interimistische Stelle konnte mich auf die Dauer aber nicht befriedigen. Ich war unterfordert. Ich litt.

Da hörte ich von Austauschstipendien für die USA. Ich bewarb mich, erhielt eines und konnte mich ein Jahr beurlauben lassen. Eine Freundin in Bern gab mir ein Darlehen von 1500 Franken, Markus Feldmann [späterer BGB-Regierungs- und Bundesrat] konnte mir aus einem Legatskässeli, das er verwaltete, 500 Franken zuschiessen. Ich erinnere mich an die Überfahrt im September 1947 auf einem ehemaligen Truppentransporter. Alles war primitiv, und ich war wahnsinnig seekrank. Nach zwei Tagen kam ein Arzt, gab mir Tabletten, und ich schlief vierzehn Stunden wie eine Tote. Am letzten Tag führte man mich aufs Deck. Auf dem Schiffsliegestuhl sah ich den grossartigsten Sonnenuntergang meines ganzen Lebens. An der Syracuse University im Staate New York wurde hart gearbeitet, und ich lebte mit elf anderen Frauen im Frauenhaus. Die Türen standen hier immer offen. Die Professoren waren ganz anders als in Bern. Sie waren nicht erhaben und dem bestehenden Recht gegenüber auch kritisch eingestellt. In Amerika hat man über die Diskriminierungen gesprochen.

Nach Hause zurückgekehrt, wollte ich eine Dissertation machen. Mein Professor in Syracuse hatte gemeint, ich sollte bei einem Genfer Neutralitätsspezialisten etwas über die Schweizer Neutralität schreiben, das würde interessieren. Nachdem ich mit diesem Ansuchen an den Genfer Professor gelangt war, schrieb mir dieser einen stotzigen Brief zurück. Was wir, die Amerikaner und ich, uns eigentlich einbildeten, er sei nicht dazu da, Dissertationen anzunehmen, die er nicht erteilt habe. Also ging ich zu Professor Ernst Blumenstein mit der Idee, etwas über die englische Sozialversicherung zu schreiben. Aber er meinte: «Machen Sie etwas über die Aufnahme von dauernd Unterstützten, das kennen Sie schon vom Büro her.» Also hatte ich dieses Thema zu wählen. Diese Doktorarbeit gab mir nicht viel zu tun, und sie war nicht viel wert. Immerhin wurde das Gesetz [über das Armen- und Niederlassungswesen von 1897] später tatsächlich ganz neu verfasst. Und ich kam noch in die vorberatende Kommission. Das war ein Wunder.

Ich meldete mich [1946] auf eine Stelle als Sozialattaché einer grossen Botschaft. Das wäre meine Traumstelle gewesen! Mit meiner Ausbildung sowie den verschiedenen Auslandsaufenthalten, so meine ich noch heute, wäre ich gut vorbereitet gewesen. Das politische Departement habe mit Interesse von meiner Bewerbung Kenntnis genommen, antwortete man mir. Aber sie müssten mir leider mitteilen, dass das politische Departement Frauen nur als Stenotypistinnen anstelle, und sie gäben mir gerne Gelegenheit, ein entsprechendes Examen zu machen. Ich war empört. Dabei stimmten die Angaben nicht einmal. Wie ich erfuhr, wurde 1946 eine Frau in den diplomatischen Dienst aufgenommen. [Denise Bindschedler-Robert war von 1946 bis 1950 Beamtin in der politischen Direktion des eidgenössischen Departements für auswärtige Angelegenheiten.] Sie hatte einen bekannten Vater. Meinen Vater jedoch, den Bauern von Riggisberg, kannte niemand. Wir waren nichts, ich war eine Person, die man nicht wählen konnte. Ich darbte beruflich weiter und kümmerte mich um das Frauenstimmrecht.

Nach acht langen Jahren des Wartens wurde ich endlich im Dezember 1956, mit Amtsantritt auf 1. April 1957, als Jugendanwältin gewählt. Nach der Ausschreibung waren insgesamt nur sechs Anmeldungen eingegangen, davon vier von Nichtjuristen. BGB-Regierungsrat Max Gafner war mir und den Frauen wohlgesinnt und stellte mich vor. Dass ich trotz männlicher Konkurrenz gewählt wurde, verdanke ich zudem den drei SP-Regierungsräten [Samuel Brawand, Dr. Fritz Giovanoli und Henri Huber] – und Hugo Dürrenmatt. Viel später erzählte mir nämlich der alt BGB-Regierungsrat und Dichteronkel Dürrenmatt, er habe 1930, bei der Umschreibung der Stelle eines Jugendanwaltes, an eine Frau gedacht und die aktiven

politischen Rechte nicht, wie üblich bei Kaderstellen, vorgeschrieben. Gesagt habe er nichts und gemerkt habe es auch niemand ... Damit war ich die erste vollamtliche Jugendanwältin in der Schweiz.

Wenn ich damals, als ich beruflich auf unbefriedigter Stelle sass, nicht hätte politisch arbeiten können, wäre ich ganz depressiv geworden. 1941 bis 1943 präsidierte ich den bernischen Frauenstimmrechtsverein, ab 1942 das überparteiliche bernische Aktionskomitee für die Mitarbeit der Frau in der Gemeinde, das ich gründen geholfen habe.

Als 1952 das Vorgehen in der Stimmrechtsfrage am schweizerischen Kongress des Verbands für Frauenstimmrecht heftig diskutiert wurde, hatte ich mit Iris von Roten einen unangenehmen Zusammenstoss, da sie vorschlug, durch eine neue Interpretation der Verfassung das Frauenstimmrecht auf dem Rechtswege zu erstreiten. Das Bundesgericht solle einfach entscheiden, dass die Frauen im Ausdruck «alle Schweizer» mitgemeint seien. Auf weitere Initiativen und Abstimmungen zugunsten des Frauenstimmrechts wollte von Roten verzichten. Ich hingegen wandte mich dezidiert gegen den Interpretationsweg. Ich sehe mich noch dastehen und eine überaus wütende Iris von Roten auf mich zukommen. Sie zitterte vor Empörung und durchbohrte mich mit den Augen. Sie schaute mich schauderhaft an. Ehrlich – ich dachte, jetzt würde ich durchgehauen! Mir aber war einfach klar, dass die Frauen nie eine Änderung der Verfassungsauslegung erreichen konnten. Wenn hundert Jahre lang – seit 1848 – der entsprechende Artikel ausdrücklich einseitig zugunsten der Männer ausgelegt worden war, war es rechtlich einfach undenkbar, dass das Bundesgericht ihn anders hätte interpretieren können. Es ging einfach nicht.

Im bernischen Aktionskomitee stellten wir immer die aktive, partnerschaftliche Mitarbeit in den Vordergrund und vermieden das Wort Stimmrecht peinlichst. Als wir Unterschriften für die Initiative von 1953 sammel-

Marie Boehlen, im 9. Schuljahr 1927, auf dem Velo in Riggisberg. Gosteli AGoF, Personen, Bestand Nr. 566 Marie Boehlen
Marie Boehlen 1933/34 in London: Fototermin mit der Swiss Legation. Gosteli AGoF, Personen, Bestand Nr. 566 Marie Boehlen
Marie Boehlen, die erste vollamtliche Jugendanwältin in der Schweiz, fotografiert im März 1957 von Walter Studer. © Peter Studer, Bern

ten, gingen wir sehr vorsichtig vor und verlangten nur das fakultative Frauenstimmrecht in den Gemeinden. Absichtlich haben wir alles Provozierende, Herausfordernde vermieden. Wir waren erfolgreich, erhielten 35 000 Männerunterschriften, dreimal mehr als für eine Initiative benötigt. Trotzdem wurde 1956 das Frauenstimmrecht im Kanton Bern verworfen. Auch die eidgenössische Abstimmung von 1959 ging bachab. Erst im Februar 1968 kam für Bern der grosse Tag und wirkte in der Schweiz als Eisbrecher. Am 7. Februar 1971 – im Jahr meiner Pensionierung – kam endlich der gesamtschweizerische Entscheid zugunsten des Frauenstimmrechts zustande. Ich hatte zwar anfänglich der Sache nicht ganz getraut, weil noch keine Hälfte der Schweizer Kantone das weibliche Stimmrecht eingeführt hatte, und wollte die Schweizer Abstimmung verschieben. Aber es kam ja dann gut heraus. Die spätere Frauenfreiheitsbewegung hat uns wegen der sanften Art angeschossen. Ich bin überzeugt, wir Frauen hätten das Stimmrecht auch 1971 noch nicht erhalten, wenn wir herausfordernd gewesen wären. Das durften wir einfach nicht sein, wenn wir politisch etwas erreichen wollten.

Ob ich mit Genugtuung auf mein Leben zurückblicke? Ich konnte mich lange nicht voll entwickeln, habe viele Niederlagen eingesteckt. Früher war ich vielen Leuten ein Ärgernis, weil ich für das Frauenstimmrecht kämpfte. Das alles war für mich sehr bitter und hat Spuren hinterlassen. Ich leide unter körperlichen Schmerzen, die man endlich als versteckte Depression diagnostizieren konnte. Dagegen kann ich nun immerhin ankämpfen. Und ich denke, dass ich letztlich doch Gutes angeregt und Erfolge miterkämpft habe.

Bild S. 122: Die 85-jährige Marie Boehlen im Februar 1996 zu Hause an der Scharnachtalstrasse 9 in Bern, fotografiert von Franziska Rogger. © *Franziska Rogger.*

Leiden in den Kriegsjahren

Elisabeth Schmid-Frey
Juristin, Pfadfinderin, Militärsanitäterin, Mutter, Frauenrechtlerin, Politikerin FDP

Elisabeth Frey, 5.8.1917–15.12.2012, von Aarau, Tochter von Martha Frey-Weber und dem Juristen Hermann Frey, wuchs in Solothurn auf. Sie war die Schwester der Theologin Katharina Frey, die nur dank weitherzigster Gesetzesauslegung erste Vikarin im bernischen Kirchendienst werden durfte (vgl. die Theologinnen Dora Zulliger-Nydegger und Hanni Lindt-Loosli). Dass sie ihren Neffen, Elisabeth Freys Sohn, taufte, war eigentlich illegal. Elisabeth Frey studierte ab 1937 Recht an der Universität Bern und erlebte dort sexuelle Belästigung. Während des Zweiten Weltkriegs leistete sie als Pfadfinderin und Militärsanitäterin rund hundert Tage Aktivdienst. Sie war bereits bei der ersten Generalmobilmachung 1939 aufgeboten worden. Nach der Promotion arbeitete Dr. jur. Frey kurze Zeit bei der Lohn- und Verdienstersatzordnung des Kantons Bern, der späteren Ausgleichskasse. 1950 heiratete sie den Architekten Marc Schmid. Als Frau und Mutter dreier Kinder wurde die promovierte Juristin beruflich ausgebremst. So arbeitete sie unter anderem als Personaltrainerin bei Globus, als Adjunktin in der Personalabteilung des Schweizer Verbands Volksdienst, der heutigen SV-Group, und als Expertin in der Berufsschule fürs Verkaufspersonal. Dr. Elisabeth Schmid-Frey war Frauenrechtlerin. Sie engagierte sich als Präsidentin der kantonalbernischen Vereinigung für die Mitarbeit der Frau in der Gemeinde (1953–1965) und des Berner Frauenbunds (1965–1977) bei den Berner Abstimmungen für das Frauenstimm- und -wahlrecht in den Jahren 1956 und 1968. Dr. Schmid-Frey wurde 1971 für die Freisinnig-Demokratische Partei FDP als eine der zehn ersten Frauen in Berns Grossen Stadtrat gewählt. Sie engagierte sich für die Gleichstellung, insbesondere auch der Juristinnen im Berufsleben, und stand für die Beibehaltung des Bürgerrechts der Ehefrau ein. Dazu hatte sie 1942 ihre Dissertation verfasst.

«Als ich 1939 den Briefkasten leerte, fand ich darin den Marschbefehl»

Als ich Kind war, hielt die lustige [Lehrerin «Lule» Louise] Grütter, ein Original, in Solothurn einen Vortrag, und zwar für den Verein für Frauenbestrebungen, den meine Mutter präsidierte. Dabei meinte sie zu meinem Vater: «Ich nehme an, ihr tut euer Meitschi in den Semer oder in den Gymer.» In den Gymer, meinte der, und ich wagte nicht, zu fragen, was das sei, ein Gymer …

Ich besuchte also den Gymer, im Frühling 1937 immatrikulierte ich mich an der juristischen Fakultät Bern. Wer der «berühmte Rechtsprofessor» war, der sich gemäss Margrit Schwarz-Gagg aus prinzipiellen Gründen geweigert hatte, Frauen zu prüfen, weiss ich nicht. Von den Professoren redete uns Hans Fehr grundsätzlich mit «Meine Herren» an. Das war eklig. Einmal liess er einen pronationalsozialistischen Spruch fallen. Ich zog unwillkürlich meine Füsse zurück, was ein schleifendes Geräusch erzeugte. Rundum scharrte man. Fehr verlangte «von den Herren» eine Erklärung. Ich fühlte mich nicht angesprochen. Professor Theodor Guhls Vorlesungen waren lebendig und praxisbezogen. Die wohl gesetzten Anekdoten und bisweilen anzüglichen Pointen gaben das Wesen einer Gesetzesbestimmung deutlicher zum Ausdruck als alle Theorie. Aber Guhl war auch schelmisch, ein Provokateur, und er belästigte sexuell. Ich war in der juristischen Bibliothek als Aufsicht eingesetzt. Dort wurde er mir gegenüber einmal sehr zudringlich, umklammerte mich von hinten. Ich musste mich wirklich energisch wehren und ihm mit dem Ellbogen einen festen Stoss versetzen. Eine Sekunde lang dachte ich, das könnte mich das Examen im folgenden Semester kosten. Ich war danach sehr beunruhigt und wütend. Ich hab es einem Kollegen erzählt. Am nächsten Tag setzten mir Kollegen einen jungen Studenten in die Bibliothek, den späteren Glarner Ständerat Peter Hefti, einen ganz traditionellen Mann. Und von diesem Tag an war immer ein Mitstudent zugegen. Zwei Tage später kam auch ein Kommilitone «zufällig» vorbei und begleitete mich in die Stadt. Drei Studenten wechselten sich so in ritterlichem Dienst ab. Guhl hielt sich still. Am Examen sagte er: «Wie Sie wissen, lass ich mir nicht gern eine Ohrfeige geben. Und wie ich weiss, sind Sie ziemlich empfindlich, wenn es um ‹Hausfriedensbruch› geht.» Die zuhörenden Kommilitonen und Kommilitoninnen stampften demonstrativ mit den Füssen. Auf dem Hausfriedensbruch baute Guhl dann die ganze Examensfragerei auf. [Sie erhielt von Guhl ein Gut für die schriftlichen Arbeiten und ein Befriedigend für die mündliche Prüfung.]

Professor Walter Burckhardt schätzten wir sehr. Von Herkunft und Habitus her wirkte er sehr konventionell, ja Ehrfurcht gebietend. Er war ein kompetenter Staatsrechtler. Man vertrat die Ansicht, Professor Burckhardt habe idealistisch an eine Erneuerung Deutschlands geglaubt. Als er die rechtsstaatlichen Grundsätze durch die deutschen Machthaber verraten wusste und sich getäuscht sah, sei er verzweifelt. Das Unrecht-Regime habe Burckhardt nicht ertragen, er nahm sich [am 16.10.1939] das Leben.

Wir waren ein gutes halbes Dutzend Frauen in meinem Semester, was der spätere Bundesrat Rudolf Gnägi mit der Bemerkung quittierte: «Die paar Frautscheni hed mer scho kennt.» Übrigens studierte zu meiner Zeit auch Iris Meyer, später von Roten. Wir wussten alle, dass sie den Annäherungen der Professoren geneigt war. Unter den Kommilitonen grassierte folgende sexistische Definition einer Studentin: «Die Studentin ist entweder ein sexloses Arbeitsbienchen oder ein arbeitsloses Sexbienchen.» Als ich einmal damit konfrontiert wurde, erwiderte ich cool: «So einen Quatsch kann auch nur ein Mann sagen.»

Ich war auch eine eifrige Pfadfinderin. Angesichts der drohenden Kriegsgefahr hatte der Bund schweizerischer Pfadfinderinnen bereits 1938 ein Zirkular versandt, in dem gefordert wurde, den Rucksack bereitzuhalten. Keine weiteren Nachrichten. Umso überraschender kam am 28. August 1939 die Teilmobilmachung der Grenztruppen. [Die Materialfassungs-Detachemente rückten sofort ein, ihnen folgten am Tag darauf 430 000 Mann Kampftruppen und 200 000 Hilfsdienstpflichtige.] Als ich nach Hause kam und den Briefkasten leerte, fand ich darin den unverzüglichen Marschbefehl. Ich wurde aufgeboten, mich noch am gleichen Abend in Luzern einzufinden. Das ging schlecht, ich wäre ja erst um Mitternacht angekommen. Zudem konnte ich nicht sofort auf den Bahnhof stürzen. Ich hetzte nach Bern. Hier hatte ich noch den Schlüssel für die Bibliothek, die ich betreute, meinem Stellvertreter zu übergeben. Später schnitt mich dieser Kommilitone und bei einer späteren unausweichlichen Begegnung meinte er: «Erinnern Sie mich

Elisabeth Frey (3. v.l.) fährt mit der «Chübi»/Kübel-Mannschaft aus, um das Essen für die Sanitäter in grossen Milchtansen zu verteilen. PA Elisabeth Schmid-Frey

nicht an diese Schmach!» – an die Schmach, im Gegensatz zu mir, der Frau, als Mann nicht einberufen worden zu sein. Anderntags stand ich morgens um fünf Uhr auf und fand mich um acht Uhr in Luzern ein. Die Generalmobilmachung vom 1. September erlebten wir jungen Frauen also bereits in der Pfadi-Uniform! Sie bestand aus blauer Bluse und blauem Jupe, Gürtel und Hut, Rotkreuz-Armbinde, Krawattenknopf und soliden Schuhen. In Luzern war die Militär-Sanitäts-Anstalt M.S.A. VII/5 mit Rotkreuz- und Truppenärzten stationiert. Rekrutiert wurden Schulhäuser wie das Maihof und Hotels wie das Montana. Hier sollten die kranken Soldaten gepflegt werden, hier wurde zentral für die Sanitäter gekocht. Die Frauen rüsteten Zwiebeln, Kartoffeln usw. Das Essen wurde dann in grosse Milchtansen eingefüllt und mit Lastwagen verteilt. In Luzern wurden auch die Briefe verteilt. Später übernahmen die Pfadfinderinnen den Telefondienst. Wer Luzern gut kannte, machte Meldedienst mit dem Velo. In den Hilfsdiensten waren die Männer eingeteilt, die kritisch zur Armee standen und mit Dienstverweigerung liebäugelten. Man fand, die hätten eher Respekt vor den arbeitenden Frauen als vor einem Hauptmann und Militärkopf.

Wir haben an die Schweiz geglaubt, daran, dass der Gotthard gesprengt würde und die Italiener im Süden, die Deutschen im Norden auflaufen würden. Ich hörte jeweils am Freitag, 18.40 Uhr, Radio, lauschte von Salis' objektiver Berichterstattung. Wir vertrauten dem Bundesrat, dem Parlament und der Armee und wussten nichts anderes. In Solothurn wusste man von Flüchtlingen, die über Frankreich gekommen waren. Es gab etliche Ehepaare, gebildete Leute, darunter ein Staatsanwalt aus dem deutschen Widerstand. Die haben hier nicht gut, aber sicher gelebt. Die Verbindungen liefen privat über Ständerat Robert Schöpfer, beteiligt war ein Kapuzinerpropst. Man sprach nicht davon. Das Plakat «Wer nicht schweigen kann, schadet der Heimat» war übermächtig. Ich erinnere mich an meine Erleichterung, als die Russen die Deutschen stoppten. Und sehr gut erinnere ich mich an den 8. Mai 1945, 20 Uhr, an die Friedenspredigt im Berner Münster. Ich finde es ungerecht, dass es später hiess, wir Frauen hätten keinen Dienst geleistet. Ich bin stolz auf das Dienstbüchlein und die Urkunde von General Guisan.

Wie ich Diskriminierung im Beruf erlebte? Ich war Praktikantin beim Amtsgerichtspräsidenten, der auch als Friedensrichter amtete. Da trat ein Biertisch-Laferi, ein Glünggi, auf und klagte, dass sich ihm seine Frau verweigere. Der Friedensrichter erklärte der Ehefrau, er sähe von einem Verweis ab, aber sie wisse nun, was ein nächstes Mal zu tun sei. «Ich verwahre mich gegen diese Bemerkung», fuhr ich dazwischen. Der Friedensrichter war perplex, der Gerichtsschreiber fiel fast vom Stuhl, und ich dachte, nun hätte ich mir jegliche Karriere verdorben. Aber ich sah nur die Ungerechtigkeit, die Frau verdiente nämlich als Briefträgerin den Lebensunterhalt der Familie, mehr Kinder konnte sie nicht mehr verkraften. Die Männer jedoch urteilten nach Gesetzesparagrafen.

Beim Obergericht erhielt ich eine Stelle durch Protektion. Hier herrschte ein Geist der ernsten Autorität. Als ich zum ersten Mal scheu ins Sitzungszimmer kam, begrüssten mich die Herren mit «Guten Tag, Frau Collega». Ich war stolz. Ich hatte das Protokoll zu führen und durfte Urteile begründen. Ich durfte aber nichts unterzeichnen, da ich als Frau nicht in bürgerlichen Ehren und Rechten lebte. Ich wäre gern Richterin geworden. Auch das war damals nicht möglich. Als man ein Jugendgericht in Solothurn einrichtete und eine Juristin suchte, gab es wenig Anmeldungen. Ich

Die Militär-Sanitäts-Anstalt M.S.A. VII/5 in Luzern: Elisabeth Frey sitzt in der Mitte der jungen Frauen. PA Elisabeth Schmid-Frey

hätte die Voraussetzungen erfüllt, aber nach kantonaler Prozessordnung war ich als Frau nicht wählbar.

Ich machte verschiedene Jobs. Schliesslich ging ich zum Schweizer Verband Volksdienst, zu einer von Elsa Züblin-Spiller gegründeten und geprägten Non-Profit-Organisation in der Gastronomie. Ich dachte, das sei meine Lebensstelle. Vor meiner Verheiratung erkundigte ich mich, wie es mit der Teilzeitarbeit sei. Kaderfrauen bekämen keine Teilzeitjobs, beschied man mir und riet mir, nach der Heirat [1947] zu kündigen. Ich sah keinen Grund dazu. So wurde ich vertragsgemäss gekündigt. Ich heulte. Die Basler Advokatin Dr. Ruth Speiser wollte juristisch gegen die Kündigung vorgehen. Ich unternahm nichts, die andern leitenden Frauen von Züblins Volksdienst nämlich meinten, man müsse ja nicht heiraten, wenn man noch berufstätig sein wolle. Dabei hatte genau das die Gründerin Elsa Züblin-Spiller vorgelebt.

Verheiratet sass ich nun in einer Dreizimmerwohnung, arbeitslos, noch kinderlos, und ich langweilte mich. Mein Mann hätte übrigens, wenn er

△ Elisabeth Frey und ihre Schwester Katharina (geb. 1923), die spätere Theologin und Berns erste Vikarin, im April 1940.   *PA Elisabeth Schmid-Frey*

⌐ Porträt von Dr. jur. Elisabeth Schmid-Frey.   *Gosteli AGoF Fotosammlung n k ESF*

≫ Elisabeth und Marc Schmid-Frey 1953 mit ihrer kleinen Tochter.   *PA Elisabeth Schmid-Frey*

△ «Kriegsmobilmachung 1939–1945. Die Armee hat ihre Aufgabe erfüllt. Durch ihre Wachsamkeit bewahrte sie unser Land vor den Leiden des Krieges. Soldat, getreu dem Fahneneide standest Du auf Deinem Posten. Du hast den Dank der Heimat verdient. General Guisan. An Pfadf. Frei Elisabeth Bern M.S.A. VII/5.»   *PA Elisabeth Schmid-Frey*

⌐ Elisabeth im zweiten Semester ihres Jusstudiums, Januar 1938, mit ihrer Kommilitonin Lili Erlanger vor dem tellurischen Observatorium, der sogenannten alten Sternwarte. Heute steht hier das Institut für exakte Wissenschaften.   *PA Elisabeth Schmid-Frey*

eine Bundesstelle bekommen hätte, unterschreiben müssen, dass seine Ehefrau nicht berufstätig sei. Das Gespenst des Doppelverdienertums. 1953 erhielt ich auf einen Schlag drei Angebote: als Rechtsberaterin in der Frauenzentrale Solothurn, als Lehrerin in der Berufsschule für Verkaufspersonal und als Präsidentin der überparteilichen Berner Vereinigung für die Mitarbeit der Frau in der Gemeinde. Zudem wurde ich schwanger. Die Vereinigung für die Gemeindemitarbeit legte besonderes Gewicht auf den staatsbürgerlichen Unterricht der Frauen. Sie wollte ihnen deutlich vor Augen führen, was Politik in der Gemeinde bedeutete, wie sehr sie als Frauen von politischen Entscheiden betroffen waren und wie hautnah sie das Familienleben berührten. Zum Beispiel beim Kindergarten, beim Fussballplatz in der Gemeinde. Wir organisierten lebensnahe Vorträge, auch auf dem Land. Zum Beispiel stellte man in Konolfingen und Grosshöchstetten sowie in Biel die Wasser- und Abwasserversorgung vor, schilderte die politischen Entscheide, die den Wasserhaushalt von der Quelle zur Fassung und bis in den Haushalt begleiteten. Frauen sollten also, das war die eigentliche Botschaft unserer Vereinigung, das Stimm- und Wahlrecht verlangen und bekommen. Hoffnungsfroh hatte der Schluss meiner Dissertation 1942 gelautet: «Auch für uns Schweizerinnen wird jedoch die Zeit der völligen rechtlichen Gleichstellung kommen …»

1956 kam dann der Abstimmungskampf für das Ermächtigungsgesetz, das kantonalbernische Gesetz, das den Gemeinden das Recht einräumte, das Frauenstimmrecht auf Gemeindeebene einzuführen. Ich hielt einen Vortrag dazu. Daraufhin zitierte mich die langjährige Präsidentin des Berner Frauenbunds, Rosa Neuenschwander, zu sich aufs Büro. Sie drückte mir fünfzig Franken in die Hand und bemerkte, dass Männer für ihre Arbeit auch bezahlt würden und es nur gerecht und konsequent sei, wenn die Vereinigung gleich handle. So viel zu: gleicher Lohn, gleiche Arbeit.

Von Lobbying hatten wir Frauen damals keine Ahnung. Als man vernahm, dass die Frauenstimmrechtsvorlage in den Grossen Rat komme, fassten die Stimmrechtsbefürworterinnen eine Resolution und gingen nach Hause. Am Abend vor der Sitzung rief das Büro des Grossen Rates an und fragte, wo nun diese Resolution sei, die angeblich fast einstimmig angenommen worden sei. Sie müsse bis spätestens abends um acht Uhr im

Grossratsbüro sein, damit sie am andern Morgen den Fraktionschefs auf den Pulten liege. [Die Eintretensdebatte begann am 10. Mai 1955.] Die Frauen sputeten sich, und die Gegnerinnen wunderten sich über das raffinierte, routinierte Vorgehen der Befürworterinnen im letzten Moment, das ihnen keine Zeit mehr für eine Gegendarstellung liess ...

Obwohl ich mich über die politische Arbeit besser informierte als mancher Mann, fragte man 1971 nach Annahme des Frauenstimm- und -wahlrechts meinen Gatten, ob man mich für einen Ratssitz anfragen dürfe. Man durfte. Ich wurde 1971 für die FDP in Berns Stadtrat gewählt. Als Frauenpolitikerin wollte ich das Bild korrigieren, das besagte, dass unverheiratete Frauen frustriert seien, weil sie keinen Mann abgekriegt hätten und nur deshalb als Suffragetten wüteten. Mir war es wichtig, Frauenrechte und Familienpflichten zu leben und für die Selbständigkeit aller Frauen zu kämpfen. Ich war für eine Verquickung von Emanzipation und Familie.

△ *Berner Stimmrechtlerinnen in den 1950er Jahren, v.l.n.r.: Die Pressefrau Gerda Stocker-Meyer, die Frauen-Sekretärin Anita Kenel, die Juristinnen Dr. Elisabeth Schmid-Frey und Dr. Marie Boehlen sowie die Lehrerin Adrienne Gonzenbach-Schümperli hatten sich immer wieder dem Kampf für das Frauenstimmrecht zu stellen.* Gosteli AGoF Fotosammlung (Foto von L. Mützenberg Bern)

Bild S. 134: Porträt von Dr. jur. Elisabeth Schmid-Frey, mit dem sie 1971 erfolgreich als FDP-Stadträtin kandidierte. PA Elisabeth Schmid-Frey

Nelly Ryffel-Dürrenmatt
Germanistin, Mutter, Lehrerin, Referentin

Nelly Dürrenmatt, 23.7.1913–25.5.2007, von Guggisberg BE, war die Enkelin von Ulrich Dürrenmatt, dem Redaktor der konservativen «Berner Volkszeitung» aus Herzogenbuchsee. Sie war die Tochter von Rosa Dürrenmatt-Christen und Oskar Dürrenmatt und die Cousine des grossen Dichters Friedrich Dürrenmatt. Die Germanistin Nelly Dürrenmatt doktorierte 1941 mit summa cum laude über das Nibelungenlied. Sie war mit Professor Hans Ryffel verheiratet, der an der Verwaltungshochschule Speyer Rechts- und Sozialphilosophie lehrte. Neben ihren Familienpflichten als zweifache Mutter übernahm sie Stellvertretungen am Lehrerseminar und hielt Vorträge, zum Beispiel über Johann Wolfgang von Goethe, Max Frisch und Friedrich Dürrenmatt.

«Die deutsche Kultur hat mir wahnsinnig Eindruck gemacht, bin ich doch mit Goethe und Schiller aufgewachsen»

Mein Grossvater, Ueli Dürrenmatt, war Redaktor der Buchsi-Zeitung, ein sehr bedeutender Politiker. Er hat auch gedichtet, vor allem politische Verse. Nach seinem Tode musste mein Vater, Oskar Dürrenmatt, das Geschäft übernehmen. Als eher stiller, zurückgezogener Mensch hätte er eigentlich Pfarrer studieren wollen, doch als Ältester musste er in die Fussstapfen des Vaters treten. Sein Bruder Reinhold wurde dann Pfarrer. Umgekehrt wäre es besser gewesen. Onkel Reinhold, Vater des berühmten Friedrich Dürrenmatt, wäre geeigneter gewesen, das Geschäft zu übernehmen, er hatte auch eine gewisse Durchsetzungskraft, obschon er nicht Grossvaters Esprit besass.

Mein Vater starb sehr früh, ich war da erst siebeneinhalb Jahre alt. Einer seiner Freunde hat uns finanziell geholfen und meine Mutter, die Lehrerin, hat Stellvertretungen gemacht. Sie war ganz begeistert von mir, die ich in der Schule gut war, und hat mich zum Studium eigentlich fast gedrängt. In Herzogenbuchsee hatte die Dichterin Maria Waser gelebt, und meine Mutter sah sie als ein Vorbild für mich. Ich selbst habe Waser nicht mehr erlebt, aber ihre Bücher gelesen, doch sie war mir immer zu manieriert.

Für mich war die Gymnasialzeit in Burgdorf eine ziemlich schwierige Zeit, vor allem problematisch in gesellschaftlicher Hinsicht. Zwei Mädchen waren noch da, die eine war eine von Erlach aus aristokratischen Verhältnissen und die andere eine Arzttochter. Ich aber war so mittelbürgerlich, wenn auch nicht grad kleinbürgerlich. So bin ich zum Beispiel nicht in den Tanzkurs gegangen, obwohl ich gerne getanzt hätte. Ich dachte, da müsse man Ballkleider haben, und das hätte ich mir nicht leisten können.

Obschon mich die alte deutsche Literatur faszinierte, behandelte ich in meiner Seminararbeit Thomas Mann und John Galsworthy beziehungsweise die Problematik zwischen Bürgertum und Künstlertum. Professor Fritz Strich hat diese Arbeit akzeptiert, aber als ich sie im Seminar vorlesen sollte, sagte er: «Ach, ich hab sie verlegt.» Dabei hatte ich nur dieses handschriftliche Exemplar. Ich hatte die Einstellung, so ein Professor könne sich halt nicht um die Arbeit einer jeden Studentin kümmern, und nahm ihm das nicht übel. Mein Mann fand das allerdings eine Gemeinheit. Das nahm ich mir dann zu Herzen, und weil mir Helmut de Boor menschlich näherstand, schrieb ich bei ihm eine Dissertation über das Nibelungenlied. Ich hatte ein anderes Bild vom Mittelalter als das übliche, das alles so christlich darstellt, und ich habe in meiner Dissertation das Germanische hervorgehoben, das ja dann von den Deutschen hochgespielt wurde.

Ob die Frauen an der Berner Universität diskriminiert wurden? Nein, das glaube ich nicht. De Boor hat sich für diejenigen von uns eingesetzt, die in persönlichem Kontakt mit ihm standen. Er hätte mir auch eine Stelle in Deutschland verschafft. Wir hatten freilich das Gefühl, dass er sehr nazifreundlich war, aber man hatte nicht den Eindruck, dass er in dieser Richtung auf uns Einfluss nehmen wollte. Ich war verschiedentlich bei de Boors zu Hause. Da haben wir nur über Wissenschaftliches geredet. Frau de Boor war schon ein wenig problematischer. Sie war Jüdin, deutschfreundlich und hatte eine unangenehme Art. Die beiden Töchter haben immer die

Die Dürrenmatts: (v.l.n.r.) Anna Maria Dürrenmatt-Breit (Nellys Grossmutter), Hugo Dürrenmatt (Freund von Frauenrechten, späterer Regierungsrat), Mathilde Dürrenmatt, Reinhold Dürrenmatt (Friedrich Dürrenmatts Vater), Ulrich Dürrenmatt (gefürchteter Redaktor der Buchsi-Zeitung) und Oskar Dürrenmatt (Nellys Vater).   Kopie der Originalfoto, Schweizerisches Literaturarchiv SLA

Nazifahnen gehisst. Da sagten wir: «Ja nun, das sind halt Deutsche.» Als de Boor 1945 ausgewiesen wurde, habe ich die Bittschrift auch unterzeichnet, die ihn in Bern halten wollte [vgl. Elli Kayas-Balsiger]. Wir nahmen nicht an, dass er die Schweiz hatte schädigen wollen. Damals hat de Boor mir gesagt, wir Schweizer machten es ja genau gleich wie die Deutschen mit den Juden. Das hat mich wahnsinnig verstimmt, ich fand das eine Frechheit. Wir haben uns später noch geschrieben, aber nicht sehr lang.

Auch Strich, der ja Jude war, hat sich gegen die Ausweisung de Boors ausgesprochen, und das schätzte ich an ihm. Es machte ihm allerdings schwer zu schaffen, als er vernehmen musste, dass de Boor NS-Parteimitglied geworden war. Zwischen den beiden herrschte eine gewisse Distanz, weil sie einfach einen ganz anderen Lebenswandel hatten. Strich war ein gesellschaftlicher Mensch, hatte eine Freundin und spannte mit Professor

⌃ *Die junge Nelly Dürrenmatt um 1930.*   PA Dr. Meinrad Ryffel
⌐ *«Etwas milder, jedoch auch geziert», schrieb Nelly Dürrenmatt auf die Rückseite dieses Bildes.*   PA Dr. Meinrad Ryffel
⌃ *Nelly Dürrenmatt als Studentin der Germanistik.*   PA Dr. Meinrad Ryffel

Samuel Singer zusammen, den man den Lauben-Gorilla nannte und der hässlich wie die Sünde war. Am deutschen Seminar gab es viele deutsche Juden. Die haben einen ein wenig dekadenten und moralisch unerfreulichen Geist hineingebracht, mich hat das alles etwas abgestossen. Ausserdem haben sie im Seminar sehr dominiert, sie waren natürlich auch besser im Reden. Ich war sehr deutschfreundlich. Man dachte, Hitler helfe einfach dem deutschen Volk wieder ein wenig auf die Beine. Und die deutsche Kultur hat mir wahnsinnig Eindruck gemacht, bin ich doch mit Goethe und Schiller aufgewachsen. Aus diesem Grund hat man das, was dann passiert ist, den Deutschen gar nicht zugetraut.

Zwar bin ich nach dem Krieg angefragt worden, ob ich an einem Gymnasium unterrichten wolle, es war aber keine richtige Stelle, sondern nur eine Stellvertretung. Ich habe dann geheiratet, folgte meinem Mann nach Speyer und zog zwei Kinder auf. Beruflich habe ich viele kleinere Sachen gemacht, hin und wieder einen Vortrag geschrieben.

Die Dürrenmatts waren für mich schon ein wenig ein Problem. Dichter Friedrich Dürrenmatt war gar nicht mein Typ. Ich war mit meinem Cousin persönlich in vielem einfach nicht einig. Für den Lebenswandel, den er führte, konnte ich mich nicht erwärmen. Er veranstaltete auch Saufgelage, aber die haben mich gar nicht gelockt. Er hat mich auch oft eingeladen, aber wir haben nie einen festen Termin abgemacht. So sind wir nicht so oft zusammengekommen, wir haben einander gar nicht geschätzt. Er hat immer gesagt, ich sei viel zu klassisch eingestellt, und das bin ich auch. Ich sagte ihm einmal, ich könnte mit der Iphigenie leben. «Also ich könnte mit keiner Iphigenie leben», erwiderte er trocken. Dürrenmatts Arbeit über zwei Antigone-Stücke gefiel Professor Strich nicht, und er kritisierte den Aufbau. Da meinte Friedrich zu ihm: «Sie tadeln die Einheit, ich finde das eine Gemeinheit.» Als mein Mann Friedrich Dürrenmatt vorhielt, dass er früher ja auch ganz deutschfreundlich gewesen sei, und nach seinem Sinneswandel fragte, antwortete Dürrenmatt trocken: «Sie haben halt nicht gesiegt.»

Bild S. 143: Nelly Ryffel-Dürrenmatt, Lehrerin und Referentin. PA Dr. Meinrad Ryffel

Berta Berger
Germanistin, Präsidentin des Studentinnenvereins, Lektorin am Deutschen Seminar, Lehrerin am Humboldtianum

Berta Berger, 5.9.1906–11.2.1999, von Oberlangenegg BE, war die Tochter von Bertha Berger-Müller und dem SBB-Beamten Adolf Berger. Erst nach der Töchterhandelsschule, nach französischen und englischen Sprachstudien und einer Korrespondententätigkeit in Zürich konnte sie die ausserordentliche Matura machen und studieren. Sie war aktives Mitglied im Bernischen Studentinnenverein. Ihre Doktorarbeit über den modernen deutschen Bildungsroman, mit der sie 1937 promovierte, wurde 1970 neu aufgelegt. Weiter ging es nicht in der universitären Karriere, an eine Habilitation war laut Professor Fritz Strich nicht zu denken, weil ihre Eigenschaften zu der praktischen Seite hin neigen würden. So pendelte sie zwischen zweitklassigen Assistenz- und halben Bibliotheksstellen, winzigen Lehraufträgen und befristeten Lektoraten hin und her – und war dankbar, überhaupt eine Stelle gefunden zu haben. Unter der Spaltung zwischen universitären Jobs und der Arbeit als Privatschullehrerin litt ihre Gesundheit. Ferien verbrachte sie zuweilen freiwillig im Sanatorium Bellevue in Kreuzlingen. Dr. Berta Berger lehrte schliesslich gut dreizehn Jahre am Berner Humboldtianum.

Die Germanistin Berta Berger war sprachsensibel und so bat sie, dass ihr Interview in der dritten Person aufgezeichnet werde. Die Übersetzung von ihrer Mundart in die hier gedruckte Schriftsprache sei nicht ihre eigene, sondern die der Interviewerin.

«De Boor war der hervorragendste Lehrer, den ich kenne;
leider war er Nationalsozialist»

Berta Bergers Grossvater väterlicherseits war Mitbesitzer der Druckerei Berger und Albrecht in der Lorraine. Die Grossmutter starb früh, ihr Vater

Adolf und ihr Onkel kamen ins Waisenhaus in Aarwangen, denn da musste nichts bezahlt werden. Die Tanten mussten nach Amerika auswandern, nur der jüngste Onkel konnte zu Hause bleiben. Früher [in den 1880er und 1890er Jahren] ging das so zu und her. Vor dem letzten Schuljahr schrieb der Waisenhausleiter der Familie Berger, Adolf sei ein aufgeweckter Bub, er sollte wenigstens zum Schulabschluss noch eine rechte Klasse besuchen dürfen. So kam Adolf Berger, ein «tifigs Bürschtli», nach Hause in die Lorraine. Nach der Schule machte er den besseren Herren den Garten, auch dem Professor Philipp Woker. Dieser schlug ihm vor, sich bei der SBB zu melden. Berta Bergers Vater wäre gerne Bahnhofvorstand in einer grossen Stadt geworden, musste sich das aber aus dem Kopf schlagen, weil er für dieses Amt einfach zu klein gewachsen war. Albertine Hänni-Wyss, frauenbewegte Fürsprecherin, riet ihm, nicht von der SBB wegzugehen, sondern sich nach dem Dienst auf den Stationen in der Verwaltung zu melden. So arbeitete er sich hinauf und wurde Leiter der Tarifbeamten 1. Klasse der Deutsch-Schweizerischen Kommission, die sich um die Gebühren des Transitverkehrs kümmern musste. Adolf Berger war viel in Deutschland, als Berta ein kleines Mädchen war. Auch waren die deutschen Herren oft bei ihnen zu Besuch. Diese Kontakte, die hochdeutschen Gespräche, die Literaturhinweise und die Büchergeschenke, prägten die junge Berta.

Berta Bergers Mutter, Tochter eines Herrenschneiders, war ein Handarbeitsgenie, gab in einem Laden Anleitungen und beriet die Kundschaft. Das machte sie sehr gut. Aber die Mutter wollte nicht, dass Berta studierte. Sie stellte sich quer. Deshalb musste sie die Töchterhandelsschule besuchen und später dann den zweiten Bildungsweg wählen.

Nach der Töchterhandelsschule, dem Erwerb der französischen Lehrbefähigung in Neuenburg und einem Englandaufenthalt fand Vater Berger für Berta eine Stelle als Korrespondentin auf der Schweizerischen Verkehrszentrale. Hier war sie besser bezahlt als später an der Universität, aber sie musste sehr hart arbeiten. Etwas «Strüberes» gab es nicht, als Fahrplankonferenzen zu protokollieren. Nach eineinhalb Jahren hatte sie sich das Geld zusammengespart, um dank Humboldtianum und Privatlehrern mit den universitären Studien beginnen zu können. Auch war sie nun volljährig, und niemand konnte ihr mehr etwas verbieten. Während des Deutschstudiums verdiente sie sich mit Französischstunden einen Teil ihres Lebensunterhaltes. Unter anderem arbeitete sie auch als Ersatzlehrerin für die kranke Dr. Ida Somazzi [die frühere Seminarlehrerin und Frauenrechtlerin].

Als Berta Berger ihr Doktorat feierte, blieb die Mutter weg. Wohl nicht, weil sie neidisch war, viel eher hatte sie einfach Angst, weil sie nichts von Wissenschaft und dem akademischen Leben begriff. Trotzdem verstanden sich die beiden gut, sie wohnten zusammen und gingen gemeinsam in die Ferien.

Ihr Vater hingegen hatte nichts gegen ein Studium, er hätte selbst gern studiert. Er beteiligte sich auch an der Finanzierung von Bertas Studien und hatte eine kindliche Freude, als sie ihren Doktor machte. Später merkte er, dass es nicht das Gleiche ist, ob ein studierter Mann oder eine studierte Frau eine entsprechende Stelle suchten. Und er sah, dass Frauen fast nichts verdienten.

1942, im Jahr ihrer Promotion, wurde an der Universität eine halbtägige Assistenten- und Bibliotheksstelle zweiter Klasse für die geisteswissenschaftlichen Seminare an der Hallerstrasse 5 geschaffen. Viele wollten diesen Job, obwohl anfänglich fast nichts bezahlt wurde. Es gab damals einfach überhaupt keine Arbeit, so musste man alles nehmen.

Am Anfang musste Dr. Berta Berger den «Tschumpel» machen. Sie hatte zwölf Seminarbibliotheken zu betreuen, neun professorale Bibliotheksherren stellten Ansprüche. Sie hatte auch Vorschläge für Neuanschaffungen zu unterbreiten, ihr oblag die Studentenberatung, sie führte in die Bibliothek ein und vermittelte praktische Sachkenntnisse. Berta Berger erinnerte sich beispielsweise an eine Lehrstunde, für die sie aus dem deutschen Literaturarchiv Marbach eine Hölderlin-Handschrift kommen liess, um ein unveröffentlichtes Gedicht durchzunehmen. Die Studenten schauten sie aber alle ganz belämmert an. Schliesslich wagte es eine junge Studentin, den Finger aufzuheben und zu erklären, sie könnten diese Schrift nicht lesen ... Also hatte sie auch Handschriftenkunde zu betreiben.

In den Kriegsjahren betreute Berta Berger zudem ein Kontingent Dänen von der Universität Kopenhagen, eine Aufgabe, vor der sich die Berner Professoren drückten. Als Germanistikstudenten hatten die Studierenden aus dem Norden obligatorisch ein Auslandssemester im deutschen Sprach-

Die Bibliothek des Romanischen Seminars im Unihauptgebäude war eine der neun Bibliotheken, die Berta Berger zu betreuen hatte. Das Bild wurde 1932 aufgenommen. Foto in: Marti Hugo, Die Universität Bern, Küssnacht am Rigi [1932]

raum zu absolvieren. Nach Deutschland konnten sie nicht, nach Zürich wollten sie nicht. Also übernahm Berta Berger die in einem plombierten Zug angereisten liebenswürdigen fünfzehn Dänen und Däninnen, organisierte alles und suchte auch Zimmer für sie. Überdies hat sie aus eigener Initiative Dänisch gelernt.

Dem germanischen Philologen Professor Helmut de Boor hatte sie es zu verdanken, dass sie bald interessantere Arbeit erhielt. Er förderte sie und verschaffte ihr eine Stellung am Institut. Da es ihm zu gering war, sprachliche Einführungen zu geben, bekam sie einen Lehrauftrag für Althochdeutsch vermittelt. De Boor war für sie der hervorragendste Lehrer, den sie kannte; leider war er Nationalsozialist. Studenten einer andern Fakultät drohten zu der Zeit, sie würden wegen de Boor die Hütte – das deutsche Seminar – zusammenschlagen. Da Berta Berger und andere de Boor persönlich viel verdankten, haben sie ihn 1945 nicht gern hergegeben. Aber er war nicht mehr zu halten. Als Berta Berger ihn später fragte, wieso er bei den Nazis mitgemacht habe, sagte er nur ein Wort: «Dabeisein!»

Als Professor de Boor fort war, gab sich Professor Fritz Strich eine rührende Mühe, Berta Berger etwas zuzuhalten, und er richtete für sie ein Lektorat für Anfänger ein. Er war ein berühmter und bekannter Mann, und im Gegensatz zu de Boor, der bei seinen Interpretationen immer nahe am Text blieb, interpretierte er in grossen Zusammenhängen. Er sah schwungvolle weite Linien, aber wenn man genau hinschaute, stimmten sie nicht immer. Strich war nicht etwa oberflächlich, aber er bog die Linien so, wie er sie haben wollte.

Dr. Berta Berger hatte in den Kriegsjahren nicht nur an der Universität viel zu tun. Sie musste auch in ihrer zweiten Halbtagsstelle am Humboldtianum doppelt so viel leisten wie vor dem Krieg, da viele Lehrer im Dienst waren. Sie arbeitete Tag und Nacht.

Die Halbtagsstelle am Humboldtianum verdankte sie dem Volkskundler Professor Heinrich Baumgartner. Als nämlich der Direktor des Humboldtianum den Professor fragte, ob er ihm nicht einen Deutschlehrer für ein Teilpensum empfehlen könne, nickte dieser. Sie hätten im Institut jemanden halbtags angestellt, man müsse nur zeitlich auf sie Rücksicht nehmen. «Ja, ist es eine Frau? Das passt mir nicht», meinte der Humboldt-Direktor. «Wenn es Ihnen nicht passt», entgegnete Baumgartner, «so müssen Sie halt anderswo suchen.» Da Baumgartner Examensexperte im Humboldtianum war, wagte der Direktor nicht mehr, offen beim Nein zu bleiben. Dr. Berger

---

⩓ *Berta Berger mit ihren Eltern Bertha und Adolf Berger-Müller.*   PA Berta Berger

⊐ *Berta Berger besass eine Dauerkarte für die 1. Schweizerischer Ausstellung für Frauenarbeit SAFFA in Bern, August und September 1928.*   PA Berta Berger

⊐ *Fackelzug zur 100-Jahr-Feier der Universität Bern im Juni 1934. Zuvorderst schritt Sekundarlehrerin Ursula von Greyerz, Schwester des Germanistikprofessors Hans von Greyerz und kämpferisches Mitglied des Berner Studentinnenvereins. Berta Berger ist als Zweite von rechts an den sich spiegelnden Brillengläsern zu erkennen.*   PA Berta Berger
(Foto von Alfred Rohrer, Bern)

≫ *Berta Berger mit einem der dänischen Gaststudenten am 28. Juni 1946 vor dem Deutschen Seminar an der Hallerstrasse 5.*   PA Berta Berger

≫ *Berta Berger mit ihrem Bruder an der Feier zu ihrem 90. Geburtstag am 8. September 1996 im «Äusseren Stand», fotografiert von Franziska Rogger.*   © Franziska Rogger

erhielt sogar die oberste Klasse, die sie am liebsten unterrichtete.

Strichs Nachfolger, der 1953 eingesetzte Professor Werner Kohlschmidt, wollte Männer um sich. Berta Berger fühlte sich drangsaliert und kontrolliert. Sie hielt es nicht mehr lange am Seminar aus und schnell fand sie eine Arbeit als voll angestellte Gymnasiallehrerin am Humboldtianum. Hier verdiente sie überdies mehr als an der Uni und war verantwortlich für den ganzen Deutschunterricht. Das entsprach ihr, und sie blieb über dreizehn Jahre.

Dr. Berta Berger war keine grosse Feministin. Die SAFFA 1928 erlebte sie als Besucherin, und gerne erinnert sie sich an die guten Apfelchüechli, die sie dort mehrmals essen ging. Sie war zwar auch im Berner Frauenstimmrechtsverein, hat aber nicht aktiv mitgemacht. Dagegen war sie im Studentinnenverein präsent. [Dieser Verein war 1900 entstanden und setzte sich von Anfang an für «gleiche Rechte, gleiche Pflichten» ein.] Hier gab es akademische Frauen, die sich sehr um die Sache bemüht und Studentinnen gefördert haben. Eine Zeitlang hat Berger das Sekretariat geführt, 1934/35 war sie gar Präsidentin des Studentinnenvereins. Unter ihrer Leitung wurden Theaterstücke gespielt und anspruchsvolle Ratespiele organisiert. Man stellte zum Beispiel sieben Frauen aus den Werken Gottfried Kellers dar, und die Akademikerinnen mussten die Figuren erraten. Im Juni 1934 schritt sie als Vereinsmitglied am Festumzug 100 Jahre Universität Bern mit. Da durften die Frauen auch mitgehen – sogar ganz vorne. Es war ein langer Zug. Dr. Berta Berger weiss noch genau, was sie trug, einen schwarzen Sammetmantel, den ihre Mutter für sie genäht hatte.

△ *Bergauf: die zierliche Germanistin Berta Berger mit der Romanistin Dora Aebi, der späteren Bibliothekarin der Schweizerischen Landesbibliothek. Beide waren im bernischen Studentinnenverein engagiert.* PA Berta Berger

Bild S. 148: Berta Berger 1955, Lehrerin für Deutsch am Humboldtianum. PA Berta Berger

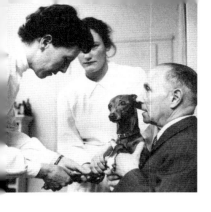

Elsa Mühlethaler

Erste promovierte Schweizer Tierärztin mit eigener Praxis, Ärztin der Militär-Pferdekuranstalt

Elsa «Virli» Mühlethaler, 1.4.1917–25.9.1998, von Bollodingen BE, war die Tochter von Rosa Mühlethaler-Reinhard und dem Gymnasiallehrer Dr. Fritz Mühlethaler. Ihre praktische Ausbildung fiel in die Kriegsjahre, und sie musste in der Militär-Pferdekuranstalt in der Engehalde Aufgaben übernehmen, auf die sie kaum vorbereitet war. Nach erfolgreichem Studienabschluss bildete sie sich in Parasitologie in der Schweizer chemischen Industrie weiter. In den USA und in Casablanca lernte sie tropische Krankheiten kennen. 1950–1972 betrieb Dr. vet. med. Mühlethaler in Bern eine eigene Kleintierpraxis und arbeitete dann noch viele Jahre als Urlaubsvertreterin in einer Kleintierpraxis in Biel. Sie engagierte sich unter anderem bei Amnesty International.

Elsa Mühlethaler war die erste Schweizerin, die sowohl das eidgenössische veterinärmedizinische Staatsexamen bestanden als auch als Tierärztin doktoriert hatte. Sie war auch die erste Frau in der Schweiz mit einer eigenen tierärztlichen Praxis.

«Es war einfach niemand sonst da, der die Arbeit machen konnte»

Zu Hause verkündete ich am Mittagstisch, ich wolle Tierärztin werden. Mama schlug die Hände über dem Kopf zusammen und meinte, jetzt habe es mir ganz ausgehängt. Papa meinte, er habe noch nie gehört, dass dies ein Töchterchen studieren könne, aber er wolle sich erkundigen. Im Tierspital sagte man ihm, das sei theoretisch möglich. Und praktisch jetzt auch, da nun der Veterinärchirurg Fritz Schwendimann pensioniert sei, der erklärt hatte, solange er da sei, komme ihm keine Frau in den Operationssaal. Sein Nachfolger, Professor Alfred Leuthold, hatte nichts mehr dagegen.

Ich hatte aber schon Bedenken, im Tierspital als einzige Tochter aus der Stadt mit Burschen vom Land, meist tiergewohnten Söhnen von Bauern oder Tierärzten, zusammenzuarbeiten. Aber ich muss sagen, man war sehr nett. Manchmal genierte ich mich ein wenig in der Anatomie, aber ich hörte nie, gar nie eine anrüchige Bemerkung. Der Veterinäranatom Professor Hermann Ziegler, ein sehr feiner und künstlerischer Mann, war zu mir fast wie ein Vater. Er freute sich sehr, dass er einmal eine Studentin hatte. Mir schien, dass man im Tierspital der Ansicht war, es tue allen gut, einmal eine Frau neben all den Burschen zu haben. Ich hatte und wollte keine Ausnahmebehandlung. Als ich an der Anatomieprüfung ausgerechnet das Zettelchen für den Ischiasnerv mitten in der Oberschenkelmuskulatur des Pferdes zog, meinte Professor Ziegler, ich dürfe nochmals ziehen. Ich wollte aber nicht. Man reichte mir ein Schemelchen, damit ich überhaupt an den Hinterschenkel herankam. Auch in der Klinik nach dem Anatomikum waren die Professoren sehr vernünftig. Der Rinderheilkundler Walter Hofmann sagte mir wiederholt: «Ja, Fräulein Mühlethaler, das müssen Sie halt fürs Staatsexamen leider auch wissen, auch wenn ich genau weiss, dass Sie nie im Kuhstall herumstehen werden.» Das war absolut korrekt. Ich machte auch Hufbeschlag und war stolz, dass ich am Examen eine Sechs hatte. Meine Kommilitonen rieten mir für den Fall, dass die geplante Kleintierpraxis nicht rentieren würde, ich solle doch als Hufschmiedin arbeiten. Die grösste Überwindung musste ich für die Fleischschau aufbringen. Da standen wir mitten im Betrieb im Schlachthof – direkt neben mir fiel eine Kuh tot zu Boden, wenige Meter daneben eine andere. Das, was ich sonst im Studium sah und erlebte, psychisch zu verarbeiten, machte mir keine Mühe. Hinter allem stand das Ziel, sich auszubilden, um später den Tieren helfen zu können. Ich sah immer einen Sinn darin.

Meine praktische Ausbildungszeit fiel in die Kriegsjahre. Alle Professoren und Studenten mussten einrücken. Nur Professor Ziegler war noch da. Das Tierspital in der Engehalde wurde sofort in eine chirurgische Militär-Pferdekuranstalt umgewandelt. Kommandant Oberst Walter Wälchli hatte «schuderhaft» Freude, als er hörte, dass ich Veterinärmedizin studiere. Bei einem zweiten Zusammentreffen bezeichnete er mich als seine zukünftige Assistentin. Ich hatte damals keine Ahnung, was er damit meinte. Als

Elsa Mühlethaler stellt 1941 vor dem Berner Tierspital an der Engehalde, das während des Zweiten Weltkriegs in eine Militär-Pferdekuranstalt umfunktioniert wurde, ein Pferd vor. Neben ihr steht Professor Werner Steck.   PA Elsa Mühlethaler

er dann im Herbst Kommandant der Kuranstalt wurde, liess er mich schon in den ersten Tagen holen, und er fragte: «Wollen Sie bei mir assistieren?» Ich hatte damals erst ein klinisches Semester hinter mir und noch keine praktischen Erfahrungen. Ich sagte, ich käme gerne, sei ihm aber wohl keine grosse Hilfe. «Lassen Sie das meine Sorge sein, Hauptsache, Sie wollen», entgegnete er.

Die allgemeine Stimmung damals im Krieg ist schwer zu beschreiben. Jedermann war wahrscheinlich ein Patriot und wollte etwas für sein Vaterland tun. Die Kuranstalt war nach wenigen Tagen voll belegt mit verletzten Pferden, und abgesehen vom Kommandanten und von einem Hauptmann aus dem Baselbiet war kein Tierarzt da. So hatte ich bald alle Hände voll zu tun. Gut erinnere ich mich an ein Ross mit einem kindskopfgrossen Drüsenabszess, der gespalten werden musste. «Holen Sie einen Gummischurz, ein scharfes Messer, zögern Sie nicht und stechen Sie dezidiert zu», wies mich Wälchli an. Ich stellte mich im Gummischurz neben das Pferd und gab mir Mühe, ohne zu zögern mitten in den Abszess zu stechen. Ich hatte gut gezielt, denn es ergoss sich ein riesiger Schwall von Eiter sofort über den Gummischurz und meinen Rock. Wälchli schmunzelte, und ich lernte, in Zukunft für die Spaltung eines Drüsenabszesses vorn am Kopf des Pferdes zu stehen. Einige Zeit später brachte ein Bauer einen Eber zum Kastrieren. «Das ist eine Arbeit für Sie», sagte Wälchli und wies mich an, was zu tun sei. Ein Soldat musste ein in Chloroform getränktes Bäuschchen Watte für die Narkose vor die Nase des Tieres halten. Der Eber schlief ein, und die Operation verlief gut. Erst im Nachhinein erfuhr ich, wie gefährlich diese Chloroformnarkose war und wie leicht es hätte passieren können, dass der Eber einen unwiderruflichen Atem- und Herzstillstand erlitten hätte. Das hätte den Verlust von 120 Kilo Fleisch bedeutet, mitten im Krieg. Der Bauer stand offenbar eine grosse Angst aus, als er hörte, dass dieses junge «Mädeli» sein «Säuli» operieren sollte. Aus lauter Erleichterung lud er mich dann vor der Heimreise zu einem Bier ins Eilgut ein. Selten im Leben arbeitete ich so viel wie damals, aber es war einfach niemand sonst da, der die Arbeit hätte machen können. Einige Zeit später musste ich auch die Hunde und Katzen in der Kleintierklinik betreuen. Da alle Tierärzte von Bern eingerückt waren, blieb den Tierhaltern nur die Klinik im Tierspital übrig, wo sie zahlreich erschienen. Nach nur einem Semester in der Klinik verstand ich noch kaum etwas von Kleintiermedizin. Zum Glück war noch der alte Wärter Karl Luginbühl mit seiner jahrzehntelangen Erfahrung da. Ich untersuchte die Patienten so gründlich wie möglich, gab Anweisung für eine harmlose Behandlung – Bauchwickel oder Ähnliches – und bestellte sie auf den nächsten Tag nochmals. Nachher sagte Luginbühl etwa, das war eine Staupe, Sie müssen das oder jenes machen. Das tat ich dann anderntags, und es war erstaunlich, wie viele Tiere sich erholten. Zum Glück heilt ja auch die Natur vieles ohne unsere Hilfe. Man machte damals einfach, was möglich war. Man sah die Gefahren kaum, und es gab ja auch keine Alternative.

Schliesslich normalisierte sich der Studienbetrieb allmählich wieder. Die Professoren und auch die meisten Studenten wurden während des Semesters beurlaubt. Das Studium in den fünf Kliniksemestern war sehr lehrreich. Aus dieser Zeit bewahre ich zwei besonders beeindruckende Erlebnisse in der Erinnerung, beide mit Professor Werner Steck, dem Internisten

Veterinärmedizinische Studierende im Seziersaal des Berner Tierspitals mit einer Phantomkuh, 1938: hinterste Reihe (v.l.n.r.) Peter Schuler, Fernando Martignoni, Max Leuenberger, Jean-Pierre Miauton, Rolf Schweizer, Heinz von Bergen, Willy Graden, Josef Helg, Walter Weber (späterer Professor vet. med. Bern); mittlere Reihe (v.l.n.r.) Ass. Dr. Jürg Rieder (späterer Professor phil. II ETH), Robert Carbonnier, Ernst Blaser, Gottfried Künzi, Hans Fuhrimann, Arthur Rath, Hermann Schatzmann, Armand Koller, PD Hans Hauser (späterer Professor vet. med. Bern); vorderste Reihe (v.l.n.r.) Edouard Lamy, Elsa Mühlethaler und Professor Hermann Ziegler.   PA Elsa Mühlethaler

und erstklassigen, sehr selbstkritischen Forscher. Ein Student musste ihm ein Pferd vorstellen, das wegen chronischen Hustens und Abmagerung eingeliefert worden war. Nachdem der Student eine Lungenentzündung diagnostiziert hatte, dozierte Steck sehr ausgiebig über diesen Fall. Er behauptete, dieses Pferd habe eine Tuberkulose, was äusserst selten war. Am nächsten Tag wurde das Tier geschlachtet. Wir durften der Sektion beiwohnen und dabei feststellen, dass die Diagnose von Steck bis ins Detail stimmte. Röntgen konnte man ein Pferd damals noch nicht. Eines Tages diagnostizierte ein Student bei einem Pferd eine akute Nierenentzündung. Steck fragte nach der Therapie und der Prognose. Der Student kannte wenig wirksame Heilmittel für diesen Fall und stellte eine zweifelhafte bis ungünstige Prognose. Da zog der Professor einen Papiersack aus seinem Hosensack, schüttete daraus ein weisses Pulver in seine Hand und erklärte uns, das sei ein neues Medikament, das die ganze Medizin revoltieren werde, denn es sei die erste Substanz, die Bakterien abtöte, und es heisse Sulfonamid. Das Pferd wurde damit behandelt und genas nach wenigen Tagen. Kurze Zeit später wurde das Penicillin entdeckt, und es begann die Ära der Antibiotika.

Nach dem Studienabschluss 1941/42 und direkt nach dem Krieg war die Zeit nicht günstig für eine neue Tierpraxis. Erst 1950 eröffnete ich eine private Kleintierpraxis am Kollerweg in Bern. Ich arbeitete hart, auch an den Wochenenden, es bestand ja noch kein Notfalldienst, und ich hatte bald eine grosse Kundschaft. Viele Leute brachten mir ihre Tiere, gerade weil ich eine Frau war, sie hofften, dass ich ihren vierbeinigen Freund besonders liebevoll behandeln werde. Mein Beruf war vielseitig und interessant. Es gab noch keine Spezialisierung, sodass er von der Dermatologie bis zur Chirurgie alle Gebiete der Medizin umfasste. Es geschah wiederholt, dass ich einem Hund durch Kaiserschnitt zum Leben verhalf und ihn dann bis zur Euthanasiespritze gesundheitlich betreuen durfte. Die Arbeit war auch voll Verantwortung dem Tier und seinem Besitzer gegenüber. Die kleinen Haustiere haben während und nach dem Krieg viel an Bedeutung gewonnen. Bewährte Werte verloren durch die brutalen Erlebnisse und Berichte ihren Sinn. Das Leben wurde unsicherer, komplizierter. Durch das Anwachsen der Städte vereinsamten zahlreiche Menschen. Oft erlebte ich, dass ein Haustier das einzige Lebewesen war, mit dem eine Person noch Kontakt hatte. Auch bei kinderlosen Ehepaaren und sogar in Familien mit Kindern spielte ein Hund oder eine Katze eine wichtige Rolle. Der Grund dafür liegt wohl in verschiedenen Eigenschaften der Haustiere. Sie sind in ihrem Verhalten weniger kompliziert als Menschen. Ihr Wesen ist durchschaubar, weil sie sich so äussern, wie sie empfinden. Sie sind dem Besitzer gegenüber unkritisch, akzeptieren ihn bedingungslos und sind ihm treu. Einsame Menschen können einem Tier ihre Gefühle entgegenbringen und riskieren damit weniger zu verbittern. Diese wichtige Bedeutung seiner Patienten verpflichtet den Tierarzt, sich voll und ganz in seiner Arbeit einzusetzen.

Psychisch sehr belastend war oft die Bekanntgabe einer ungünstigen Diagnose an den Tierbesitzer und das Anraten zur Euthanasie. Dabei kam es nicht selten zu dramatischen Szenen. Andererseits erlebte ich immer wieder grosse Freude und Genugtuung, wenn ein Tier von schwerer Krankheit genas und besonders wenn ein Leben durch einen chirurgischen Eingriff gerettet werden konnte. An einen Fall erinnere ich mich noch besonders gut. In eine Morgensprechstunde brachte mir ein Ehepaar einen acht Monate alten, sehr lebhaften Foxterrier. Der Hund habe in der Nacht mehrmals erbrochen und am Morgen das Futter verweigert. Bei der Betastung der Bauchhöhle spürte ich deutlich einen kugeligen, grösseren Fremdkörper in den Därmen. Ich verschrieb Ruhe, Eingabe von Paraffinöl und bestellte den Patienten zur weitern Kontrolle auf den Abend. Der Föxel erschien völlig apathisch. Die Kugel aber war nicht mehr zu ertasten. Ich entschloss mich zur Operation und entfernte aus dem Darm das hintere Stück eines Federballs. Der Darmabschnitt, wo der Fremdkörper stecken geblieben war, war schon stark geschädigt, verschwollen, rot und blau verfärbt. Schweren Herzens gab ich den Patienten mitten in der Nacht dem Besitzer zurück, mit der Bitte, mir am Morgen zu berichten, wie es um ihn stehe (und ob er noch lebe, was ich allerdings nicht laut aussprach). Um acht Uhr meldete mir die Besitzerin: «Oh, je crois qu'il va un peu mieux.» Ich traute meinen Ohren kaum. Als ich abends gegen fünf an der Haustüre läutete, bellte es dahinter. Mein Gedanke war – sie haben also zwei Hunde. Die Türe öffnete sich, und entgegen kam mir auf noch leicht wackligen Beinen tatsächlich kläffend der Föxel – keine 24 Stunden nach der doch schwerwiegenden Operation. Wenn ich diesen Fall nicht selbst erlebt hätte – ich würde ihn einem Kollegen kaum glauben.

Besonders eindrückliche Erlebnisse hatte ich mit dem Circus Knie. Eines Tages erhielt ich die Anfrage von Fredy Knie senior, ob ich einen Gorilla untersuchen könnte, der seit drei Tagen nicht mehr fresse und apathisch sei. Abu war drei Jahre alt, achtzig Kilo schwer und sass in sich zusammengesunken auf einem Brett an der Hinterwand seines Käfigs. Tierwärter Lorenzo und ich setzten uns auf je einer Seite neben ihn. Die Untersuchung, die er passiv über sich ergehen liess, ergab eine Stilllegung der Darmtätigkeit und recht hohes Fieber. Ich verabreichte Abu eine Dosis Penicillin und

⌃ **Elsa Mühlethaler (Fünfte von rechts) im FHD-Kriegshundelager in Bex 1943.**
PA Elsa Mühlethaler

⌃ **Die frischgebackene Dr. vet. med. Elsa Mühlethaler springt 1942 aus der Hundeklinik des Tierspitals.** PA Elsa Mühlethaler

⌐ **Elsa Mühlethaler beim Interview 1995 an der Berner Baltzerstrasse, fotografiert von Franziska Rogger.** © Franziska Rogger

besprach mit Lorenzo den Fall. Da streckte sich ganz, ganz langsam ein langer Arm von Abu, und er legte ihn mir sehr sachte über die Schulter – eine wunderschöne Geste von Dankbarkeit und Sympathie, wie ich noch heute überzeugt bin. Als ich am nächsten Tag eine Kontrolle machte, sass Abu munter im Käfig und musterte aufmerksam alles, was um ihn herum vor sich ging. Von nun an wurde ich immer, wenn in Bern ein Tier im Circus krank war, gerufen. Die Familie Knie war sehr grosszügig und treu. Auch Jahre nach Aufgabe der eigenen Praxis erhielt ich Anfang August jeweils zwei Freibillette.

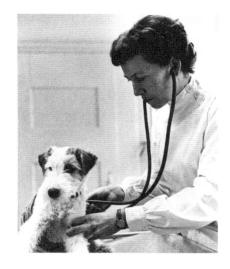

In meine Praxis kamen Leute aus allen Schichten der Bevölkerung. Neben dem Botschafter sass der Arbeiter aus der Matte, neben dem Direktor die Putzfrau meiner Freundin. Die Gespräche und Diskussionen unter den Tierbesitzern waren meist sehr lebhaft, und wenn ich mich wegen des langen Wartenmüssens entschuldigte, hiess es nicht selten: «Ich hätte noch lange sitzen bleiben mögen, es war so interessant und amüsant.» Ich liebte meinen Beruf und würde ihn wieder wählen, wenn ich nochmals beginnen müsste.

△ *Elsa Mühlethaler in den 1950er Jahren in ihrer Kleintierpraxis in Bern, die sie über zwanzig Jahre lang führte.* Gosteli AGoF Fotosammlung nk Mühlethaler

Bild S. 155: Elsa Mühlethaler und Assistentin mit einem kranken Hundepatienten und einem besorgten Hundeherrchen. PA Elsa Mühlethaler

Anna Schönholzer
Kinderärztin, Schulärztin, Skiinstruktorin, Bauherrin

Anna Schönholzer, 19.7.1914–19.8.2012, von Schaffhausen, war die Tochter des Ärzteehepaars Julie und Gottfried Schönholzer-Brühlmann. Ihre Mutter Julie Brühlmann hatte am 19. Juli 1904 die letzten Fachprüfungen des medizinischen Staatsexamens mit der exzellenten Notenreihe 6, 6, 5, 6, 6, 6, 6, 6 bestanden. Trotzdem konnte sie im Gegensatz zu ihrem Mann keine Dissertation schreiben. Tochter Anna Schönholzer studierte wie ihr Bruder Gottfried in den Vorkriegsjahren Medizin in Bern. Sie bestand 1939 das Staatsexamen, wirkte dann als Assistentin am Kindersanatorium Pro Juventute in Davos-Platz (1940), am Spital Münsterlingen und an der Berner Klinik für Nasen-, Hals- und Ohrenkrankheiten (1941), wo sie das Material für ihre 1943 angenommene Dissertation sammelte. Einige Jahre wirkte sie im Jenner-Spital, der Klinik und Poliklinik für Kinderkrankheiten, als Oberärztin. Ab 1947 praktizierte sie in Bern als Kinderärztin FMH. 1961 wurde sie Schulärztin in Bümpliz.

«Das junge Mütterchen hat ‹geweberet›, und wir hatten beide Angst»

Als Tochter eines Ärzteehepaars verlebte ich eine glückliche Kindheit im Sanatorium Wallenstadtberg. Mein ehemals tuberkulosekranker Vater war dort zuerst Assistent, dann Chefarzt. Ich war das einzige Kleinkind und wurde von den Angestellten verhätschelt. Als Vater im Ersten Weltkrieg einrücken musste, hielt meine Mutter den Sanatoriumsbetrieb quasi alleine aufrecht. In Friedenszeiten assistierte sie. Wenn ich an meine Mutter denke, sehe ich eigentlich immer nur, wie sie jeweils am Morgen und am Mittag ihre Schürze abgezogen und instinktiv immer ein wenig ihre Hände gerieben hatte. Und wie sie mich ein bisschen umarmte, mir ein «Müntschi» gab. Sie war für mich wie ein Engel, auf den man wartet und der ab und zu kommt. Das war sehr schön. So hat man die Mutter viel lieber, als wenn sie einen immer herumkommandiert.

Um uns Kinder in bessere Schulen schicken zu können, zogen wir nach Bern. Vater hat am unmöglichsten Ort, wo man sich als Lungenarzt niederlassen konnte, an der Junkerngasse 55, eine Praxis eröffnet. Das ging gar nicht gut, und meine Mutter fing 1921 an, als Frauen- und Kinderärztin zu praktizieren. Vater wurde schliesslich Oberarzt bei der SBB. Meine Mutter hörte auf, als Ärztin zu arbeiten, und erzog die drei Kinder. Das hat sie nicht ungern gemacht. Sie hatte lange genug gearbeitet [1904–1926]: erst in Thalwil, dann unter schwierigen Bedingungen während der Krankheit meines Vaters und während des Krieges im Sanatorium Wallenstadtberg. Und schliesslich half sie in Bern wieder mit, die Familie über Wasser zu halten. Ja, sie hat ihren Teil gemacht, sie musste, ob sie wollte oder nicht.

Im Gymer Kirchenfeld zeichnete ich immer sehr gern, habe wohl ein bisschen das Talent von Onkel Hans [Brühlmann] geerbt. Mein Zeichnungslehrer machte mir Mumm. Ich sah aber keine Möglichkeit, mit Töpfeanmalen mein Leben zu fristen, und entschied mich dann doch für die Medizin. Im Studium hörte ich vielleicht ein- oder zweimal Frauendespektierliches, aber im Allgemeinen konnten wir es gut miteinander. Ein Praktikum konnte ich 1939 in Zürich unter Dr. Anna Baltischweiler, Chefärztin des Frauenspitals mit Schweizerischer Pflegerinnenschule, machen. Schon meine Mutter hatte hier vor der Heirat gearbeitet. Sie kannte also noch Dr. Marie Heim-Vögtlin, die erste Schweizer Ärztin, und Dr. Anna Heer, die Initiantin und leitende Ärztin des ganz in Frauenhänden ruhenden Spitals. Heim-Vögtlin war aber kaum in der Pflegerinnenschule zu sehen, die kam nur von Zeit zu Zeit. Ich ärgerte mich immer ein wenig, dass man um die Heim-Vögtlin so eine grosse Sache machte. Dabei mussten die beiden anderen, Dr. Anna Heer und die Oberin Ida Schneider, die Pflegi irgendwie «schleipfen».

Nach meinem Staatsexamen im Juni 1939 nahm es mich ganz zünftig dran. Der Krieg war ausgebrochen, und ich musste auf dem Land zwei Praxenvertretungen gleichzeitig übernehmen. Ich fing am Morgen um sieben Uhr im St.-Gallischen Schmerikon an, radelte dann geschwind, geschwind vor dem Mittagessen mit dem Velo nach Kaltbrunn, krampfte dort wie wild, fuhr nachher wieder zurück nach Schmerikon, und dann hatte es dort wieder einen Haufen Patienten. Das war wahnsinnig. Ich war mehrere Wochen dort, als frischgebackene Ärztin, grad nach dem Staatsexamen und ohne praktische Erfahrung. Aber man hatte niemanden – kein Spital, die waren immer voll von Militär. Man hatte Schwierigkeiten, einen zivilen Patienten unterzubringen. Man musste einfach alles tun, das Mögliche machen, und man machte es. Nur einmal, als einer sich Zement ins Auge fallen liess und das ganze Auge zuzementiert war, da habe ich gesagt: «Da kann ich wirklich nichts machen.» Er musste nach Zürich in die Augenklinik.

Zu alledem hatte man Geburten. Einmal gab es eine Hausgeburt, ziemlich weit weg, ich musste eine Weile mit dem Velo fahren. Da war eine junge Hebamme dort, und das junge Mütterchen hat «geweberet», gezittert und gewimmert. Ich hatte Angst, wir hatten beide Angst. Da ich wusste, dass ein Mitstudent einen älteren Bruder hatte, der Gynäkologe war, rief ich diesen an, obwohl es schon spät war. Siehe da, er war zu Hause, und ich fragte: «Muss ich radiale Infusionen am Muttermund machen?» Er sagte: «Sie sind ja verrückt, geben Sie ein bisschen Morphium, und gehen Sie einen Kaffee trinken, der geht schon auf, dieser Muttermund.» Und siehe da, er ging auf. Dann musste ich ein bisschen schneiden, und das Bébé kam auf die Welt. Wie ich nun das Köfferli des Dorfarztes aufmachte, um etwas zum Nähen zu finden, war nichts Rechtes drin. Noch einmal und diesmal in der Nacht musste ich mit dem Velo zurückradeln. Im «Gnusch» der Praxis suchte ich nach sterilem Faden und nahm den Weg ein weiteres Mal unter die Räder. Ich habe ein bisschen was gespritzt und ein wenig geschnurpft. Dann gab es im Haus der jungen Mutter einen Kuchen und einen schönen Milchkaffee – es war ein Fest, und alles war bestens.

Den Krieg erlebte ich mehr oder weniger in Davos mit. Viele waren von den Deutschen begeistert, man bewunderte sie zum Teil, wie sie sich nach dem Ersten Weltkrieg hochgerappelt hatten. Viele konnten erst gar nicht glauben, was dann in Deutschland so vor sich ging, auch mein Vater nicht. Aber dann hatte ich in Davos eine Begegnung auf offener Strasse. Ein Mann stellte sich als Ehemann der besten Freundin meiner Cousine vor. Er lud mich zu einer Tasse Tee ein. Er sagte: «Sie müssen unbedingt Ihren El-

Anna Schönholzer, Kinderärztin in Bern und Schulärztin in Bümpliz.   PA Anna Schönholzer

tern und den andern Leuten erzählen, wie es in Deutschland ist.» Dann erzählte er von den Konzentrationslagern. Mein Vater meinte, er sei ein Schwarzmaler, das könne doch nicht stimmen. Ich insistierte, der Münchner sei selbst beinahe im KZ gelandet. Mein Vater lud ihn dann ein, und er überzeugte meine Eltern. Der Gast starb bald danach, er war ja als Patient in Davos.

Beruflich erlebte ich in Davos den absoluten Absteller, als ich im Kindersanatorium Pro Juventute unter Dr. Jean Louis Burckhardt arbeitete. Das Haus war mit schweren offenen Tb-Fällen gefüllt. Dann gab es noch ein Haus für junge, mehr oder weniger schwer kranke Mädchen. Da es damals noch keine Antibiotika gab, war die Behandlung schwierig. Von Burckhardt hatten wir keine Unterstützung, er machte eigentlich nichts. Im Grunde genommen schmissen mein Mitassistent [Dr. Simon Rosenbluth] und ich zusammen die Sache. Mein Kollege war sehr nett, aber befangen wegen der Judenverfolgungen, sodass er dem Chef ängstlich alles nachbetete.

Im Davoser Sanatorium passierte mir eine schreckliche Sache. Dort hatte es einen Buben mit einem Situs inverso – einem Herzen auf der rechten Seite, der an einer Bronchiektasie, einer Erweiterung der Lunge, litt. Dem sollte ich ein Bronchogramm machen. Burckhardt selbst war dann nicht da, meinte, ich könne dieses Röntgenbild gut alleine machen: «Das ist ganz leicht, da muss man einfach den Nasenrachen mit einem Anästhetikum unempfindlich machen und dann den Schlauch in die Luftröhre stecken.» Er schickte mich mit einem Rezept in die Apotheke. Als sich der Bub hingesetzt hatte, bepinselte ich seine Nase mit der geholten Essenz, um sie unempfindlich zu machen und den Schlauch hineinstecken zu können. Plötzlich kippte der Bub um und war tot. Das war entsetzlich. Ich rief sofort meinen Vater an, und er kam eilends nach Davos. Es stellte sich dann heraus, dass Burckhardt bei einem Bronchogramm auch schon einen Todesfall gehabt hatte und dass er es deshalb nicht hatte selbst machen wollen. Die verwendete Flüssigkeit hätte man gar nicht mehr brauchen dürfen, weil sie sehr stark dosiert hochgiftig war. Ich konnte diesen Todesfall fast nicht überwinden, obwohl der Chef daran schuld war. Burckhardt entschuldigte sich schwer bei meinem Vater, und er war auch ganz gebrochen. Es gab nachher eine Verhandlung. Ich weiss nicht, was man den Eltern gesagt hat. Mit Bronchiektasie konnte niemand sehr lange leben, so verschleierte man es wohl irgendwie ein bisschen.

Eigentlich wollte ich danach Kinderheilkunde machen. Aber Professor Eduard Glanzmann wollte lange keine Frauen nehmen. Da musste man warten und anstehen. Also ging ich erst in die Ohrenklinik. Professor Luzius Rüedi war ein schöner Mann, und es war sehr lustig in der Ohrenklinik. Der Umgangston allerdings war sehr rau [mit derben Mundartausdrücken wie «Cheib» und «Sauzingge»], aber herzlich, und wir lachten nur darüber. Nach der Ohrenklinik kam ich nach Münsterlingen in einen grossen klinischen Betrieb. Ich wurde dort eigentlich gehätschelt, nachdem klar war, dass ich kein «Bäbi», sondern eine Skiinstruktorin war. Den Instruktor hatte ich in Davos gemacht, und ich war auch in Skilagern oft als Ärztin mit dabei gewesen.

Danach kam ich doch noch zu Glanzmann ins Jenner-Kinderspital. Ich machte den FMH in Pädiatrie, das heisst, ich liess mich zur Spezialistin für

Kinderkrankheiten ausbilden. Erst hatte ich einen schweren Stand als Frau. Glanzmann schnauzte mich an. Das war hart, aber mit der Zeit merkte er dann, dass ich fleissig war und eigentlich recht arbeitete. Einmal dankte er mir sogar, als ich einen Bub mit einer Blasenstauung kurierte. So konnte ich mir allmählich seine Gunst erwerben. Am Schluss wurde er ein wenig senil und verrannte sich in Diagnosen. Passiert ist Gott sei Dank nie etwas. Wir anderen waren schon sehr routiniert. Ich war ja lange, sechs Jahre [1942–1947], am Kinderspital und wurde schliesslich Oberärztin.

Dann passierte mir selbst etwas Schlimmes. Im Kinderspital erwischte mich eine Polio, eine Kinderlähmung. Es fing oben an, in den Armen und in den Augen, ich konnte nicht mehr fixieren. Alles tat weh, alles brannte. Glanzmann wollte es zuerst nicht wahrhaben, weil er Angst hatte, das Kinderspital müsse dann bezahlen. Nach der Lumbalpunktion war es klar, es war Polio. Nun hiess es, heraus aus dieser Abteilung und in die Absonderung. Ein schrecklicher Moment. In der Absonderung klagte ich über das wahnsinnig schwere Duvet. Das Duvet war aber nicht schwer, ich konnte einfach meine Beine nicht mehr bewegen. Jesses Gott, das waren Tage. Danach musste ich längere Zeit kuren, ich brauchte eine Operation, man verpflanzte Muskeln. Ein Bein ist immer noch ein bisschen dünner. Und die Gefässe sind noch ein wenig gefährdet, ich bekomme immer geschwollene Knöchel, auf den Zehenspitzen kann ich nicht stehen, aber sonst kann ich wieder Ski fahren und alles machen.

Nach einem weiteren Jahr am Kinderspital arbeitete ich in Aquarossa und Adelboden. In Aquarossa weilten jugoslawische Kinder zur Kur – mit schwerster offener Tuberkulose. Es war aschgrau. Wir hatten gar nicht das Personal für so schwer Kranke, es gab nur eine einzige Schwester, die auch die Laborantin machen musste. Das Schlimmste war, dass die jugoslawischen Begleiterinnen einfach nicht begriffen, dass man diese Kinder ins Bett tun und eine strenge Liegekur mit ihnen machen musste. Die wollten mit ihnen spazieren gehen und Ausflüge machen. Da hatte ich es wahnsinnig schwer, zuerst war die ganze Meute gegen mich. Sie begriffen den Ernst der Lage erst, als einer einen Blutsturz hatte und starb. Das Verrückteste war, dass wir einige Knaben mit einem Trachom, einer ganz seltenen, sehr bösartigen Augenkrankheit, hatten. Meine Mutter kam, um mir zu helfen,

⌃ Julie Schönholzer-Brühlmann war die Mutter von Anna Schönholzer. Sie war Vorbild, medizinische Ratgeberin und Wohnpartnerin. Julie Brühlmann als junge Frau, ein Buch lesend.   PA Anna Schönholzer
⌝ Julie Schönholzer-Brühlmann mit ihrem ersten Kind.   PA Anna Schönholzer
⌃ Dr. Anna Schönholzer mit einem ihrer kleinen Patienten.   PA Stefan Schönholzer
⌝ Anna Schönholzer liess sich 1954 in Muri ein Haus nach eigenen Zeichnungen bauen.   PA Anna Schönholzer

sie ging mit diesen Kranken nach Bern in die Augenklinik. Der Augenkliniker Hans Goldmann sprang vor Begeisterung fast in die Luft, weil er einmal ein Trachom zu sehen bekam.

An der Hotelgasse 1 in Bern eröffnete ich nach dem Krieg eine eigene Praxis. Sie lief sehr gut, für mich fast zu gut.

1954 liess ich mir in Muri am Kriegliweg 10 selbst ein Haus bauen – ein bescheidenes «Landhüseli» nach eigenen Zeichnungen. Nun musste ich allerdings immer einen weiten Weg hin und her fahren, besonders abends war das mühsam. Ich weiss noch, dass ich mir oft sehnlichst gewünscht habe, doch nur einmal an einem Abend um acht Uhr fertig zu sein. Einmal wäre es beinahe schiefgegangen. Ich erhielt einen Anruf, ein Säugling wolle nicht trinken. «Er trinkt dann schon wieder», dachte ich. Ich ging dann aber doch noch hin und traf den Säugling quasi sterbend an, nicht schlafend, sondern bewusstlos. Unscheinbare Zeichen, die nur der Kinderarzt genau kennt, zeigten mir, dass der Säugling mit Meningokokken, also mit Hirnhautentzündungs-Erregern, infiziert war. Er kam sofort ins Spital, wo sie ihn zwei Tage lang mit einer Lumbalpunktionsinfusion am Leben halten konnten, aber dann starb er doch. Man stelle sich vor, ich wäre nicht hingegangen.

Schliesslich bekam ich den Verleider. Ich bin mir vorgekommen wie eine Seidenraupe, die da spinnt und spinnt und spinnt und krampft und krampft und krampft. Ich verdiente einen ziemlichen Haufen Geld, trotz der damals bescheidenen Ansätze. Als die Wohnung an der Hotelgasse, in der meine Praxis lag, verkauft wurde, mochte ich nicht noch einmal an einem andern Ort neu anfangen. Zudem gab es in Bern inzwischen etliche Kinderarztpraxen. Gerade da wurde eine Stelle im Schularztamt frei. Ich übernahm das Schularztamt Bümpliz, in einem Quartier der aufkommenden Industrie. Da hat es Sachen gegeben, das kann man sich gar nicht vorstellen; da habe ich alles gesehen: Verbrechen, Inzest und Kindsmisshandlungen. Ich habe Tagebücher darüber geführt, um das zu verarbeiten.

Bild S. 164: Dr. med. Anna Schönholzer war Kinderärztin und Schulärztin.
PA Stefan Schönholzer

Cecilia Buob-Buchmann
Zahnärztin, Mutter, Mitglied der Schutztruppe der Bernischen Kraftwerke BKW

Cecilia Buchmann, 24.1.1901–3.12.1997, von Dürnten ZH, war die Tochter von Emilie Cäcilie Buchmann-Döbeli und Albert Buchmann, Betriebsleiter bei der Brienzer Rothornbahn beziehungsweise der Niesenbahn. Sie war neben Maria Wäber-Merz die erste Studentin der universitären Zahnheilkunde in Bern und gehörte hier mit ihrer Doktorarbeit von 1931 zum ersten halben Dutzend weiblicher Dr. med. dent. (vgl. Maria Wäber-Merz). Verheiratet mit dem Laupener Arzt Robert Buob erzog sie vier Kinder. Nach dessen frühem Tod betrieb sie ein knappes halbes Jahrhundert eine Zahnarztpraxis. Im Zweiten Weltkrieg war sie Mitglied der Schutztruppe der Bernischen Kraftwerke BKW. Dr. med. dent. Buob war als frühes Mitglied des Bernischen Frauenstimmrechtsvereins eine Pionierin der Frauenbewegung.

«Auf dem riesigen Estrich der BKW am Viktoriaplatz lernten wir abends schiessen»

Ich ging in Spiez in die Sekundarschule, konnte im Pfarrhaus essen und wollte unbedingt ins Lehrerseminar. Ich hängte ein schwarzes Tuch über die Vorhänge, damit man nicht sah, wie ich nachts arbeitete. Manchmal dachte ich, ich hielte nicht durch. Doch irgendwie ging es. Nach drei Jahren Seminar stellte sich die Frage «Wie weiter?» Es gab keine Stellen. Nach Hinterfultigen wollte ich mich nicht verdingen, ich wollte auch ins Theater, ins Konzert gehen können. Kolleginnen haben neunzig Bewerbungen geschrieben, bis sie eine Stelle fanden. Da meine erste Liebe Medizin studierte, wollte ich das auch. Dazu brauchte ich eine Matur. Ich durfte billig bei einer Cousine in Ausserholligen wohnen, hatte aber für die Privatlektionen einen Weg von drei viertel Stunden zu gehen. In kleiner Gruppe büffelte ich bei einem Privatlehrer Latein, bei einem anderen Mathematik. Letzterer meinte, ich würde es schaffen, wenn ich nicht noch den langen Nachhauseweg hätte. Vielleicht sah er auch, dass ich immer magerer wurde. Er und seine Frau liessen mich dann in ihrer geheizten Mansarde wohnen, und für fünfzig Franken für ihre Mehrausgaben konnte ich auch bei ihnen essen.

Dann liessen sich meine Eltern scheiden. Ich repetierte noch zehn Monate im Humboldtianum und schaffte schliesslich die strenge eidgenössische Matura. Mein Medizinstudium begann ich 1921 in Zürich. Zum Teil hatten wir zwölf Stunden Kolleg von morgens um sieben bis abends um sieben Uhr. Ich wusste: «Vogel friss oder stirb! Die erste Prüfung musst du schaffen.» Mir half in dieser Situation Dr. Emma Graf [Berner Lehrerin und Frauenrechtlerin]. Sie erreichte, dass mir die Louise-Lenz-Stiftung für begabte, aber wenig bemittelte Schweizer Medizinstudentinnen 300 Franken im Semester zahlte. Gottlob bin ich ein Examenstyp, und ich bestand die Vorprüfungen. Aber ich hatte immer Hunger.

1924 heiratete ich, noch Zürcher Studentin der Zahnmedizin, den verwitweten Arzt Robert Buob, Vater eines Sohnes. Da er eine Praxis in Laupen betrieb, wollte er, dass ich von Zürich nach Bern komme, um meine Studien hier zu beenden. Ich hatte noch zwei Semester bis zum Staatsexamen zu absolvieren. Mein Mann ging zum Regierungsrat, um die Angelegenheit zu regeln. Am zahnärztlichen Institut am Kanonenweg 14 gab es damals zehn Stühle und Apparate. Mehr hatten nicht Platz. Für mich rutschte man zusammen, ich brachte 1924 selbst eine Tretbohrmaschine mit. Bevor ich kam, waren die Studierenden gar nicht gut auf mich zu sprechen, aber als ein bescheidenes Mädchen mit seinem eigenen Apparat auftauchte, waren alle sehr hilfsbereit. Das Institut war mit einem Holzofen zu beheizen, nicht gerade steril. Die Behandlungsstühle waren noch nicht elektrifiziert, die Bohrmaschine musste mit Muskelkraft, das heisst mit dem Fuss, angetrieben werden.

Mein Mann starb bei einem ärztlichen Hausbesuch an einem unbewachten Bahnübergang [11. September 1929, Unfalltod, Saanebrücke bei Laupen]. Unser drittes Kind war gerade fünf Monate alt, ich stillte es noch. Wir hatten ausgemacht, dass ich erst weiterstudieren, das heisst den Doktor machen würde, wenn die Kinder gross seien. Nun aber zog ich von Laupen nach Bern und eröffnete eine Praxis am Kanonenweg 12. Da wollte ich nicht tatenlos warten, bis «die ersten Patienten in Strömen» kamen, und ich begann, meine Dissertation zu schreiben. Im Auftrag von Professor Léon Asher untersuchte ich die Wirkung seines Thymocrescinpräparats, welches das Wachstum fördern sollte. Meine Kurven zeigten aber nicht wie erwartet nach oben. Asher war wütend auf mich. Die Kollegen, die ihre Arbeiten jeweils schnell in drei Monaten hinschrieben, sagten, ich solle die Resultate doch ein wenig zurechtrücken. Das wollte ich aber nicht. Ich arbeitete über ein Jahr lang daran. Ich fürchtete, meine Dissertation werde nicht angenommen. Aber plötzlich kam ein Anruf, und man sagte mir, dass ich zur mündlichen Doktorprüfung gehen solle. Ich war erstaunt. Die Schlussfolgerungen meiner Arbeit hatte Professor Asher umgedeutet, die Aussage war frisiert. [Gemäss Buob war der Einfluss des Asher'schen Thymocrescins auf die Knochen «ein nicht so ausgesprochener, wie man früher anzunehmen geneigt war». Im Schlussabschnitt ihrer Dissertation von 1931 jedoch wurde festgehalten, dass «ein richtig hergestelltes Thymocrescinpräparat das Wachstum ausgesprochen zu fördern» vermöge.]

Dass ich 1938 in der Charité in Berlin arbeiten durfte, war eine grosse Ehre. Ich zahlte noch 200 Franken, damit ich dort lernen konnte. Ich wohnte bei jüdischen Freunden. Im Institut hing ein Plakat: «Trittst als Deutscher Du hier ein, Heil Hitler soll Dein Gruss nur sein.» Ich sagte jeweils Guten Morgen. Auch erinnere ich mich an einen Kalender, wo in der Liste der deutschen Hochgebirge auch Eiger, Mönch und Jungfrau aufgeführt waren. Was das Politische betraf, so liess man mich in Ruhe.

Nach der Bombardierung von Rotterdam und dem Fall von Paris [Mai, Juni 1940] änderten die Nazis ihre Taktik: Keine Invasionstruppe mit «Tschä-bäng» mehr, sondern Fallschirmtrupps mit spezialisierten Pionieren waren gefragt, welche die wichtigsten Werke wie Radiostudios und Kraftwerke stilllegen und die Zentren lahmlegen sollten. Man fürchtete auch in Bern, dass Fallschirmjäger herunterschweben und Wasserflugzeuge auf dem Wohlensee landen könnten. Besondere Sorgen machte man sich bei den Bernischen Kraftwerken BKW um das Wasserkraftwerk Mühleberg, es war strategisch ein heikler Punkt. Das Werk konnte nicht unter militäri-

Cecilia Buob-Buchmann im Gespräch mit dem Astronomen Professor Paul Wild.
Gosteli AgoF Fotosammlung nk Buob

sche Dauerbewachung gestellt werden, und für eine zivile Bürgerwehr mit Schusswaffen fehlten die Männer. Deshalb beschloss man, das weibliche Personal, das dort während des Krieges vornehmlich arbeitete, im Schiessen auszubilden. Einmal pro Woche fanden sich diese Frauen und ich als Outsiderin auf dem riesigen Estrich der BKW am Viktoriaplatz zu Schiessübungen ein. Die Instruktoren waren Offiziere in Zivil. Wir Mitglieder der Schutztruppe lernten, Karabiner und Revolver zu zerlegen und zu putzen, und wir schossen auch scharf. Es knallte manchmal ziemlich laut auf dem Estrich. Einmal kam um zehn Uhr nachts ein schüchterner Mann, der Hauswart, und meldete, die Nachbarn beklagten sich, sie könnten wegen der Schiesserei nicht schlafen. Ich sagte dem Abwart ungehalten, er solle den Leuten sagen, wenn die Deutschen kämen, könnten sie dann auch nicht schlafen. Wir hatten Angst und fühlten uns bedroht.

Ich kannte einen Journalisten, [Franz Albert] Kramer vom «Rheinischen Merkur». Er war gegen Hitler, stand deshalb auf der schwarzen Liste und war in die Schweiz emigriert. [Gesandter Otto Carl] Köcher von der deut-

◣ **Arm in Arm, das Ehepaar Cecilia und Robert Buob-Buchmann im Frühling 1927.** Institut für Medizingeschichte IMG, Universität Bern, Dossier Robert Buob

◥ **Cecilia Buob-Buchmann mit ihren Kindern.** Gosteli AgoF Fotosammlung nk Buob

◣ **Nachtaufnahme der BKW am Viktoriaplatz, wo Cecilia Buob-Buchmann das Schiessen übte.** Bernische Kraftwerke AG. 1898–1948. Festschrift zum 50-jährigen Jubiläum, Photographie 5, Bern 1949

◥ **Cecilia Buob-Buchmann, hinter Helene Stucki und Minister Walter Stucki sitzend, feiert 1950 das 50-Jahr-Jubiläum des Bundes Schweizerischer Frauenvereine BSF im Casino Bern.** Gosteli AgoF, ATP Bilderdienst

schen Botschaft versuchte, ihn zur Heimreise zu überreden, als 1943 der totale Krieg propagiert war. Kramer fand jedoch Ausflüchte und ging nicht. Wie man später sah, hatte die Gestapo schon einen Haftbefehl gegen ihn ausgestellt. Köcher machte nach dem Krieg Selbstmord. Das Gesandtschaftspersonal wurde ausgewechselt. Es blieben Abwarte und Putzfrauen, die waren ja nicht dumm gewesen und erzählten manches.

Auch nach dem Krieg führte ich meine Privatpraxis im Parterre des Kanonenwegs 12 weiter. Eines Tages aber wollte der Kanton meine Wohnung kaufen, um das zahnärztliche Institut im Nebenhaus auszubauen. Für meine Installationen wollte er nur 6000 Franken geben. Es war für mich ein Drama. Ich erkundigte mich. Der Regierungs- und spätere Bundesrat Markus Feldmann legte mir die Hand auf die Schulter und riet: «Nehmen Sie einen Anwalt, sonst werden Sie übervorteilt.» Ich ging zu Marie Boehlen. Sie setzte sich furchtbar für mich ein, forderte, dass zumindest ein Praxiswechsel ganz ohne finanzielle Einbusse für mich abgewickelt werden müsste. Dann hörte ich nichts mehr, und ich dachte, der Kanton wolle nun anderswo bauen. Aber plötzlich erhielt ich ein Telefon, das Haus sei nun verkauft und Kauf breche Miete. Ich müsse hinaus. Für mich war das ein Schlag. Meine Existenz stand auf dem Spiel. Und ich fühlte mich hintergangen, vor allem von den Behörden. [Kanonenweg 12 und 14 gingen am 1. Juni 1951 in das Eigentum des Staates über und Dr. Buob zog schliesslich an die Beundenfeldstrasse 29b.]

Bild S. 172: Cecilia Buob-Buchmann war ein frühes Mitglied des Bernischen Frauenstimmrechtsvereins. Gosteli AgoF Bestand Debrit-Vogel Agnes

N.F.
Deutsche Jüdin, staatenlose Emigrantin, Gymnasiallehrerin, Berufsschullehrerin

N.F., die in Berlin aufgewachsene Tochter eines deutschen Juden und einer Bernerin, wollte anonym bleiben. Der Vater stammte aus einer alten jüdischen Gelehrtenfamilie und war ein führender Mann der deutschen Reichsbahn. Nachdem die Nazis an die Macht gekommen waren, wurde er zwangspensioniert, dann der Pension beraubt, dann verfolgt. Seine Frau liess sich zur Rettung ihrer Kinder zwangsscheiden. Sie konnte in die Schweiz zurückkehren und sich rückeinbürgern lassen. Ihre Tochter, offiziell eine Deutsche, lebte bei ihr in Bern. Der Vater hielt sich nach der Rückwanderung seiner Familie in Berlin versteckt. Er wurde entdeckt und aus rassischen Gründen erschossen. Die Mutter war mittellos. Deshalb wurde sie trotz ihres hohen Alters mit Rücksicht auf ihre schweren Schicksalsschläge und die Notwendigkeit des Verdienstes von einem kantonalbernischen Amt als Aushilfe angestellt. Ihre Tochter N.F. studierte. Nach dem Krieg eröffnete Berlin 1949 ein Wiedergutmachungsamt. Gesetze zur Entschädigung der Opfer der nationalsozialistischen Verfolgung wurden erlassen. Trotz der Unterstützung durch Arbeitgeber, politisches Departement und Schweizer Gesandtschaft in Berlin hatten Frau F. und N.F. jahrelang auf Schadenersatz zu warten. 1956 wurde ihr Wiedergutmachungsgesuch von Deutschland zum grössten Teil gutgeheissen. N.F. arbeitete als Lehrerin und wurde 1954 eingebürgert.

«Sie stellten mir immer Ultimaten, innerhalb von drei Monaten müsse ich raus aus der Schweiz»

Meine Mutter war Bernerin, mein Vater ein deutscher Jude. Darum verbrachte ich meine Kindheit in Deutschland. Philosophie studierte ich dann in Florenz. Meine Hoffnung war, nach der Promotion in Italien Philosophie unterrichten zu können. Doch nach meinem Doktorexamen kam 1939 die Hitlerei. Als Mischling, halb Jüdin, halb Christin, hatte ich keine

Zukunft. Ich fuhr 1941 zu meiner Mutter, die sich rückeingebürgert hatte, nach Bern. Mein Vater kam in Deutschland um.

In Bern war mein italienischer Doktortitel nichts als eine unnötige Verzierung. Ich entschloss mich, das Gymnasiallehrerpatent nachzumachen. Ich studierte bei Professor Fritz Strich deutsche Sprache und Literatur. Er war grossartig. Strich trug anhand winziger Zettel vor und formulierte druckreif. Er sprach sehr langsam, sodass ich seine Sätze heftweise mitschreiben konnte. Germanistikprofessor Helmut de Boor habe ich äusserlich als eleganten und weltmännischen Gentleman in Erinnerung. Im Kreise der antinazistischen Schweizer, die bei meiner Vermieterin verkehrten, einer wilden Antifaschistin, wurde er als Spion der Nazis betrachtet.

In Bern verlebte ich sehr schwierige Jahre. Als ich auf der deutschen Gesandtschaft meinen deutschen Pass erneuern wollte, wurde mir beschieden, dass ich nach Deutschland zurückkehren müsse – in ein Arbeitslager – oder dass der Pass eingezogen würde. So kam ich ohne Pass, als Staatenlose, aus der Gesandtschaft heraus. Das war sehr schlimm. In diesem schweren Moment setzte mir die schweizerische Fremdenpolizei ganz furchtbar zu. Einer sagte mir auf Berndeutsch ins Gesicht, ich hätte mich wegen meiner Mutter eingeschlichen, und sie stellten mir immer Ultimaten, innerhalb von drei Monaten müsse ich raus aus der Schweiz. Meine Mutter hat Verlängerungsgesuch um Verlängerungsgesuch geschrieben, erst alle drei, dann alle sechs Monate.

Ich fühlte mich nicht als Deutsche, die mütterliche Familie war prägender. Ich lernte früh, Schweizerdeutsch zu sprechen. Deshalb habe ich ein sehr altes Vokabular. Als ich kürzlich einige Tage im Spital war, habe ich mich damit amüsiert, eine Liste von all den Wörtern zu erstellen, die ich aus meiner Kindheit kenne und die man in der Schweiz nicht mehr gebraucht.

Nach dem Krieg habe ich 1945 das Einbürgerungsgesuch gestellt. Damals mussten Ausländerinnen und Ausländer zwölf Jahre auf das Schweizer Bürgerrecht warten. Obwohl meine Mutter Schweizerin war, dauerte es auch bei mir neun Jahre. Dass sie mir drei Jahre erliessen, geschah nur, weil sich Freunde aus Bern für mich einsetzten und erklärten, wenn diese Schikane nicht aufhöre, würden sie es in die Zeitung setzen. Mir blieb das rätselhaft und mit Ressentiments belastet. Die Ungewissheit hat mich enorm niedergedrückt. Als Staatenlose war mir ja auch nicht erlaubt, als Lehrerin zu arbeiten, und wir hatten kein Geld. Wieder waren es Freunde, unter ihnen ein früherer Schulkamerad meiner Mutter, die halfen. Sie erwirkten die Erlaubnis, dass ich Stellvertretungen an Schulen halten konnte. So führte ich ziemlich lange in Langnau im Emmental eine Abendschule für Italienisch. Das war sehr nett. Etwas unangenehm war nur, dass ich immer erst nach Mitternacht nach Hause kam.

Am Kirchenfeldgymnasium konnte ich einen Italienischlehrer vertreten, der eine Studienreise machte. Ich lehrte ein ganzes Jahr und führte auch eine Italienischklasse zur Matur. Aber nur als Vertreterin! Im Lehrerkollegium war ich die einzige Frau und so viel ich weiss auch die erste, nie sah ich hier eine weibliche Person. Das war gar nicht gemütlich, im Lehrerzimmer herrschte keine gute Stimmung. Als mich Rektor Walter Müri aufforderte, mich für eine definitive Anstellung zu melden, ging ich nicht darauf ein. Ich zog es vor, am Seminar Marzili als Lehrerin zu arbeiten.

Ruth Jaccard-Jaussi
Zahnärztin, Mutter, freiwillige Arbeitsdienstlerin, militärische Hilfsdienstlerin

Ruth Jaussi, 10.6.1918–20.2.1998, von Wattenwil, war die Tochter von Hulda Jaussi-Schären und dem Zahntechniker Paul Jaussi. Sie studierte in den Kriegsjahren vom Winter 1937 bis zum Sommer 1943 Zahnmedizin. Ruth Jaussi war im militärischen Hilfsdienst und gehörte zu den knapp fünf Prozent Studierenden, die dem Aufruf des Verbandes schweizerischer Studentenschaften folgten und zwischen 1938 und 1944 freiwilligen Arbeitsdienst leisteten. Sie promovierte 1944 mit einer Arbeit über das Medizinische Institut in Bern. Verheiratet mit dem Fürsprech und Diplomaten Maurice Jaccard praktizierte Dr. Ruth Jaccard-Jaussi auch als Mutter zweier Kinder teilzeitlich als Zahnärztin.

«Wir standen ohnmächtig daneben, wenn sie sich buchstäblich im Schmerz wälzte»

Dass ich nicht, wie vorgehabt, Kinderärztin, sondern Zahnärztin wurde, hat nichts damit zu tun, dass ich eine Frau bin. Es war eine finanzielle Notwendigkeit. Zahnärzte wurden nämlich bereits in der Assistentenzeit bezahlt, und als jüngstes von vier Kindern galt es, auf die Lage der Eltern Rücksicht zu nehmen. Auch die Violinstunden musste ich aus finanziellen Gründen aufgeben, obwohl ich sehr gerne und gut Geige spielte. Mutter zwang mich, zu sagen, ich hätte keine Zeit. Gott sei Dank konnte ich später der Violinlehrerin alles erklären. Die war ausser sich. Sie hätte doch alles getan, um mir weiterhin Stunden zu geben, meinte sie.

Ich wurde im Studium gar nicht diskriminiert. Nein, wir waren wirklich nicht diskriminiert. Aber der Krieg war schlimm. Im Herbst 1938 hatte ich mein Physikum zu machen. In der Nacht zuvor ging ich sehr zeitig zu Bett, um für diese Prüfung ausgeruht zu sein. Aber an diesem Abend

△ **Ruth Jaussi zusammen mit Vreni Willener 1941/42 im medizinischen Labor.**   PA Ruth und Maurice Jaccard-Jaussi
◩ **Ruth Jaussi im Landdienst bei ihrer vierzehnköpfigen Grafenorter Familie.**   PA Ruth und Maurice Jaccard-Jaussi

wurde im Radio die berüchtigte Rede Hitlers im Berliner Sportpalast übertragen. [Rede Hitlers vom 26. September 1938 zur Forderung nach der Abtretung des Sudetenlandes an das Deutsche Reich als letzte territoriale Revisionsforderung – Frieden oder Krieg! Am gleichen Abend prägte Joseph Goebbels die Losung «Führer befiehl, wir folgen!»] Meine Nachbarn hörten mit laut aufgedrehtem Lautsprecher zu. Es wurde eine schreckliche Nacht.

Wir waren [an der Bellevuestrasse] Nachbarn von Professor Walter Porzig. Es war schrecklich, zu sehen, wie er, selbst bei grösster Kälte, seinen kleinen Buben mit Morgenturnen traktierte. Porzigs haben, so viel ich weiss, dann im Krieg einen Sohn verloren, vielleicht den armen Morgenturner. Ich erinnere mich auch, wie sie jeweils im Garten die Fahne hissten und zum Beispiel «Deutsch die Saar» sangen. Von Professor Fritz Zetsche

Literaturgymnasium Kirchenfeld Bern, Matura Herbst 1937: (vorderste Reihe v.l.n.r.) Fritz Rupp (med.), Ehemann von Julia Rupp-Haller, Ruth Jaussi (Zahnärztin), Vreni Willener (Zahnärztin) und Rösli Siegenthaler. Hinter Fritz Rupp und Ruth Jaussi steht Maurice Jaccard (jur.), Ehemann von Ruth Jaccard-Jaussi. PA Ruth und Maurice Jaccard-Jaussi

kannte ich eine Tochter vom Progymnasium her. Sie war, wie ihr Vater, eine begeisterte Nationalsozialistin.

Auf der andern Seite kannten wir alle Amalia «Mala» Wiszniacka, eine polnische Jüdin. Ihre Familie hatte sie 1938 [der Anschluss Österreichs erfolgte im März 1938] von Wien aus in die Schweiz geschickt und ihr gesagt, sie solle ja nicht mehr nach Hause kommen. Sie wussten genau, wieso! Sie können sich nicht vorstellen, wie diese Frau gelitten hat. Ihre ganze Familie wurde ausgelöscht. Wir standen ohnmächtig daneben, wenn sie sich buchstäblich im Schmerz wälzte. «Mala» lernte hier den polnisch-jüdischen Ingenieur Oleg Klucznik kennen, der als Offizier der Polen-Division 1940 in der Schweiz interniert worden war. Die beiden zogen bei der erstbesten Gelegenheit nach Israel, wo sie an einem Erfolg versprechenden Aufbau mithelfen konnten. Gottlob musste Mala dann die weitere Entwicklung Israels nicht mehr miterleben. Sie ist in Tel Aviv gestorben.

Im August 1941 absolvierte ich den freiwilligen Landdienst. Es waren prozentual gesehen wenige Studenten, die dies taten, da ein Grossteil der Studenten im Aktivdienst war. In Grafenort, in der Nähe von Engelberg, half ich bei einer vierzehnköpfigen Familie aus, deren Mutter mit offener Tuberkulose in Davos lag. Der Lebensstandard dieser Familie war äusserst bescheiden. Lange Jahre noch blieb ich mit ihr in Kontakt und erhielt immer wieder kleine Geschenke, eine Konfitüre oder ein Edelweiss.

Während meiner Assistenzzeit versah ich drei Praxen, da ja alle Zahnärzte im Dienst waren. Zudem überliess uns Dr. Eugène Bacharach seine Praxis, und so konnten wir gratis, oder zumindest sehr kostengünstig, jüdische Freunde und Emigranten behandeln.

Nach meiner Heirat arbeitete ich weiter, auch um den Eltern eine Pension zahlen zu können. Nach der Geburt meiner beiden Kinder setzte ich jeweils ein Jahr aus. Insgesamt war ich zwanzig Jahre lang an drei Vormittagen in verschiedenen Praxen tätig. Meine Mutter half im Haushalt und hütete die Kinder, was diese sehr schätzten. So ging das ganz gut. Man darf sich natürlich auch nicht überfordern. Ich weiss von einer Kollegin, die versuchte, alles zu vereinen: Familie, Kinder, vollamtliche Berufstätigkeit. Sie hat verständlicherweise psychische Probleme bekommen. Ob man mir nicht zu verstehen gegeben habe, dass ich mich als verheiratete Frau und zweifache Mutter ganz der Familie widmen sollte? Nein, nie.

Bild S. 181: Ruth Jaussi im militärischen Hilfsdienst als Luftschutzsoldatin 1943/44.
PA Ruth und Maurice Jaccard-Jaussi

Margrit Roost-Pauli
Ärztin, Mutter, Lehrerin für Arztgehilfinnen

Margrit Pauli, 21.11.1917–10.5.2009, von Alchenstorf BE, war die Tochter von Frieda Pauli-Adam und dem Berner Professor für landwirtschaftliche Betriebslehre Walter Pauli. Als sie in Bern ab 1936 Medizin studierte, war sie in einer Studentengruppe integriert, der ihr späterer Mann und ihr zukünftiger Schwager angehörten. Margrit Pauli eröffnete nach dem Krieg mit ihrem Ehemann Hanspeter Roost in Thun eine Arztpraxis. Später arbeitete sie an der Arztgehilfinnenschule in Spiez.

«Wir paar Frauen hatten einfach alles zu machen.
Im Spital waren ganze Abteilungen allein zu führen»

Ich hatte keinen Bruder und eiferte schon als Kind meinem Vater nach. Ich studierte also ganz selbstverständlich und ohne Umschweife Medizin in Bern. Der Studienbetrieb damals war überschaubar, familiär. Besonders beeindruckten mich die Ausflüge mit dem jungen Physiologieprofessor Alexander von Muralt. Mit ihm stiegen wir aufs Jungfraujoch oder auf den Mönch. Wir verbanden diese Touren mit medizinischen Experimenten an uns selbst. Um beispielsweise Kreislaufprobleme zu untersuchen, massen wir uns den Blutdruck unten am Berg und oben auf dem Gipfel. Ich war eine geübte Bergsteigerin und fotografierte auch gern, und so blieben mir diese Ausflüge in schöner Erinnerung.

Wir Frauen mussten sicher mehr wissen als die Männer. Aktiv versuchte man uns aber nicht, an etwas zu hindern. Ich hörte auch keine schlimmen Witze oder despektierlichen Bemerkungen. Ganz vereinzelt erinnere ich mich an Vorkommnisse, die ich aber damals nicht als frauenfeindlich einstufte oder die für mich einfach nicht ins Gewicht fielen. Gynäkologieprofessor Hans Guggisberg im Frauenspital rieb uns allerdings unter die Nase, dass wir Studentinnen alte Erstgebärende sein würden. Seiner Ansicht nach hätte man vor dem 25. Altersjahr das erste Kind haben sollen. Er war gegen das Frauenstudium. Seine Tochter Heidy studierte zwar dann auch – Chemie –, da konnte er wohl nichts machen.

Ich habe mich in meiner Studienzeit mehr über die soziale als über die geschlechtsspezifische Diskriminierung aufgehalten. Da gab es nämlich den alten Zopf, dass man im gynäkologischen Kurs der Studentenschaft nur ledige Schwangere vorführen dürfe. Das waren natürlich meist ärmere Leute. Schon dadurch stigmatisiert, dass sie allein mit einem Kind dastanden, zerrte man sie noch vor die Studenten. In den andern Medizinkursen war es üblich, dass die interessantesten Fälle vorgezeigt wurden. Hier aber wussten gleich alle, wen sie vor sich hatten. Das Vorführen «minderer Ware» fand ich unmenschlich und fürchterlich. Es degoutierte mich so, dass ich mir schwor, nie im Spital zu entbinden, und ich brachte alle meine vier Kinder, trotz Steisslagen, zu Hause zur Welt.

Der zweite Teil meines Studiums fiel in die Kriegszeit. Auslandsaufenthalte waren unmöglich, so besuchte ich 1940 gastweise die Universität Lausanne. In den Kriegsjahren waren Spitäler und Institute verwaist, wir jungen Studierenden wurden einfach ins kalte Wasser geworfen. Wir mussten Aufgaben übernehmen, die man uns in Friedenszeiten nie so unvorbereitet zugemutet hätte. Wir paar Frauen hatten einfach alles zu machen, auch wenn wir wenig Praxis hatten. Im Spital waren ganze Abteilungen allein zu führen.

Während des Kriegsstudiums wurden wir abends staatsbürgerlich geschult. Das kam so: Eine unserer Kommilitoninnen, Rosmarie Locher, war in Berlin. Hier sah sie am Anschlagbrett den Aufruf «Einsatzbereite Studenten für die Schweiz gesucht». Die Sache wurde publik, und hierauf gab uns die Neue Helvetische Gesellschaft staatsbürgerlichen Unterricht, damit wir allfälligen Agitatoren entgegenhalten konnten. Tatsächlich erschienen Zwillinge namens [Hans und Ludwig] Kempe aus Berlin und machten sich an Studierende heran. Da Bern aber, wie sie uns sagten, ein steiniger Boden war, gingen sie weiter nach Genf. Mit gemischten Gefühlen denke ich auch an zwei Medizinstudentinnen und ihren Freund, die rechtsextrem waren und nach Zürich fortgeekelt wurden.

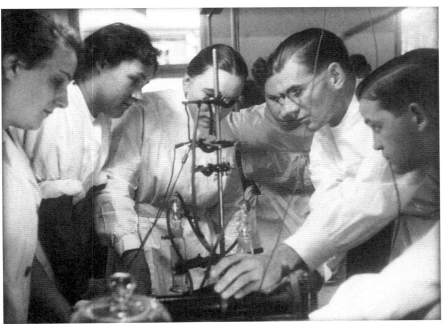

Übungen im Physiologischen Laboratorium II im Winter 1938/39: (v.l.n.r.) Amalia Wiszniacka, Margrit Pauli, Heidi Wenger, Elsa Mühlethaler (verdeckt), ein Assistent und Franchino Rusca.
Universitätsarchiv Bern, Fotoarchiv

Während der Ferien waren wir auch mit der Anbauschlacht beschäftigt, zu der Rektor Walther Frey aufrief, übrigens der Vater unseres Kommilitonen Ueli Frey. Da wir in der Familie meiner Mutter selbst einen Bauernhof in Schlatt hatten, arbeitete ich dort. Wir arbeiteten hart in dieser Zeit, pflügten überall Gärten und pflanzten Kartoffeln. Wir erhielten hundert Gramm Butter und ein Ei im Monat. Auf dem Bauernhof bekam man wenigstens Milch. Die jungen Leute können sich das gar nicht mehr vorstellen, und wir haben es auch vergessen.

Bei der Anbauschlacht machte auch meine Freundin, Amalia «Mala» Wiszniacka, eine polnische Jüdin mit [vgl. Ruth Jaccard-Jaussi]. Mit besonderer Rührung erinnere ich mich, wie wir zusammen auf dem Bauernhof Runkeln ausmachten. Mala hatte in Wien studiert. Als hier 1938 die Deutschen einmarschierten, kam sie nach Bern. Noch heute sehe ich das Bild unserer ersten Begegnung vor mir: Im grünen Samtrock mit roten Haaren

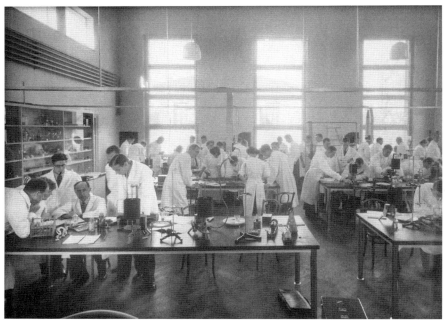

△ Blick auf die Gruppenarbeiten, die in der Physiologie im Winter 1938/39 geleistet wurden.   Universitätsarchiv Bern, Fotoarchiv
△ Margrit Pauli als Studentin.   PA Andrea Roost
⌐ Margrit Roost-Pauli als Ärztin.   PA Andrea Roost

stand sie unter der Tür des Hörsaals. Allein. Ich war entschlossen, sie in unseren Studentenkreis zu integrieren. Wir nahmen sie einfach immer mit uns, und Mala ass mit uns im elterlichen Haushalt. Sie hatte 1939 vorgehabt, noch einmal besuchsweise nach Hause zurückzukehren. Gottlob lag sie dann in diesen Semesterferien krank in der Klinik. Das rettete ihr das Leben. Für Mala war es natürlich eine fürchterliche Zeit, aber auch für mich, die ich so intensiv mit ihr mitlebte. Immer wartete sie auf Nachricht von ihren Eltern, und eines Tages erfuhr sie, dass sie in Auschwitz vergast worden waren. Mala machte dann ihren Doktor in Bern und heiratete 1944 einen polnisch-jüdischen Ingenieur. Sie ging mit ihm nach Paris und mit einem der ersten Schiffe nach Israel. In Tel Aviv wurde sie Chefärztin in einem Spital für cerebralgeschädigte Kinder und Mutter einer Tochter.

Ich heiratete 1943 meinen Studienkollegen Hanspeter Roost. Während unserer Assistenzzeit kümmerte ich mich im Sommer tagsüber um die Kinder und arbeitete nachts im Labor. Im Winter, wenn ich an der Medizinischen Abteilung beschäftigt war, stellten wir Haushaltshilfen an. Wir beendeten unsere Ausbildungszeit trotz der vier Kinder nicht später als üblich. In Thun eröffneten wir eine allgemeine Arztpraxis. Ich übernahm die Gynäkologie und entband bei vielen Hausgeburten. Bei der Praxiseröffnung waren unsere vier Kinder bereits grösser, und wir hatten eine Frau im Haushalt angestellt. Manchmal kam auch meine Mutter zu Hilfe. Man musste einfach gut organisieren und durfte nicht ausfallen. Alles in allem war es eine harte, aber schöne Zeit, und ich gäbe keine Stunde davon.

Als mein Mann und ich später eigene Wege gingen, verlor ich meinen Arbeitsplatz. Ich hielt mich mit Vertretungen über Wasser. Zu dieser Zeit fragte man mich an, ob ich die Ausbildung der Arztgehilfinnen an der Schule in Spiez übernehmen würde. Das war ein Glücksfall für mich – und für die Schule. Ich sagte Ja, nicht zuletzt, weil ich bei dieser Arbeit die Betreuung meines plötzlich schwer erkrankten Sohnes übernehmen konnte. Er war Dialysepatient, chronisch, unheilbar.

Bild S. 185: Margrit Roost-Pauli als Lehrerin in der Arztgehilfinnenschule Spiez. PA Andrea Roost

Elisabeth Ettlinger-Lachmann

Professorin für provinzialrömische Archäologie, staatenlose Emigrantin, Mutter

Elisabeth Lachmann, 14.7.1915–21.3.2012, war die Tochter von Hedwig Lachmann-Hopf und dem deutsch-jüdischen Geologen und Breslauer Privatdozenten Richard Lachmann. Nach dem Abitur 1934 an der Deutschen Oberschule Berlin-Mariendorf verbrachte sie den Sommer in Italien. Sie studierte klassische Archäologie in Zürich (1934/35–1936) und in Basel (1936). In den Sommern 1936–1938 nahm sie an den römischen Ausgrabungen in Windisch und Augst teil, 1938/39 war sie Volontärin am Historischen Museum Basel. Verheiratet mit dem deutschen Emigranten Leopold Ettlinger wurde sie Mutter zweier Söhne. 1942 promovierte Elisabeth Ettlinger-Lachmann als Staatenlose über die Keramik der Augster Thermen. 1964 erhielt sie in Bern einen zweistündigen Lehrauftrag für die Archäologie der römischen Provinzen. Obwohl sie 1970–1977 bloss eine teilzeitliche und nebenamtliche Professur erhielt, gilt sie als Promotorin der provinzialrömischen Forschung in der Schweiz und war 1957 Spiritus Rector der internationalen Vereinigung zur Erforschung römischer Keramik. Von 1970 bis 1985 amtete sie als Präsidentin der Gesellschaft Pro Vindonissa.

«Nicht die Arbeit war hart, furchtbar war, das Schicksal unserer Familien zu verfolgen»

Ob es für mich selbstverständlich war zu studieren? Ja, das war selbstverständlich. Auch meine Mutter hatte studiert, hörte aber auf, als sie heiratete. Mein Vater war Privatdozent für Geologie an der Universität Breslau gewesen und 1916 im Ersten Weltkrieg gefallen. Ich habe ihn gar nie gekannt. Wegen der Hitlerei musste ich nach der Matura Deutschland als Neunzehnjährige 1934 verlassen, weil mein Vater Jude war. Meine halbjüdische Mutter konnte bleiben, da sie in zweiter Ehe einen sogenannten Arier geheiratet hatte. In die Schweiz kam ich, weil der Bruder meiner Mutter [Heinz Hopf] Professor für Mathematik an der ETH Zürich war. Bis 1938 bekam ich noch Geld aus Deutschland, danach musste ich sehr sparsam leben. Ich konnte und wollte ja meinem Onkel nicht zur Last fallen.

Schon in der Schule wusste ich, dass ich Archäologie und Kunstgeschichte studieren wollte. Ich absolvierte meine Studien hauptsächlich in Basel, wo ich 1942 über die Keramik der Augster Thermen doktorierte. Geheiratet hatte ich bereits 1940. Auch mein Mann, Leopold Ettlinger [späterer ETH-Professor für Mikrobiologie], war Emigrant. Wir zogen nach Zürich, wo er dank seinem Professor auf Assistentenstellen arbeiten konnte. Ab 1943 bin ich mit der Bearbeitung der Keramik verschiedener römischer Fundorte der Schweiz beauftragt worden.

Wie ich Familie, Kinder, Beruf und Wissenschaft verbinden konnte? Gearbeitet habe ich immer etwas. Ich hatte im Auftragsverhältnis Materia-

Andreas Zürcher fotografiert, wie Professor Hans Jucker und Professorin Elisabeth Ettlinger 1966 den Porte St.-André in Autun fotografieren. Foto vom 17. März 1966, © Andreas Zürcher, Zürcher Kantonsarchäologe

Elisabeth Ettlinger erklärt das Gladiatorenmosaik in Augusta Raurica. © Andreas Zürcher, Zürcher Kantonsarchäologe

lien wissenschaftlich zu untersuchen. Meine zahlreichen Publikationen entstanden abends zwischen acht und elf Uhr, wenn die zwei Söhne schliefen. Ich verdiente gerade so viel, dass es für die Haushalthilfe reichte, die ich haben musste. Nicht die beruflichen und familiären Belastungen aber waren hart, schlimm waren die Kriegsjahre. Es war furchtbar, das Schicksal unserer Familien zu verfolgen. Familienmitglieder, die keine Nazis waren, wurden ausgebombt. Meine Schwiegermutter kam ins Konzentrationslager Gurs in Frankreich. Verwandte meines Mannes gelangten auf abenteuerliche Weise nach Israel. Wir waren dankbar, in der Schweiz zu sein. 1953 wurden wir eingebürgert.

In den 1960er Jahren fanden die Berner Professoren Hans Jucker (klassische Archäologie) und Hans-Georg Bandi (Urgeschichte), ich sei die ge-

◈ **Elisabeth Ettlinger sitzt als Dritte von rechts lachend auf der Treppe vor dem Vindonissa-Museum in Brugg. In der Tür steht die Fribourger Achäologin Jenny Engel.** © Andreas Zürcher, Zürcher Kantonsarchäologe

◥ **Zeichnung von Armin Haltinner, 1995 in der Festschrift für Elisabeth Ettlinger publiziert.** Zeichnung © von Armin Haltinner, in: Temporis Conscriptae Ardori, 1995

◣ **Elisabeth Ettlinger im Oktober 1985.** PA Elisabeth Ettlinger

◥ **Die junge Elisabeth Ettlinger.** Unilink, Bern, Mai 2012

eignete Person, um in der Bundesstadt die Archäologie um das Fach «römische Provinzen» zu erweitern, und so erhielt ich 1964 einen Lehrauftrag für provinzialrömische Archäologie, ohne mich vorher irgendwie darum bemüht zu haben. Dies war meine erste feste Stelle. Ich wollte den Lehrauftrag gar nicht unbedingt, er machte mir dann aber viel Freude. Wie andere auch wurde ich von Professor Andreas Alföldi, der in Bern und Basel Professor gewesen war und nun in Princeton (USA) lebte, eingeladen. Hier schrieb ich meine Habilitationsschrift über die Kleiderschnallen: «Die römischen Fibeln in der Schweiz». 1969 wurde ich in Bern habilitiert und erhielt 1970 eine nebenamtliche ausserordentliche Professur.

Ein Ordinariat strebte ich nie an. Das hätte ich gar nicht gekonnt, ich hatte ja meine Familie in Zürich. So fuhr ich immer nur für einen Tag pro Woche nach Bern. Ich arbeitete ja immer nebenher auch noch an sehr vielen grösseren Publikationen und machte bei Ausgrabungen mit. Ich war zum Beispiel in Mallorca, häufig auch wochenweise in Bonn. Von der deutschen Ausgrabung haben sie mir das ganze Material in Kisten nach Zürich geschickt. So hatte ich zu Hause jahrelang den Keller voll römischer Scherben.

Ich war auch «die Lehrerin». Meine Schüler hatten mich offenbar gern. Meine Studenten sind nun im mittleren Alter und haben ihre Posten, auch im Ausland. Mit allen habe ich Kontakt. Es hat mich sehr gefreut, dass man mir zu meinem 80. Geburtstag im Landesmuseum ein grosses Fest gegeben hat und ich viele, viele Freunde und Bekannte aus aller Welt treffen konnte. Nun schreibe ich anhand der Literatur einen Aufsatz zur Keramik der 11. Legion in Vindonissa. Ob ich diesen noch fertig stellen kann in diesem meinem Leben, weiss ich allerdings nicht. [Der Aufsatz wurde fertig und 1998 im Jahresbericht der Gesellschaft Pro Vindonissa veröffentlicht.]

Bild S. 190: Elisabeth Ettlinger am Schreibtisch. Roth-Rubi Kathrin, Schriftenverzeichnis Elisabeth Ettlinger, 1990

Anmerkungen, Literatur und Quellen

Anmerkungen allgemein

Wissenschaftliche Werke der Interviewten, die leicht in der Onlinedatenbank https://www.swissbib.ch abgerufen werden können, sind hier nicht aufgelistet. Zitiert werden Dissertationen und Habilitationen. In der Regel werden dazu Bücher und Berichte notiert, die im Text erwähnt oder eng mit der Biografie der Interviewten verflochten sind, zum Beispiel Nekrologe, biografische Skizzen oder Bücher mit Hinweisen auf die Biografie der Interviewten.

Nicht aufgeführt sind die online abrufbaren HLS-Artikel: http://www.hls-dhs-dss.ch.

Nicht aufgeführt sind die online abrufbaren Wikipedia-Artikel: https://de.wikipedia.org.

Quellen, die den Einleitungen und Anmerkungen zu den Interviews allgemein zu Grunde liegen, werden nicht einzeln erwähnt:

die online oder im Staatsarchiv Bern vorhandenen Matrikel der Interviewten: ab 1923: StAB BB III b ab 1167. ▪ die im Staatsarchiv Bern archivierten Dozentendossiers der philosophischen Fakultäten I und II: http://www.query.sta.be.ch/suchinfo.aspx. ▪ die im Universitätsarchiv Bern archivierten biogr. Dossiers von Studentinnen und Dozentinnen. ▪ die im Staatsarchiv Bern archivierten Promotionstabellen aller Fakultäten, 1910–1956: StAB BB III b 1197 bis StAB BB III b 1200. ▪ die im Staatsarchiv Bern archivierten Promotionen Dr. Med. Inländer (1937–1946), StAB BB 05.10.106–05.10.109. ▪ die im Staatsarchiv Bern archivierten Fakultätsprotokolle. ▪ BAR, Eidgenössische Medizinalprüfungen, Protokolle der naturwissenschaftlichen und anatomisch-physiologischen Prüfungen, Protokolle der praktischen und der mündlichen Abteilung der ärztlichen, tierärztlichen und zahnärztlichen Fachprüfungen. Onlineabfrage nach den Dossiers Medizinalprüfungen E3300A#1000/762#XXX: https://www.swiss-archives.ch/suchinfo.aspx. ▪ Schweizerisches medizinisches Jahrbuch = Annuaire médical suisse. ▪ Verzeichnis sämtlicher Burger der Stadt Bern beziehungsweise Verzeichnis der Burger der Stadt Bern. ▪ Universität Bern, Verzeichnis der Behörden, Lehrer, Studienanstalten und Studierenden.

Staats: Eidgenössische Staatsexamen beziehungsweise Eidgenössische Medizinalprüfungen, erwähnt ist das Datum der jeweils letzten Fachprüfung. Siehe BAR.

Patent: Kantonale Patente ermächtigten zur Führung einer Arztpraxis in ihrem Gebiet. Die Jahre mit Patentbewilligung wurden zusammengestellt aus den Bernischen Staatskalendern von Martina Graf und Marco Mijuskovic, Die praktizierende Ärzteschaft des Kantons Bern, Teil 1: 1844–1918, Bern 2004, und von Valérie Florence Blattmann und Renzo Giulio Bassetti, Die praktizierende Ärzteschaft des Kantons Bern, Teil 2: 1919–1974, Bern 2004.

Anmerkungen und Literatur zu den einzelnen Interviews

Einleitung: Rogger Franziska, Interview vom August 2002 mit Elsbeth Barbey-Matti. Vgl. Pryce-Jones David, Unity Mitford: A Quest, London 1976; Schweizer Jllustrierte Zeitung, Nr. 3, 1940. ▪ Rogger Franziska, Der Doktorhut im Besenschrank, Bern 1999/2002. ▪ Rogger Franziska, Einsteins Schwester: Maja Einstein – ihr Leben und ihr Bruder Albert, Zürich 2005. ▪ Rogger Franziska, Gebt den Schweizerinnen ihre Geschichte!, Zürich 2015.

Dora Zulliger-Nydegger: Rogger Franziska, Interview vom 20. Oktober 1995 mit Dora Zulliger-Nydegger an der Unteren Häslibachstr. 48 in Küsnacht ZH. ▪ Stoll Friedrich, Geschichte und Erlebtes von Gambach, Schwarzenburg 1988, S. 50. ▪ Caprez-Roffler Greti, Die Pfarrerin. Lebenserinnerungen der ersten Bündner Theologin, Chur 1981, S. 36, 63, 64. ▪ Zürichsee-Zeitung, Tagblatt für die rechtsufrigen Seegemeinden, Stäfa ZH. ▪ Schmid Ursula und Alfred Egli, Nachrufe, Küsnachter Jahrheft 2003, S. 101, 102.

Irma Tschudi-Steiner: Rogger Franziska, Interview vom 15. September 1995 mit Irma Tschudi-Steiner am Pelikanweg 5 in Basel. ▪ Steiner Irma, Fluoreszenzmikroskopische Untersuchungen an Rindenpulvern unter Zuhilfenahme von Reagenzien, Diss. phil. nat. Basel (bei Kurt Leupin und Tadeusz Reichstein), gedruckt Basel 1939. Promotion 27.10.1938 summa cum laude. ▪ Steiner Irma, Die geschichtliche Entwicklung der chemischen und pharmakologischen Mutterkornforschung bis zum Jahre 1918, Diss. med. Basel (bei Prof. Ernst Rothlin), gedruckt Basel 1951. Promotion 16.7.1949. Staats 1947. ▪ Tschudi-Steiner Irma, Wandlungen im Arzneiwesen, Habilitationsvorlesung Basel 1952, gedruckt Zürich 1952. ▪ Bern PD 1961, aoP 1969. ▪ Tschudi-Steiner Irma, Spezialitätenübersicht, in: Leitfaden für das pharmazeutische Praktikum, Bern 1965 ff. ▪ Tschudi Hans Peter, Im Dienste des Sozialstaates, Basel 1993, S. 59–60. ▪ Schweizer Frauenblatt 23.1.1953. ▪ Jahresbericht der Universität Bern 1981/82, S. 89. ▪ Schweizer Apothekerzeitung 20.12.1952, 29.9.1962, 8.2.1973, 18.3.1982 und 20.11.2003. ▪ Basler Zeitung 29.10.2003; NZZ 29.10.2003. ▪ Zurbriggen Brigitte, «… Und speziell Damen wandten sich scharenweise dem pharmazeutischen Studium zu …», Bern 2000, S. 200–203.

Lily Brugger-Blanc: Rogger Franziska, Interview vom 14. Januar 2004 mit Lily Brugger-Blanc am Dalmaziquai 101 in Bern. ▪ Gosteli AGoF, Personen, Bestand Nr. 573 Lily Brugger-Blanc (inkl. Zeitungsartikel aus Bund, Berner Tagblatt, Schweizerische Gewerbe-Zeitung: Eine Studentin reist durch Holland 1947; Marktleben in Marokko 1948; Als Landwirtin in Südfrankreich 1949; Vom Milchmärchen 1950; Die Traube reift für alle 1950; Sanitätsfahrerinnen 1951; Vorsorge auch für geistig Behinderte 1971). ▪ Gosteli AGoF, Organisationen, Bestand Nr. 116 Schweizerische Arbeitsgemeinschaft Frau und Demokratie; Bestand Nr. 125 Bernischer Frauenbund (heute Frauenzentrale des Kantons Bern FZB) und Bestand Nr. 133 Schweizerischer Verband der Akademikerinnen SVA. ▪ National-Zeitung 16.10.1949. ▪ Der Bund 15.8.1949, 20.5.1995. ▪ Matter Ernst, Laudatio für Lily Brugger-Blanc, in: svial Journal, Juli 2001.

Margarete Wettstein-Doepfner: Rogger Franziska, Interviews vom 14. Juli 1999 und vom 12. Dezember 1999 mit Margarete Wettstein-Doepfner an der Alpenstr. 19a in Bern. ▪ Doepfner Margarete, Beobachtungen an der Wundt'schen Komplikationsuhr, Diss. phil. I Zürich (bei Prof. Gottlob Friedrich Lipps), Linz 1923. ▪ Nachlass Wettstein-Doepfner Margarete, in: Institut für Medizingeschichte Bern IMG (inkl. Fotos und einer Tonbüste). ▪ Doepfner Kathrin, Meine Urgrosseltern, Christener Therese, Karl Doepfner. Masch., in: IMG Bern. ▪ Müller Max, Die körperlichen Behandlungsverfahren in der Psychiatrie, Band I: Die Insulinbehandlung, Stuttgart 1952. ▪ NZZ 7.5.1998 (zu Vater Karl Doepfner: NZZ 10.12.1996, 28./29.12.1996). ▪ Der Bund 14.7.1969, 2.4.1980, 7.5.1998, 23.5.1998, 19.11.1998, 27.12.1999. ▪ Siegenthaler Eliane, Margarete Wettstein-Doepfner. Leben und Wirken. 1898–1999, Diss. med. Bern, [s.l.], [s.n.] [2006].

Hanni Lindt-Loosli: Rogger Franziska, Interviews vom 29. August 1995 und vom 5. Oktober 2015 mit Hanni Lindt-Loosli im Universitätsarchiv, Baltzerstr. 4 in Bern, und im Berner Burgerspittel im Viererfeld. ▪ Gosteli AGoF, Personen, Bestand Nr. 692 Hanni Lindt-Loosli. ▪ Lindt-Loosli Hanni, Von der Hülfsarbeitern zur Pfarrerin: die bernischen Theologinnen auf dem steinigen Weg zur beruflichen Gleichberechtigung, Bern 2000. ▪ BZ 21.7.2012; reformiert. 27.5.2015.

Elli Kayas-Balsiger: Rogger Franziska, Interview vom 13. Januar 1997 mit Elli Kayas-Balsiger im Universitätsarchiv, Baltzerstr. 4 in Bern. ▪ Gosteli AGoF, Organisationen, Bestand Nr. 149 Schulklasse Sekundarschule Monbijou (Goldenes Buch – 10-Jahres-Jubiläums-Buch der Lateinklasse 1928/32 bei Margret Stucki). ▪ Gosteli AGoF, Personen, Bestand Nr. 516 Ida Somazzi. ▪ Balsiger Marie Elisabeth, Beitrag zur Radiologie des Bronchialdurchbruchs tuberkulöser Lymphknoten beim Erwachsenen, Diss. med. Bern (bei Prof. Adolf Zuppinger), gedruckt Bern 1960. Promotion 21.11.1958. Staats 2.12.1942. ▪ Balsiger Elli, Unterwegs, in: Jahrbuch der Schweizerfrauen 1938, S. 37–40. ▪ Balsiger Elli, unter dem Pseudonym Müller E. B. beziehungsweise .e., Berichte im Berner Student, u.a.: Allgemeine Studentenbibliothek (Juni 1939, Nov. 1939); Neujahr (Jan. 1940); Schweizer Film (Febr. 1940); Bilder schweigen, (Jan. 1941); Offener Brief an Julia [betr. Studentinnenverein] (Dez. 1941); Wartendes Haus und Die Bedeutung des Studentenheims (Sonderausgabe Jan. 1942; Rom, Gedicht (März 1943). ▪ Balsiger Elli, unter den Pseudonymen Regislaw J. (Namenumkehrung), Müller E. B. beziehungsweise .e.: Ein wenig Poesie, in: Berner Student, Juni 1938 bis Mai 1943. ▪ [Balsiger Elli], Rezensionen im Berner Studenten: zu John Knittels «Amadeus» (Juli 1940); zu Hans Müller-Einigens Tagebuch «Das Glück, da zu sein» (Jan. 1941); zu Max Frischs «Blätter aus dem Brotsack» (Jan. 1941); zu R[obert] Crottets «Maouno. Eine Erzählung von Lappen und Renntieren» (Juli 1941). ▪ Le Monde 23.2.2009. ▪ Betr. Ausweisung de Boors: Rogger Franziska, Jüdisches Universitätsleben in Bern, in: Reiz und Fremde jüdischer Kultur, Bern 2000, S.159/160.

Maria Wäber-Merz: Rogger Franziska, Interviews vom 26. Februar 1996 und vom 20. Juni 1996 mit Maria Wäber-Merz am Gurtenweg 43 in Muri BE. ▪ Merz Maria, Untersuchungen über die Permeabilität der Zellen. Einfluss des sympathischen Nervensystems auf die Permeabilität der Tränendrüsen, Diss. med. [dent.] Bern (bei Prof. Léon Asher), angenommen 5.5.1926. Masch. Bern 1926. Staats 1925. Patent Bern 1928–1971. ▪ Gosteli AGoF, Organisationen, Bestand Nr. 101 Frauenstimmrechtsverein Bern. ▪ StAB BB 05.10.330, Zahnärztliches Institut, Geschichte 1906–1978. ▪ Wäber-Merz M[aria], Schulzahnklinik der Stadt Bern 1914 bis 1964, in: Berner Jugend Berner Schule, September 1964, S. 1–4. ▪ Hofmann Michèle, Wie der Arzt in die Schule kam – Schulhygiene in Bern (1899–1952), in: Berner Zeitschrift für Geschichte und Heimatkunde BEZG, Heft 4, Bern 2008, S. 1–47. http://www.bezg.ch/img/publikation/08_4/hofmann.pdf. ▪ Der Bund 4.1.2001. ▪ Huch Ricarda [18.7.1864–17.11.1947] an Marias Mutter Frida Merz, Heidelberg, 20. April 1947, nach der Rückkehr von ihrer letzten Reise aus der Schweiz: «Nun muss ich Ihnen, ehe ich für heute Adieu sage, noch danken, Ihnen und Ihrem Mann … Ich möchte es Ihnen immer wieder und wieder sagen, ich glaube aber, Sie wissen, wie dankbar wir es empfinden.» In: Briefe an die Freunde, Tübingen 1960, S. 365. ▪ Betr. promovierte Zahnärztinnen Schweiz: In Zürich doktorierte Flora Seiler 1923.

Elsbeth Merz: Rogger Franziska, Interview vom 6. Februar 1996 mit Elsbeth Merz am Altenberg 28 in Bern. ▌ Gosteli AGoF, Personen, Bestand Nr. 624 Elsbeth Merz. ▌ StAB BB 05.10.1711, Protokolle der phil.-hist. Fak. 1921–1928. ▌ StAB BB III b 1911, Seminare, Thun. ▌ StAB BB III b 3166, Lehrerinnenseminar Thun. ▌ Merz Elsbeth, Tell im Drama vor und nach Schiller, Diss. phil. hist. Bern (bei Prof. Harry Maync), gedruckt Bern 1925. Promotion 22.6.1922, summa cum laude. ▌ Merz Elsbeth, Erinnerungen. In: 125 Jahre Staatliches Lehrerinnenseminar Hindelbank/Thun, Beilage aus dem Berner Schulblatt Nr. 16/17 vom 29.6.1963, S. 3 und 4. ▌ Ohne Zukunft hat die Vergangenheit keinen Glanz: 150 Jahre Seminar Thun, 1838–1988, Thun 1988. ▌ Huch Ricarda, Frühling in der Schweiz. Jugenderinnerungen, Zürich 1938. ▌ Huch Ricarda. Alte und neue Götter. 1848. Die Revolution des XIX. Jahrhunderts in Deutschland, Berlin 1930. ▌ Vgl. die zahlreichen Briefe an die Familie Merz inkl. jener an Elsbeth Merz, in: Ricarda Huch 1864–1947. Eine Ausstellung des Deutschen Literaturarchivs im Schiller-Nationalmuseum Marbach am Neckar, 7.5.–31.10. 1994, Katalog, Marbach am Neckar 1994. ▌ Der Bund 11.10.1996, 12.3.1998, 30.1.2001; NZZ 30.1.2001.

Maria Bindschedler: Rogger Franziska, Interviews vom 31. August 1995, 2. Februar 1996, 27. Februar 1996 und vom 23. April 1996 mit Maria Bindschedler am Kistlerweg 5 in Bern. ▌ Bindschedler Maria, Der lateinische Kommentar zum Granum sinapis (Senfkorn), Diss. phil. hist. Basel (bei den Profs. Friedrich Ranke und Harald Fuchs), gedruckt Basel 1949. Promotion 19.11.1945 ▌ Bindschedler Maria, Gottfried von Strassburg und die höfische Ethik, Habilitation Basel 1952 (Gutachter Theodor Frings), gedruckt Halle 1954. ▌ Bern 1965 oP, Dekanin 1967/68. ▌ Bindschedler Maria, Nietzsche und die poetische Lüge, Basel 1954. ▌ Bindschedler Maria, Mittelalter und Moderne: gesammelte Schriften, Bern 1985. ▌ Beiträge Maria Bindschedlers in: Deutsche Vierteljahresschrift, Der Deutschunterricht, Studia Philosophica, Schweizer Monatshefte, Neue Schweizer Rundschau, in Festschriften und in der Tagespresse NZZ, Basler Nachrichten, Nationalzeitung. ▌ Musik für einen Gast, Roswitha Schmalenbach erfüllt Wünsche von Maria Bindschedler, Schweizer Radio DRS 1, 24.3.1968, http://www.memobase.ch/de#document/SRF-BS_MG_09454. ▌ Kleine Festgabe für Maria Bindschedler zum 80. Geburtstag. [Artikel und Gedichte von M.B.:] Zusammengestellt von Georges Bindschedler, Muri bei Bern 23.10.2000. ▌ Berner Tagwacht 28.6.1958. Journal de Genève 5.4.1967. ▌ Der Bund 27.11.1967, 23.10.1980, 20.10.1990, 20.10.2000. ▌ Vgl. die Bindschedler, Bindschädler, Bindschädel Familien-Website: http://www.bindschedler.name (Dez. 2015). ▌ Bericht über den Dies academicus im Bund, 27.11.1967: «Da schritt denn unter den Dekanen erstmals eine Frau mit: Mit Frau Prof. Bindschedler ist im konservativen Bern das Primat des Mannes, an der Universität zu höchsten Würden aufzusteigen, durchbrochen worden – mehr als 60 Jahre nachdem sich die Frau zu unserer Alma mater Zutritt verschafft hat und noch bevor ihr (hoffentlich bald) die Tür zur aktiven Staatsbürgerschaft geöffnet wurde.»

Emilie Jäger: Rogger Franziska, Interview vom 12. September 1995 mit Emilie Jäger, Postgässli 13 in Meikirch BE. ▌ StAB BB 05.10. Nr. 1672, Emilie Jäger, EWISH. ▌ Gosteli AGoF, Organisationen, Bestand Nr. 133 Schweizerischer Verband der Akademikerinnen SVA. ▌ Jäger Emilie, Die Mischgesteine von Landshaag (Oberösterreich), Diss. phil. nat., Wien 1952. ▌ Bern PD 1962, aoP 1965, oP 1972. ▌ Know-How für Malaysia, in: UNI PRESS, Nr. 18, Januar 1979. ▌ Kasten und Bild zu den internationalen Gästen, in: UNI PRESS Nr. 40, Juni 1983. ▌ Auf der Mauer Franz, Steine haben keine Jahrringe ... in: UNI PRESS Nr. 41, Dez./Jan. 1983/84. ▌ Tilton G. R., Emilie Jäger: Early Days in Washington, in: Schweiz. Mineral. Petrogr. Mitt. 71, 1991, Heft 1. ▌ Giger Matthias, Christian Schlüchter und Urs Schaltegger, Obituary: Prof. Emilie Jäger (1926–2011), in: Swiss Society of Mineralogy and Petrology, April 2012.

Britta Charleston: Rogger Franziska, Interview vom 30. August 1995 mit Britta Charleston im Migros-Restaurant Zähringer in Bern. ▪ StAB BB 8.1.327, Philosophische Fakultäten I und II (1950, ad Britta Charleston). ▪ Charleston Britta, Studies on the syntax of the English verb, Diss. phil. hist. Bern (bei Prof. Otto Funke), gedruckt Bern 1941. Promotion 14.7.1939, cum laude. ▪ Charleston Britta, Studies on the emotional and affective means of expression in modern English, Habilitationsschrift (bei Prof. Otto Funke) 1955, gedruckt 1960. ▪ Bern Lektorin 1938, PD 1955, aoP 1964. ▪ Gosteli AGoF, Organisationen, Bestand Nr. 101 Frauenstimmrechtsverein Bern und Nr. 133 Schweizerischer Verband der Akademikerinnen SVA. ▪ Charleston Britta, Scenes of childhood in English Literature / Selected by B.M. Charleston, in: Collection of English Texts for use in schools. Vol. 8, Bern [1938]. ▪ Charleston Britta, Simple texts for first and second year readers, Bern 1942. ▪ Übersetzungen, zum Beispiel: The lake of Lucerne, transl. from the German by Britta M. Charleston, Bern 1948; Switzerland, a survey of its land and people, transl. from the German by Prof. Britta M. Charleston, Bern 1978; Bern, Flugbild eines Kantons, Übers.: aus dem Englischen von Britta Charleston, Solothurn 1990. ▪ [Fricker Robert], rfb, 40 Jahre Dozentin für Englisch. In: Der Bund 31.10.1978. ▪ Fricker Robert, Zum Tode von Frau Prof. Britta Marian Charleston, in: Unipress intern, Mai 1998, S. 7.

Ilse Antener: Rogger Franziska, Interviews vom 6. Juni 1996 und vom 8. Juli 1996 mit Ilse Antener in La Tour-de-Peilz VD. ▪ Fanny Charlotte Müller, 18.4.1848–24.8.1926, Tochter von Gottlieb Emanuel Rudolf Müller (Gesellschaft zu Schuhmachern), verh. I. am 15.4.1873 mit Handelsmann Johannes Seiler von Bönigen (2.6.1848–17.5.1892) und verh. II am 6.4.1883 mit Amtsnotar und Witwer Niklaus Zoss von Bolligen (14.6.1852–2.10.1943) ▪ Antener Ilse, Beitrag zur Kenntnis des Fettes der Weizenkeime, Diss. phil. nat. Bern (bei Prof. R. Signer), gedruckt Bern 1946. Promotion 14.11.1946, magna cum laude. ▪ [Antener Ilse (…) et al.], 25 Jahre Zeitschrift für Vitaminforschung, [Bern] 1957. ▪ Antener Ilse und Woker Gertrud: vgl. im Swissbib-Katalog (https://www.swissbib.ch) zusätzlich die Arbeiten: Woker Gertrud und Ilse Antener. ▪ Antener Ilse und Isaak Abelin, Über die Speicherung des Broms in: Helvetica Chimica Acta, Bd. 32, Heft 7, 1.12.1949, S. 2416–2426. ▪ Woker Gertrud in Bern: PD 1906, aoP 1933.

Marie Boehlen: Rogger Franziska, Interviews vom 9. Februar 1996 mit Marie Boehlen an der Scharnachtalstr. 9 in Bern. ▪ Gosteli AGoF, Personen, Bestand Nr. 566 Marie Boehlen [inkl. Fotoalben und Zeitungsberichte]. ▪ Gosteli AGoF, Organisationen, Bestand Nr. 101 Frauenstimmrechtsverein Bern; Bestand Nr. 102 Arbeitsgemeinschaft Frauenverbände für die politischen Rechte der Frau; Bestand Nr. 103 Bund Schweizerischer Frauenvereine BSF. ▪ Sozialarchiv, Ar 1.117: SP Frauen Schweiz; Ar 29: Schweizerischer Verband für Frauenstimmrecht SVF. ▪ BAR Kleine Anfrage Siegrist-Aarau. Anstellung von Akademikerinnen im Bundesdienst vom 27.3.1946, beantwortet am 8.6.1946, http://www.amtsdruckschriften.bar.admin.ch/viewOrigDoc.do?id=70014519&action=open (Zugriff 12.3.2016) ▪ BAR E2001E#1968/83#1188*, Dienstangebot Böhlen Marie, 1948. ▪ BAR E9500.1#1970/223#89*, Commission nationale suisse pour l'UNESCO, 1960. ▪ Zu Charle Noguès: https://fr.wikipedia.org/wiki/Charles_Nogu%C3%A8s (Zugriff 16.11.2015). ▪ Boehlen Marie, Die Aufnahme auf den Etat der dauernd Unterstützten nach bernischem Recht, Diss. jur. Bern (bei Prof. Blumenstein / Prof. Roos), gedruckt Bern 1953. Promotion 28.6.1951, magna cum laude. ▪ Boehlen Marie, Eine kleine Geschichte des Frauenstimmrechts in der Schweiz, Zürich 1954. ▪ Boehlen Marie, Kommentar zum schweizerischen Jugendstrafrecht, Bern 1975. ▪ Boehlen Marie, Jugend und Delinquenz, Grüsch 1988. ▪ Boehlen Marie, Frauen im Gefängnis: ihr Werdegang und ihre Bewährung, Chur, Zürich 2000. ▪ Lüscher Liselotte, Eine Frau macht Politik: Marie Boehlen

1911–1999, Zürich 2009. ▍ Rogger Franziska, Gebt den Schweizerinnen ihre Geschichte! Zürich, 2015 (zu Boehlen – von Roten: S. 40–43).

Julia Rupp-Haller: Rogger Franziska, Interview vom 20. Mai 1996 mit Julia Rupp-Haller an der Muristr. 18 in Bern. ▍ Rupp-Haller Julia, Die Bedeutung der Porphyrinurie für die Diagnose der Extrauteringravidität, Med. Dissertation auf Antrag von Prof. Walter Neuweiler am 26.2.1947 angenommen, gedruckt Laupen 1947. Staats 23.6.1944. Patent 1954–1974. ▍ Rupp-Haller Fritz, Der Ammoniakgehalt des menschlichen Blutes bei einigen pathologischen Zuständen, Med. Dissertation auf Antrag von Prof. Walther Frey am 2.5.1945 angenommen, gedruckt Schwarzenburg 1945. Staats 17.6.1944. Patent 1954–1974. ▍ Rupp-Haller Julia, In deines Hirnes Horte …, Lyrikband, Zürich 1999. ▍ Bemerkungen zu den Profs. Ludwig und Guggisberg stammen von Fritz Rupp und wurden von Julia Rupp bestätigt.

Regina Käser-Häusler: Rogger Franziska, Interview vom 25. Juli 1998 mit Regina Käser-Häusler an der Buristr. 3 in Bern. ▍ Gosteli AGoF, Personen, Bestand Nr. 574 Regina Käser-Häusler [inkl. Sammlung ihrer Zeitschriftenbeiträge]. ▍ Gosteli AGoF, Organisationen, Bestand Nr. 133 Schweizerischer Verband der Akademikerinnen SVA. ▍ Häusler Regina, Das Bild Italiens in der deutschen Romantik, Diss. phil. hist. Bern (bei Prof. Fritz Strich), gedruckt Bern 1939. Promotion 28.5 1937, magna cum laude. ▍ Käser-Häusler Regina, Die Berufsarbeit der Frau, in: Berner Student, Nov. 1937, S. 43–45. ▍ Käser-Häusler Regina, Das abenteuerliche Leben einer Soldatenmutter. Lebenslauf der Katharina Morel, geb. Kaufmann, aus Luzern 1790–1876. In: SJW Nr. 233, Zürich [1946]. ▍ Käser-Häusler Regina, Sonnenringe. Schweizer Lyrikerinnen. Eine kleine Anthologie, Zürich 1958. ▍ Käser-Häusler Regina, Zur politischen Szenerie in der Schweiz, in: Frau – femme, Jahrbuch der neuen Helvetischen Gesellschaft, 1977, S. 11–14. ▍ Der Bund 18.6.1980, 17.6.2000.

Rosmarie Felber: Rogger Franziska, Interview vom 8. Dezember 1997 mit Rosmarie Felber an der Weststr. 23 in Bern. ▍ Felber Rosmarie, Aufgeschobene und partielle Erbteilung nach schweizerischem Recht, Diss. jur. Bern (bei Prof. Peter Tuor), gedruckt 1941. Promotion 4.5.1939, magna cum laude. ▍ StAB A 3.5.73 BUK, Handakten von Frau Dr. R. Felber Präsidentin BUK I 1984–85 ▍ StAB FN Schlegel 64.9a Grossrätin Felber. ▍ Felber Rosmarie, Adrian von Stockalper, Schriften des Stockalper-Archivs in Brig 36, Brig 1981. ▍ Die zehn Frauen im Grossen Stadtrat von 1971 waren: Leni Robert-Bächtold Jung-FDP, Dora Bähler FDP, Silvia Schläpfer FDP, Elisabeth Schmid-Frey FDP, Maria Schär EVP, Dora Larsson EVP, Marie Boehlen SP, Rosmarie Felber CVP, Ursula Brunner Junges Bern und Margrit Probst Härdlütli. Ruth Im Obersteg Geiser BGB wurde 1. Gemeinderätin. Einen ersten oder zweiten Ersatzplatz eroberten sich Lily Brugger-Blanc BGB, Regina Käser-Häusler BGB, Ruth Anliker SP und Theres Weingart-Wick CVP.

Ellen Beer: Rogger Franziska, Interview vom 23. Oktober 1995 mit Ellen Beer an der Pourtalèsstr. 84 in Muri BE. ▍ Beer Ellen, Die Rose der Kathedrale von Lausanne und der kosmologische Bilderkreis des Mittelalters, Diss. phil. hist. Bern (bei Prof. Hans R. Hahnloser), gedruckt Bern 1952. Promotion 6.7.1950, magna cum laude. ▍ Beer Ellen, Beiträge zur oberrheinischen Buchmalerei in der ersten Hälfte des 14. Jahrhunderts unter besonderer Berücksichtigung der Initialornamentik. Habilitation Basel 1959. ▍ Bern PD 1960, aoP 1964, oP 1971. ▍ Beer Ellen Judith, Die Glasmalereien der Schweiz vom 12. bis zum Beginn des 14. Jahrhunderts, Corpus vitrearum Medii Aevi. Schweiz, Bd. 1, Basel 1956. ▍ Beer Ellen Judith, Die Glasmalereien der Schweiz aus dem 14. und 15. Jahrhundert ohne Königsfelden und Berner Münsterchor, Corpus vitrearum Medii Aevi. Schweiz, Bd. 3, Basel 1965. ▍ Nobile claret opus: Festgabe für Ellen Judith Beer zum 60. Geburtstag, in: Zeitschrift für Schweizerische Archäologie und Kunstgeschichte, Bd. 43, Heft 1,

Zürich 1986, S. 1–180. ▎ Beer Ellen Judith, 1994 – zehn Jahre Seniorenuniversität Bern, in: Unipress intern, Bern, Nov. 1993. ▎ Becksmann Rüdiger, Nachruf auf Ellen Judith Beer, in: Zeitschrift des deutschen Vereins für Kunstwissenschaft, Sd. aus Bd. 59/60, Berlin 2005/06, S. 319–321. ▎ Kurmann-Schwarz Brigitte, Nachruf auf Ellen Judith Beer, in: Zeitschrift für Kunstgeschichte, München, Bd. 68, 2005, S. 589–592.

Elisabeth Schmid-Frey: Rogger Franziska, Interviews vom 16. Mai 2001 am Sulgenauweg 12 in Bern und vom 29. Juni 2012 in der Seniorenvilla Grüneck mit Elisabeth Schmid-Frey. ▎ Gosteli AGoF, Personen, Bestand Nr. 587 Elisabeth Schmid-Frey (inkl. Manuskripte «Frau zurück ins Haus» und «Wie straft die Schweiz ihre ausheiratenden Töchter»). ▎ Gosteli AGoF, Organisationen, Bestand Nr. 125 Bernischer Frauenbund / Frauenzentrale des Kantons Bern FZB; Bestand Nr. 312 Kantonalbernische Vereinigung für die Mitarbeit in der Gemeinde; Bestand Nr. 180 Schweizer Verband Volksdienst-Soldatenwohl / SV Group. ▎ Frey Elisabeth, Über das Bürgerrecht der Ehefrau in der Schweiz und ihren Nachbarstaaten, Diss. jur. Bern (bei Prof. Arthur Homberger), gedruckt Zürich 1942. Promotion 9.7.1942, cum laude. ▎ Meyer Iris, Die Pflicht der Ehegatten zu wirtschaftlichem Beistand, Diss. jur. Bern (bei Prof. Theo Guhl), gedruckt Bern 1941. Promotion 20.2.1941, magna cum laude. ▎ Rohrer-Lüthi I[rmel], Im Dienste neuer Aufgaben, in: Bund 14.5.1967. ▎ Stocker Gerda, Zum 80. Geburtstag, in: Bund, 5.8.1997. ▎ Winistörfer Karin, Elisabeth Schmid-Frey. Porträt einer Frau, die sich ihr Leben lang für die Frauenrechte eingesetzt hat. Eingereicht im Rahmen des BSF-Wettbewerbs «Frauenrechte – Menschenrechte», Studen, Bern, Worblaufen 1998. ▎ Zürcher Regula, Von Frauen für Frauen. Fünf Solidaritätswerke der Schweizer Frauenbewegung. Hg. von der Stiftung für staatsbürgerliche Erziehung und Schulung, Luzern 1999, S. 83. ▎ Tomczak-Plewka Astrid, in: Berner Zeitung, 7.2.2001. ▎ Kästli Elisabeth, Vom Mont Soleil zur Blüemlisalp. Bernerinnen erzählen, Zürich 2008. ▎ Erlanger Lili, Die Appellation im luzernischen Zivilprozess, Diss. jur. Bern, Masch 1940. Promotion 27.6.1940, magna cum laude.

Nelly Ryffel-Dürrenmatt: Rogger Franziska, Interview vom 14. September 1998 mit Nelly Ryffel-Dürrenmatt an der Mittelstr. 5 in Bern. ▎ Dürrenmatt Nelly, Das Nibelungenlied im Kreis der höfischen Dichtung. Diss. phil. hist. Bern (bei Prof. Helmut de Boor), gedruckt Lungern 1945. Promotion 6.3.1941, summa cum laude. ▎ Dürrenmatt Nelly, Goethe und wir, Vortrag im Sekundarschulverein Herzogenbuchsee, in: Berner Volkszeitung, 23.9.1949, Beilage.

Berta Berger: Rogger Franziska, Interviews vom 26. Februar 1996 und vom 8. September 1996 mit Berta Berger an der Simonstr. 15 in Bern. ▎ Berger Berta, Der moderne deutsche Bildungsroman, Diss. phil. hist. Bern (bei Prof. Fritz Strich), gedruckt Bern-Leipzig 1942. Promotion 27.11.1937, multis cum laude. Reprint: Nendeln/Liechtenstein 1970. ▎ Gosteli AGoF, Organisationen, Bestand Nr. 101 Frauenstimmrechtsverein Bern; Bestand Nr. 133 Schweizerischer Verband der Akademikerinnen SVA. ▎ Berger Berta, Kleine Bibliographie zur Bücherkunde des germanistischen Schrifttums 1945–1958, Kopenhagen: Internat. Vereinigung für german. Sprach- und Literaturwiss., 1958. ▎ Berger Berta, Bernische Schriftstellerinnen, in: 750 Jahre Bern, Die Berner Frau in der Vergangenheit, Sd. der Frauenzeitung «Berna», Red. Dr. A[gnes] Debrit Bern, 11.10.1941, S. 75/76.

Elsa Mühlethaler: Rogger Franziska, Interview von Ende August 1995 mit Elsa Mühlethaler im Universitätsarchiv, Baltzerstr. 4, Bern. ▎ Gosteli AGoF, Organisationen, Bestand Nr. 149, Schulklasse Sekundarschule Monbijou (Goldenes Buch – 10-Jahres-Jubiläums-Buch der Lateinklasse 1928/32 bei Margret Stucki). ▎ Gosteli AGoF, Personen, Bestand Nr. 515 Helene Stucki: 4-06 Briefe an Dr. med. vet. Elsa Mühlethaler 1983–1984 (Schachtel 9). ▎ Gosteli AGoF, Biogr. Dossier 1942/BSF/4009, E[lsa] Mühlethaler (inkl. Mühlethaler Elsa: Liebi Tierarztfroue, Vortrag bei Dr. Schneider in Affoltern i. E. am 17.11.1974). ▪ Mühlethaler Elsa, Das histologische Bild der Speicheldrüsen Parotis, Submandibularis und Sublingualis der Katze nach parasympathischer und sympathischer Reizung, Diss. vet. med. Bern (bei Prof. Hermann Ziegler), gedruckt Basel 1946. Promotion 6.5.1942. Staats 15.7.1941. Patent 1949–1974. ▪ Mühlethaler Elsa und Dr. V. Kocher, Über die fermentative Ausräumung nekrotischer Prozesse, Sd. Tierärztliche Umschau Nr. 12, Konstanz 1958. ▪ Mühlethaler Elsa, Erlebnisse aus meiner Kleintierpraxis, in: Jahrbuch der Schweizerfrauen 1952, S. 35–38. ▪ Bund 19.5.1942; Berna Nr. 24, 1942; *Schweizer Illustrierte Zeitung* 27.5.1942, S. 686. ▪ Sackmann-Rink Marianne, Die Anfänge des Frauenstudiums an den beiden veterinär-medizinischen Fakultäten der Schweiz, in: Denkschrift Veterinärmedizinische Fakultät Bern, 1900–2002, Bern 2004, S. 111–120. ▪ Als 1. promovierte Tierärztin überhaupt gilt die Finnin Agnes Sjöberg, die 1918 in Dresden doktorierte. Die ersten beiden Frauen, die in der Schweiz den Dr. vet. med. erlangten, waren Eva Simon (ZH 1937) und Hildegard Seelig (ZH 1938). Sie kamen aus Deutschland und errangen deshalb kein eidg. Staatsexamen, d.h., sie konnten in der Schweiz nicht als Tierärztinnen praktizieren. Die erste Schweizerin mit einem eidg. tierärztlichen Staatsexamen war Ella Blatter verh. Nabholz, aus Dägerlen ZH (ZH 21.7.1938). Sie verfasste aber keine Doktorarbeit. So war Elsa Mühlethaler aus Bollodingen BE die erste Frau in der Schweiz, die sowohl promovierte (BE 1942) als auch mit bestandenem eidg. Staatsexamen (BE 15.7.1941) als Tierärztin praktizieren konnte.

Anna Schönholzer: Rogger Franziska, Interview vom 28. August 2001 mit Anna Schönholzer am Kriegliweg 10 in Muri BE. ▪ Gosteli AGoF, Organisationen, Bestand Nr. 110 Schweizerische Pflegerinnenschule mit Frauenspital in Zürich. ▪ Schönholzer Anna, Über die endocraniellen Komplikationen der Mittelohrentzündungen, Diss. med. Bern (bei Prof. Dr. Luzius Rüedi), gedruckt Bern 1942. Promotion 10.2.1943 (sic!). Staats 20.6.1939. Patent 1947–1974. ▪ Schönholzer-Brühlmann Julie: Staats 1904. Patent Bern 1921–1926. ▪ Schönholzer Anna, Medizinisches Kompendium für Lagerleiter, Bern 1964. ▪ Schönholzer Anna, Medizinisches Kompendium für Lager und Ferien abseits vom Arzt, Bern 1970. ▪ [Beitr. von] Anna Schönholzer, Ulrich Frey, Hans Pfisterer, Reinhold Käser, Hermann Lüthi, Die Gesundheit unserer Jugend: Ein Ärzte-Team gibt Auskunft, Meiringen 1973.

Cecilia Buob-Buchmann: Rogger Franziska, Telefoninterview vom 5. Februar 1996 mit Cecilia Buob-Buchmann an der Beundenfeldstr. 22/30 in Bern. ▪ Buob-Buchmann Cecilia, Fortgesetzte Untersuchungen über die Wirkung von Thymocrescin. Diss. med. [dent.] Bern (bei Prof. Léon Asher), Masch. Bern 1931. Promotion 15.7.1931. Staats 1925. Patent Laupen 1926–1929, Patent Bern 1930–1974. ▪ Gosteli AGoF, Personen, Bestand Nr. 504 Cecilia Buob. ▪ Gosteli AGoF, Personen, Bestand Nr. 530 Agnes Debrit-Vogel (inkl. 530.33-08: Kampf ums schweizerische Frauenstimmrecht. Was die Bernischen Vorkämpferinnen dazu sagen: Frau Dr. Buob). ▪ Gosteli AGoF, Organisationen, Bestand Nr. 101 Frauenstimmrechtsverein Bern. ▪ StAB BB 05.10.330 und 331, Zahnärztliches Institut, Geschichte und Bauten 1921–1957 [mit Korrespondenz Buob-Feldmann-Boehlen, 1950/51]. ▪ Bernische Kraftwerke AG. 1898–1948. Festschrift zum 50-jährigen Jubiläum, Photographien 5, Bern 1949. ▪ Die ersten weiblichen Diss. med. dent. Bern waren von Merz Maria 1926, Rüegger Hedy 1928, Fischer Maria 1929, Peltan Martha 1929, Charlet Marie 1931 und Buob-Buchmann Cecilia 1931 verfasst.

N.F.: Rogger Franziska, Interview vom 11. Januar 1998 mit Dr. phil. N.F. in Bern. ▪ Akten im Bundesarchiv Bern.

Ruth Jaccard-Jaussi: Rogger Franziska, Interview vom 6. Dezember 1996 mit Ruth Jaccard-Jaussi an der Seelandstr. 7 im Spiegel BE. ▪ Jaussi Ruth, Das Medizinische Institut in Bern 1797–1805, Diss. med. [dent.] Bern (bei Prof. Erich Hintzsche), gedruckt Bern 1944. Promotion 5.7.1944. Staats 11. November 1942. ▪ Bericht des Kriegs-Industrie- und -Arbeits-Amtes über den Arbeitseinsatz der Studenten in der Landwirtschaft im Jahr 1944, in: StAB BB III b 1055.

Margrit Roost-Pauli: Rogger Franziska, Interview vom 4. März 1996 mit Margrit Roost-Pauli im Bälliz in Thun. ▪ Roost-Pauli Margrit, Der Streptomycingehalt im Blut und Urin nach parenteraler Injektion bei Menschen mit normalen Ausscheidungsverhältnissen, Diss. med. Bern (bei Prof. Walther Frey), ungedruckt. Promotion 8.11.1950. Staats 25.6.1943. Patent Thun 1951–1974. ▪ Roost Hans-Peter, Die Wirkung des ultravioletten Lichtes auf das Wachstum der Keimlinge von Triticum Vulgare, Diss. med. Bern (bei den Radiologen aoProf. Adolf Zuppinger und PD Walter Minder), ungedruckt. Promotion 8.11.1950. Staats 25.6.1943. Patent Thun 1951–1974. ▪ Klucznik-Wiszniacka Amalia von Slonim, Polen, Beitrag zur Kenntnis der Buhlschen Krankheit, Diss. med. Bern 30.5.1945 (bei Prof. Eduard Glanzmann), gedruckt Basel 1945. Promotion 30.5.1945. ▪ Guggisberg Heidy promovierte 1940, Locher Rosmarie 1942, Wenger Heidi 1944, Rusca Franchino 1947 und Glanzmann Rosmarie 1951.

Elisabeth Ettlinger-Lachmann: Rogger Franziska, Interview im September 1995 mit Elisabeth Ettlinger-Lachmann an der Witikonerstr. 58 in Zürich. ▪ Ettlinger Elisabeth, staatenlos, Die Keramik der Augster Thermen. Insula XVII, Diss. phil. hist. Basel (bei Prof. Rudolf Laur-Belart), gedruckt [s.l.], [s.n.] [1949]. Promotion 18.12.1942. ▪ Ettlinger Elisabeth, Die römischen Fibeln in der Schweiz, Habilitationsschrift 1969, gedruckt Bern 1973. ▪ Bern Lehrauftrag 1964, PD 1969, aoP 1970. ▪ Roth-Rubi Kathrin, Schriftenverzeichnis Elisabeth Ettlinger, Sep. aus: Zeitschrift für Schweizerische Archäologie und Kunstgeschichte 47, 1990, S. 197–200. ▪ Bauer Irmgard, Christa Ebnöther et. al., Temporis Conscriptae Ardori, Festschrift Elisabeth Ettlinger, Juli 1995. ▪ Ebnöther Christa, Zum Gedenken an Elisabeth Ettlinger, in: unilink Mai 2012.

Namenliste

Im Buch wurden alle Namen vereinheitlicht.

Abelin-Rosenblatt Jsaak 85, 88, 89
Aebi Dora 154
Aebi-Sulser Hugo 89, 90
Aerni Fräulein 88
Alföldi-Rosenbaum Andreas 194
Allemann Beda 71
Anna Küchenhilfe 55
Antener Ilse **84–92,** 8, 12, 13
Antener-Zoss Margrit 84, 91
Antener-Zoss Paul 84
Asher-Laqueur Léon 174

Bacharach Eugène 184
Bachmann Anna 44

Balsiger Elisabeth 47, 48
Balsiger Elli *siehe Kayas-Balsiger*
Balsiger Felix 47
Balsiger Margrit 47
Balsiger-Zwahlen Adolf 47, 48, 49
Balsiger-Zwahlen Berta 47, 48
Baltischweiler Anna 165
Bandi-Klipstein Hans-Georg 192
Barbey-Matti Elsbeth 15
Barth-Hoffmann Karl 20, 21, 43, 95
Bärtschi Frau 55
Bauch Kurt 116
Baumgartner-Fuchs Heinrich 152
Beer Ellen Judith **114–121,** 8, 9

Beer-Schilling Claudia Maria 114–118, 121
Beer-Schilling Werner Rudolf 114–118, 121
Berger Berta **148–154**
Berger-Müller Adolf 148–150, 152
Berger-Müller Bertha 148–150, 152, 154
Bessire Walter 120
Bezak Cyril 120
Bieri Ernst 56
Bindschedler Ida 68
Bindschedler Léon 69
Bindschedler Leonie 68, 69, 74
Bindschedler Louise 68
Bindschedler Maria **68–74,** 11, 12
Bindschedler Olga 68, 69
Bindschedler Rudolf L. 69
Bindschedler-Laufer Mary 68, 69
Bindschedler-Laufer Rudolf G. 68, 69
Bindschedler-Robert Denise 69, 129
Blanc Lily *siehe Brugger-Blanc*
Blanc-Wild Charles 29, 34
Blanc-Wild Martha 29
Blaser Ernst 36, 159
Bleuler-Waser Eugen 40
Bleuler-Waser Hedwig 40
Blumenstein-Steiner Ernst 15, 127, 129
Blumenstein-Steiner Irene 15
Boehlen Bert[a], 123
Boehlen Marie **122–132,** 10, 11, 13, 15, 142, 177
Boehlen Ruedi 123, 125–127
Boehlen-Urfer Rosa 122–125
Boehlen-Urfer Rudolf 122–124
Böhm-Ceconi Franz 66
Böhm-Ceconi Marietta 62, 63, 66
Brahms Johannes 70
Brand Olga 103
Brawand Samuel 129
Brentano Clemens 50
Brugger-Blanc Alfred 29, 35, 36
Brugger-Blanc Lily **29–36,** 9
Brühlmann Hans 165
Brunner Hans 31
Buchmann Cecilie *siehe Buob-Buchmann*
Buchmann-Döbeli Albert 172, 173
Buchmann-Döbeli Emilie Cäcilie 172, 173
Buob-Buchmann Cecilia **172–177,** 58

Buob-Buchmann Robert 172, 173
Burckhardt Jean Louis 167, 168
Burckhardt-Wüthrich Walter 107, 128, 136
Buri-Eberhart Dewet 35

Caprez-Roffler Gion 23, 24
Caprez-Roffler Greti 22–24
Carbonnier Robert 159
Carossa-Endlicher Hans 51
Ceconi-Huch Ermanno 61, 63, 65
Charleston Britta Marian **80–83,** 11
Charleston-Jesse Katharine Sarah 80–82
Charleston-Jesse Sidney James 80–82
Ciuha Delia 120
Colleoni ital. Grafenfamilie 114
Crivelli Rosa 56
Curie-Skłodowska Marie 12, 84, 87, 91

de Boor-Siebs Ellen 144
de Boor-Siebs Helmut 14, 48, 102, 144, 145, 148, 151, 152, 179
de Meuron-von Tscharner Elisabeth 105
Doepfner Margarete *siehe Wettstein-Doepfner*
Doepfner-Christener Karl Doepfner 37–39
Doepfner-Christener Therese 37, 39
Doepfner-Koelner Josef 40
Dupraz Laure 68, 72
Dürrenmatt Mathilde 145
Dürrenmatt Nelly *siehe Ryffel-Dürrenmatt*
Dürrenmatt-Breit Anna Maria 145
Dürrenmatt-Breit Ulrich 143, 145
Dürrenmatt-Christen Oskar 143, 145
Dürrenmatt-Christen Rosa 143, 144
Dürrenmatt-Geissler/Kerr Friedrich 16, 50, 143, 145, 147
Dürrenmatt-Kohler Hugo 129, 145
Dürrenmatt-Zimmermann Reinhold 143, 145
Duttweiler-Bertschi Gottlieb 34

Einstein Albert und Maja 16
Erasmus Desiderius 47
Erlanger Lili 140
Ettlinger-Lachmann Elisabeth **190–194,** 14
Ettlinger-Lachmann Leopold 190, 191

Fehr-Hoffmann/Kremer Hans 135
Felber Rosmarie **106–113,** 9, 11, 12, 16

Felber-Meier Roman Otto 106–108, 113
Felber-Meier Sofie Rosa 106, 110, 113
Feldmann-Beck Margrit 36
Feldmann-Beck Markus 128, 177
Feller-Gäumann Richard 51
Forster-Greiss Aimé 56
Frankfurter David 15
Frese Maria 88
Frey Elisabeth *siehe Schmid-Frey*
Frey Katharina 134, 140
Frey Ueli 187
Frey-Mauerhofer Walther 187
Frey-Weber Hermann 134, 135
Frey-Weber Martha 134, 135
Fricker-Probst Robert 71, 82
Frings Theodor 70
Frisch Max 143
Fritz Peter 87
Fuhrimann Hans 159
Funke-Zwygart Otto 81, 82

Gafner Max 129
Galsworthy-Pearson John 144
Geiser Marie 29
Geiser-Im Obersteg [Im Obersteg Geiser] Ruth 105
George Stefan 50
Giovanoli Fritz 129
Glanzmann-Steinegger Eduard 168, 169
Glaser Stephanie 31
Gnägi-von Allmen Rudolf 136
Goebbels-Behrend Joseph 13, 182
Goethe-Vulpius Johann Wolfgang 14, 101, 125, 143, 147
Goldmann-Renfer Hans 171
Gonzenbach-Schümperli Adrienne 142
Gosteli Marthe 122
Gotthelf-Zeender Jeremias (Albert Bitzius) 20, 43, 44
Graden Willy 159
Graf Emma 173
Grimm-Kuhn Jenny 40
Grimm-Kuhn Robert 40
Grütter Louise 135
Gsell Hans Peter 73
Guggisberg-Andres Hans 96, 185

Guggisberg Heidy 186
Guhl-Reymond Theodor 135, 136
Guisan-Doelker Henri 138, 140
Gustloff Walter 14
Gygi-Brülhart Fritz 45

Habich Alice 97
Hafner Rudolf 113
Hahnloser-Wilckens Hans Robert 116
Hallauer-Gillard Curt 85
Haller Julia *siehe Rupp-Haller*
Haller-Feller Emanuel 94, 95
Haller-Feller Maria 94, 95, 100
Haltinner Armin 193
Hänni-Wyss Albertine 149
Hasler Rolf 120
Hauser Hans 159
Häusler Fritz 101
Häusler Regina *siehe Käser-Häusler*
Häusler-Schwarz Emma 101
Häusler-Schwarz Friedrich 101
Heer Anna 165
Hefti-Spoerry Peter 135
Heim-Vögtlin Marie 165
Helbling Carl 69
Helg Josef 159
Hesse Hermann 51, 108
Hitler Adolf 15, 30, 147, 175, 182, 190
Hölderlin Friedrich 150
Hoff Ida 96
Hoffmann Ernst Theodor Amadeus E.T.A. 65
Hoffmann-Behrens Heinrich 21
Hofmann-Joerg Walter 156
Holz-Markun Hans Heinz 119
Honegger Stefan 117
Hopf-von Mickwitz Heinz 191
Hotzenköcherle Rudolf 70
Huber Henri 129
Huber-Künzler Hans 45
Huch Marietta *siehe Böhm-Ceconi*
Huch/Huch-Ceconi Ricarda 16, 54, 56–58, 60–63, 65, 66
Hutzli Walter 45

Irène Haushälterin und Miterzieherin 110

Jaccard Robert 34

Jaccard-Jaussi Maurice 50, 181, 183
Jaccard-Jaussi Ruth **181–184,** 9, 50, 97, 183, 187
Jäger Emilie **75–79,** 15
Jäger-Frey Maria 75
Jäger-Frey Michael 75
Jaussi Ruth *siehe Jaccard-Jaussi*
Jaussi-Schären Hulda 181, 184
Jaussi-Schären Paul 181
Joss Ulrich 50
Jucker-Scherrer Hans 121, 191, 192

Käser-Häusler Regina **101–105,** 12, 36
Käser-Häusler Reinhold 101, 102
Kayas-Balsiger Elli **47–53,** 62, 145
Kayas-Balsiger Georges 47, 49, 52
Keller Gottfried 154
Kempe Hans 186
Kempe Ludwig 186
Kempin-Spyri Emilie 10
Kenel Anita 142
Kipfer Kurt 110, 112
Klucznik-Wiszniacka Amalia 97, 183, 187, 189
Klucznik-Wiszniacka Oleg 183
Knaus Anna 56
Knaus Johann Melchior 56
Knie Fredy sen. 161, 163
Knittel-Mac Bridger John 51
Kocher-Witschi Theodor 75, 79
Köcher Otto Carl 175, 177
Kohlbacher Karl 97
Kohlschmidt-Geist Werner 154
Koller Armand 159
Kopp Josef Vital 108
Kramer Franz Albert 175, 177
Künzi Gottfried 159
Künzi Kathrin 120
Kurmann-Schwarz Brigitte 117
Kurmann-Schwarz Peter 117
Kurth-Herren Ernst 62

La Nicca Richard 96, 97
Lachmann Elisabeth *siehe Ettlinger-Lachmann*
Lachmann-Hopf Hedwig 190, 191
Lachmann-Hopf Richard 190

Lamy Edouard 159
Lauber Cécile 103
Lenz Louise 173
Leuenberger Max 159
Leupin Albert 97
Leuthold-Elmer Alfred 155
Lindt-Loosli Hanni **43–46,** 11, 134
Lindt-Loosli Martin 43–45
Locher Rosmarie 186
Loosli Hanni *siehe Lindt-Loosli*
Loosli-Stücker Ernst 43
Loosli-Stücker Klara 43
Lorenzo Tierwärter 161, 163
Ludwig-Meichtry Fritz 96
Luginbühl Karl 158
Lüscher Ernst 87
Luther-von Bora Martin 70

Mann-Pringsheim Thomas 144
Martignoni Fernando 159
Matti-Dick Hermann 15
May Béatrice Pseudonym für *Maria Bindschedler* 68
May-Plöhn/Pollmer Karl 69
Merz Elsbeth **62–66,** 10, 55, 56, 60, 65
Merz Eva 55
Merz Gertrud 54
Merz Hans 55
Merz Karl 55
Merz Maria *siehe Wäber-Merz*
Merz-Lanzrein Frida 54, 61, 62
Merz-Lanzrein Leo 54, 55, 58, 61, 62, 65
Meyer-Wegenstein Karl 39
Miauton Jean-Pierre 159
Michaelis-Hähnchen Wilhelm 21
Minger-Minger Rudolf 31
Mitford Unity 15
Moeckli Georges 127
Montessori Maria 100
Morel-Kaufmann Katharina 103
Motta Francesca 107
Motta-Andreazzi Giuseppe 107
Mühlethaler Elsa **155–163,** 10, 51, 52, 187
Mühlethaler-Reinhard Fritz 155
Mühlethaler-Reinhard Rosa 155
Müller Barbara 117

Müller E. B. Pseudonym für *Elli Kayas-Balsiger* 51, 52
Müller Fanny 84, 91
Müller-Adrian Max 40
Müller-Schmid Hanni 107
Müller-Schmid Kuno 107
Müller-Vogt Eduard 87
Müri-Hunziker Walter 53, 95, 180
Muschg-Zollikofer Walter 70

N.F. Pseudonym für Anonyma **178–180,** 14
Napoleon Bonaparte 103
Neuenschwander Rosa 141
Nietzsche Friedrich 70
Noguès-Delcassé Charles 126
Noguès-Delcassé Suzanne 126
Nydegger Dora *siehe Zulliger-Nydegger*
Nydegger-Burri Hans Ferdinand 20
Nydegger-Burri Rosa 20

Pallmann-Vogt Hans 31
Pauli Margrit *siehe Roost-Pauli*
Pauli-Adam Frieda 185, 189
Pauli-Adam Walter 36, 185
Pestalozzi-Schulthess Johann Heinrich 20, 47
Pfister Lydia 127
Porzig Walter 182

Quidam Pseudonym für *Dora Zulliger-Nydegger* 20

Ranke Friedrich 70
Rath Arthur 159
Reichstein-Quarles van Ufford Tadeusz 26
Rieder Jürg 159
Rilke Rainer Maria 50
Ris Roland 73
Roffler Greti *siehe Caprez-Roffler*
Roost-Pauli Hanspeter 97, 185, 189
Roost-Pauli Margrit **185–189,** 10, 12, 13
Rosenbluth Simon 167
Rüedi-Rudolph Luzius 168
Rupp-Haller Fritz 94, 96–98, 100, 183
Rupp-Haller Julia **94–100,** 8, 12, 183
Rusca Franchino 187
Ryffel-Dürrenmatt Hans 143, 144, 147

Ryffel-Dürrenmatt Nelly **143–147,** 14, 16

Sahli-Leibundgut Hermann 56
Schädelin-Rogg Albert 20, 21
Schatzmann Hermann 159
Scheidegger Elise 56
Scheinfinkel Nathan 97
Schermer Prof. und Frau 65
Scheuner Dora 22, 44, 45
Schiller-von Lengefeld Friedrich 14, 62, 147
Schilling Emma 114–116, 121
Schilling Johann Baptist 114, 115
Schlatter Trudy 122
Schmid Elisabeth 73
Schmid Margrit 58
Schmid-Frey Elisabeth **134–142,** 8, 11
Schmid-Frey Marc 134, 139, 140, 142
Schneider Ida 165
Schoeck-Bartscher Othmar 51
Schönholzer Anna **164–171,** 10, 14
Schönholzer-Brühlmann Julie 164, 165, 167, 169, 170
Schönholzer-Brühlmann Gottfried 164, 165, 167, 168
Schöpfer-Bargetzi Robert 138
Scholl Geschwister Hans und Sophie 61
Schuler Peter 159
Schürch Gerhart 113
Schwarz-Gagg Margrit 135
Schweingruber Theodor 50
Schweizer Rolf 159
Schwendimann Fritz 155
Siegenthaler Friedrich 102
Siegenthaler Rösli 183
Sigg-Gilstad Randi 117
Singer Samuel 147
Sladeczek-Wiederkehr Franz Josef 120
Somazzi Ida 52, 53, 122, 150
Speiser Ruth 139
Stamm-Lotz Rudolf 82
Stauffer Annemarie 120
Steck-McElroy Dorr Werner 157–159
Steiner Irma *siehe Tschudi-Steiner*
Steiner-Gubler Emil 25
Steiner-Gubler Emilie 25
Stocker-Meyer Gerda 142

Strasser-Freymond Hans 91
Strich-Sattler Fritz 14, 48–50, 52, 102, 144, 145, 147, 148, 152, 154, 179
Stucki Helene 51–53, 176
Stucki Margret 51
Stucki-Sahli Walter 51, 52, 176
Studer Paul 87
Suzuki Keiko 120

Trakl Georg 108
Troesch Alfred 63
Trümpler Stefan 117, 120
Tschudi-Steiner Hans-Peter 16, 25, 27, 28
Tschudi-Steiner Irma **25–28,** 8, 11, 16
Tucholsky Kurt 10
Tumarkin Anna 7
Tuor-Compte Peter 106, 107

Valéry-Gobillard Paul 49, 50
Verdi Giuseppe 114
von Ah Josef 112
von Bergen Heinz 159
von Egidy Emmy 63
von Erlach Berner Burgergeschlecht 144
von Greyerz Ursula 152
von Greyerz-Leupold Hans 72, 152
von Hofmannsthal-Schlesinger Hugo 108
von Mülinen Max 116
von Muralt-Baumann Alexander 97, 185
von Roten-Meyer Iris 16, 107, 131, 136
von Roten-Meyer Peter 16, 107
von Rütte-Mündler Hans 43
von Salis-Huber Jean Rudolf 138
von Strassburg Gottfried 70

Wäber-Merz Karl Rolf 54–56, 59, 61
Wäber-Merz Maria **54–61,** 11, 13, 16, 62, 172
Wälchli Walter 156–158
Waser-Krebs Maria 144
Wasmer Joachim 120
Weber Walter 159
Wegelin Carl 98
Wehrli-Herzog/Blass Max 65
Wenger Heidi 187
Werder Johann 85, 87, 88
Werner-Howald Martin 21
Wettstein-Doepfner Albert 37, 42
Wettstein-Doepfner Margarete **37–42,** 8, 9
Wiederkehr Sladeczek Eva 120
Wilbrandt-Rosenberg Walther 97
Wild-Schild Paul 175
Willener Vreni 97, 182, 183
Wirth Rudolf 58
Wiszniacka Amalia *siehe Klucznik-Wiszniacka*
Woker Gertrud 12, 84, 86–88, 91
Woker Hans-Peter 88
Woker Rosmarie 88
Woker-Müller Philipp 87, 149
Wölfflin Heinrich 56
Wyss Georg 36
Wyss Ulrich 73

Zahnd Beatrice 120
Zetsche Fritz 182
Ziegler-Urner Hermann 156, 159
Züblin-Spiller Elsa 139
Zulliger-Nydegger Dora **20–24,** 8, 11, 43, 134
Zulliger-Nydegger Walter 20, 24